D1691429

HOHENLOHER DRUCK- UND VERLAGSHAUS

Jüdisches Leben in Crailsheim – Der jüdische Friedhof

Karl W. Schubsky / Heinz Illich und andere

Veröffentlichungen zur Ortsgeschichte und Heimatkunde
in Württembergisch Franken

Band 12

Herausgegeben vom Historischen Verein für Württembergisch Franken e. V.

Jüdisches Leben in Crailsheim
– Der jüdische Friedhof

Karl W. Schubsky / Heinz Illich u. a.

Herausgeber: Stadt Crailsheim

© 1996 by Hohenloher Druck- und Verlagshaus
Crailsheim und Gerabronn

Alle Rechte vorbehalten. Ohne schriftliche Genehmigung des Verlages ist es nicht gestattet, das Werk unter Verwendung mechanischer, elektronischer und anderer Systeme in irgendeiner Weise zu verarbeiten und zu verbreiten. Insbesondere vorbehalten sind die Rechte der Vervielfältigung - auch von Teilen des Werkes - auf photomechanischem oder ähnlichem Wege, der tontechnischen Wiedergabe, des Vortrags, der Funk- und Fernsehsendung, der Speicherung in Datenverarbeitungsanlagen, der Übersetzung und der literarischen oder anderweitigen Bearbeitung.

Gesamtherstellung: Hohenloher Druck und Verlagshaus, Crailsheim und Gerabronn
Printed in Germany
Satz und Layout: Knut Siewert
ISBN 3-87354-243-9

Inhaltsübersicht

Geleitwort des Oberbürgermeisters der Stadt Crailsheim (Herausgeber)	9
Geleitwort Historischer Verein für Württembergisch Franken (Reihenherausgeber)	10
Vorwort Heinz Illich	11

Jüdisches Leben in Crailsheim

Juden in Crailsheim (Ein Überblick ab 1348 von Dr. Taddey)	13
Familienstammtafeln	18
Familientraditionen (Dr. Taddey)	31
Das jüdische Kalenderjahr (Schubsky)	33-36
Ursprung und Bedeutung der Festtage (Schubsky/Illich)	34
Bräuche der Juden in Crailsheim (nach Landesrabbiner Berger)	36
Hebräische und jiddische Worte in der Umgangssprache (Beck/Illich)	37
Sozialtopographie mit Stadtplänen von 1738 und 1931 (Illich, nach Vorlagen von Fritz Baier)	39-43
Crailsheimer Juden in Industrie, Handel und Gewerbe (nach Straßen geordnet, Angaben zum Gewerbe und Ende des Betriebes)	40
Juden in Crailsheim 1931 (nach dem Adreßbuch und Geschäftshandbuch)	43
Die Familie Stein (Auszug aus „Spuren jüdischen Lebens", unveröffentlichte wissenschaftliche Hausarbeit von Markus Lang)	44
Die ehemalige Synagoge in der Küfergasse (Lang)	47
„Das war der Dank für alles, was ich geleistet habe" (Vom Handeln und Leiden jüdischer Bürger im Geschäfts- und Gewerbeviertel der ehemaligen Haller Vorstadt; in der Wilhelm-, Unteren Ludwig-, Bahnhofstraße einschließlich „Villa Johanna" - von Giselher Technau)	50
Auch die Jugend wurde ausgegrenzt (Siewert)	66
Oft verlieren sich die Spuren im Nichts (Aufstellung über die Wegstationen der Deportierten - von Liesel Beck)	68
Erinnerung und Begegnung (Siewert)	70
Beim Besuch alte Brücken wieder aufgebaut (Siewert)	71-73
Besucherliste 14. bis 21. Mai 1987	72

Der jüdische Friedhof

Der jüdische Friedhof (Schubsky)	77-86
Symbole auf Grabsteinen, Zeichnungen (Illich)	80
Geschichte des jüdischen Friedhofs in Crailsheim (Illich)	84

Friedhofs-Dokumentation

Grundbuchauszug	88
Flurkarte	89
Erläuterungen zum Friedhof und Friedhofsplan (Faltblatt beigefügt)	90
Beleglisten (einschließlich der nicht mehr auffindbaren Gräber)	91-103
Gedenkstein 1914 - 18	104
Gedenkstein 1933 - 1945	105-107
Alphabetisches Namensregister mit Geburts- und Sterbedaten sowie Grabstellenhinweis	108-113
Liste nach Herkunftsorten	114
Schematische Darstellung der Herkunftsorte	115
Liste nach Berufen	116

Fotografien (Illich) mit hebräischen Texten und deutschen Übersetzungen (Schubsky)

Anhang

Orts- und Namensregister mit Bildnachweis	346-347
Spenderliste	348

Geleitwort

von Oberbürgermeister Georg Schlenvoigt

Sehr geehrte Interessentinnen und Interessenten an der Geschichte Crailsheims,

ich freue mich, das Buch „Jüdisches Leben in Crailsheim - der jüdische Friedhof" der Öffentlichkeit übergeben zu können. Es soll den interessierten Leserinnen und Lesern einen umfassenden Eindruck vom jüdischen Leben in der Vergangenheit unserer Stadt vermitteln.

Wie trügerisch der Eindruck einer vollständigen Emanzipation und Integration der jüdischen Mitbürgerinnen und Mitbürger war, zeigt sich in den Berichten über zunehmende Diskriminierung und Verfolgung bis hin zur Vertreibung und Vernichtung der jüdischen Bevölkerung durch das nationalsozialistische Unrechtsregime im Dritten Reich. In der Schilderung von Erinnerung und Begegnung zwischen der Crailsheimer Bevölkerung und den ehemaligen Mitbürgerinnen und Mitbürgern wird das Bemühen deutlich, neue gemeinsame Grundlagen zu finden.

Weite Teile der Bürgerschaft fühlen sich der Aufarbeitung der jüngeren Geschichte in unserer Stadt verpflichtet. Es geht uns darum, zu verstehen, wie die Greueltaten des Dritten Reiches möglich waren, wie sie auch in Crailsheim stattfinden konnten, und hieraus Lehren zu ziehen für Gegenwart und Zukunft. In die Bemühungen zur Geschichtsarbeit, die ihren Niederschlag unter anderem in den umfangreichen Veranstaltungen zu „50 Jahre Kriegsende" im vergangenen Jahr fanden, fügt sich auch die Veröffentlichung „Jüdisches Leben in Crailsheim - der jüdische Friedhof" nahtlos ein. Sie gibt mit der Beschreibung der jüdischen Gemeinde in allen ihren Aspekten einen Einblick in ein facettenreiches Kapitel der Crailsheimer Geschichte.

Es ist einer Reihe interessierter Institutionen und Einzelpersonen zu danken, daß dieser Band in der Reihe „Veröffentlichungen zur Ortsgeschichte und Heimatkunde in Württembergisch Franken" des Historischen Vereins für Württembergisch Franken erscheinen konnte. An erster Stelle soll hier das außerordentliche Engagement der Crailsheimer Bürgerinnen und Bürger, insbesondere das von Liesel Beck und Heinz Illich, erwähnt werden. Ebenso große Würdigung verdienen die Beiträge von Giselher Technau, Markus Lang und Knut Siewert. Als hervorragende Fachautoren konnten Karl W. Schubsky und Ltd. Archivdirektor Gerhard Taddey gewonnen werden.

Finanziell wird das Werk getragen durch einen ansehnlichen Zuschuß des Landesdenkmalamtes. Auch die Stadt Crailsheim hat einen entsprechenden Beitrag geleistet. Für seine Bereitschaft hierzu gilt dem Gemeinderat als Entscheidungsträger gebührender Dank. Auch den privaten Spendern sei herzlicher Dank für ihre Unterstützung gesagt.

Es hat bereits in der Vergangenheit Arbeiten zur jüdischen Geschichte in der Region gegeben. Vor allem Hans-Joachim König, der langjährige Vorsitzende des Crailsheimer Historischen Vereins, engagierte sich auch im Arbeitskreis „Erinnerung und Begegnung", der mit seinem Sprecher Ernst Huonker das Projekt „Jüdisches Leben in Crailsheim - der jüdische Friedhof" dankenswerterweise mehrere Jahre betreut hat. Fertiggestellt werden konnte das Buch nun im Zusammenspiel zwischen Crailsheimer Historischem Verein und Historischem Verein für Württembergisch Franken, wofür insbesondere den beiden Vorsitzenden Hans Gräser und Albert Rothmund herzlicher Dank und Anerkennung gebühren.

Ich erwarte mir von dieser Veröffentlichung weitere Aufschlüsse über ein wichtiges und bedrückendes Kapitel Crailsheimer Geschichte und empfehle sie der Aufmerksamkeit der Leserinnen und Leser.

Geleitwort

Für das vorliegende Buch gibt es viele Väter, denen an dieser Stelle für ihren unerschütterlichen Einsatz auch über viele Durststrecken hinweg zu danken ist. Die erste Anregung stammte von Heinz Illich und fand sofort beim Landesdenkmalamt offene Ohren, da dort gleichzeitig das Konzept entwickelt worden war, alle jüdischen Friedhöfe im Lande zu dokumentieren. Auch die Stadt Crailsheim als gemeinsamer Ansprechpartner und untere Denkmalbehörde ging erfreulich positiv auf diese Idee ein und stockte ihrerseits den Zuschuß des Landesdenkmalamtes etwa auf das Doppelte auf. Die eigentliche Arbeit übernahm dagegen der Arbeitskreis „Erinnerung und Begegnung", der entstanden war, um ehemalige jüdische Mitbürger zu ermitteln und nach Crailsheim einzuladen. Im Rahmen dieses Vorhabens waren unter anderem von Hans-Joachim König bereits verschiedene Vorarbeiten über die Juden in Crailsheim erschienen, die nun die Voraussetzung für die Friedhofsdokumentation darstellten. Diese selbst betreute Ernst Huonker, indem er Autoren für das geplante Buch ansprach und insbesondere mit Karl Schubsky die Erfassung und Übersetzung aller Inschriften des Crailsheimer Judenfriedhofes vertraglich ausmachte.

Diese ausgesprochen mühsame Arbeit, die häufige Überprüfung am Grabstein selbst erforderte, wurde intensiv unterstützt durch Liesel Beck, die vor allem die archivalischen Belege im Standesamt bzw. Sippenregister zur Kontrolle heranzog und so manche Lücke oder Fehlerstelle ergänzen oder verbessern konnte. Heinz Illich überprüfte die Zuordnung der Texte zu den Steinen, die er zudem nochmals alle selbst für die Druckvorlage fotografierte. In der Endphase übernahm er darüber hinaus die Koordination der am Buch beteiligten Autoren, lieferte, wie Frau Beck auch, mehrere eigene Artikel ab und legte mit Knut Siewert den endgültigen Inhalt fest.

Herr Siewert faßte hierzu verstreute Veröffentlichungen zur jüdischen Geschichte in Crailsheim zusammen, womit er den entscheidenden Schritt von der reinen Friedhofsdokumentation zu einem umfassenderen Werk über Crailsheims Juden leistete. Hierzu haben erfreulicherweise auch Dr. Gerhard Taddey als Ergänzung zu seinem Buch „Kein kleines Jerusalem" und Giselher Technau in Fortsetzung früherer Artikel wesentliche neue Beiträge geliefert und Markus Lang Teile seiner wissenschaftlichen Hausarbeit zur Verfügung gestellt. Alexander Braun hat für die Aufsätze Korrektur gelesen, Herr Schubsky für den Friedhofsteil, und Herr Siewert hat alle Texte in den Computer aufgenommen und als Druckvorlage zurechtgemacht.

Mit diesem Gemeinschaftswerk, das viele Stunden konzentrierter Arbeit gekostet hat und leider ständig getrübt war von der Frage, ob das ganze Unternehmen überhaupt zu einem Ende kommen werde, haben sie Anerkennung und Dank verdient.

Die entscheidende Klippe vom Manuskript zum Buch konnte aber nur durch Hilfe von außen genommen werden. Hier ist vor allem Frau Maria Reiner vom Hohenloher Druck- und Verlagshaus zu nennen, die nach Ermutigung durch die Archivare Dr. Andreas Maisch und Dr. Hans-Peter Müller es als ihre Pflicht ansah, als Mitglied des Arbeitskreises „Erinnerung und Begegnung" das Erscheinen des Buches anzutreiben. Darin wurde sie freilich auch von zahlreichen Spendern, die im Anhang namentlich aufgeführt sind, bestärkt, war doch aus ihrem Zusagen der Wunsch nach dem Buch hinlänglich ablesbar. Ihnen sei daher - wie auch den Subskribenten - ausdrücklich an dieser Stelle gedankt, da sie erst den Mut zur Herausgabe eines so speziellen Werkes gemacht haben.

Wenn dieser Mut durch das nun vorliegende Buch allseits belohnt wird, hat sich die mühsame Arbeit gelohnt. Möge daher dies Buch einen erfolgreichen Weg nehmen und eine Lücke in der Crailsheimer Stadtgeschichte sowie der allgemeinen Geschichte der Juden im Lande schließen! Der Crailsheimer Historische Verein bedankt sich jedenfalls ausdrücklich bei allen Beteiligten für diese Gabe und freut sich, daß eine wichtige wissenschaftliche Arbeit über ein Teilgebiet unserer Stadtgeschichte entstanden ist.

Hans Gräser	Albert Rothmund
Crailsheimer	Historischer Verein für
Historischer Verein	Württembergisch Franken

Vorwort

Von Heinz Illich

Fast sechs Jahrhunderte lang lebten Juden in Crailsheim, wenn auch in sehr wechselnder Zahl. Namhafte Geschäfte und Betriebe sind älteren Mitbürgern noch in Erinnerung.

Ihre Häuser wurden im Krieg zerstört oder von anderen Menschen übernommen. Nur wenige Spuren zeugen noch vom jüdischen Leben in unserer Stadt, so die „Villa Johanna" in der Bahnhofstraße. Eines aber ist uns bis heute erhalten geblieben: der jüdische Friedhof. Doch auch an ihm nagt der Zahn der Zeit, Verwitterung und böswillige Zerstörung tun ihr vernichtendes Werk.

Im Vergleich der deutschen mit den viel umfangreicheren hebräischen Grabsteininschriften zeigte sich, daß die hebräischen Texte Auskünfte geben über die Bestatteten, über deren Leben und Wirken innerhalb ihrer jüdischen Gemeinde.

Heute liegt nun die vollständige Übersetzung aller noch lesbaren Texte vor, und auch bei Grabsteinen ohne lesbaren Text konnten die Namen der dort Bestatteten ermittelt werden. So gibt das Buch Auskunft über die Menschen, die im Laufe eines Jahrhunderts auf diesem Friedhof bestattet worden sind.

Doch vor dem Tod war das Leben dieser Bürger in unserer Stadt. Berichte über die Geschichte der Juden in Crailsheim, über ihre Familien und ihre Tradition geben Einblicke.

Ehemalige jüdische Bürger aus Crailsheim kommen zu Wort, und die zur Gemeinde gehörende Synagoge wird vorgestellt. So kann das Buch Einblick geben in die ehemalige jüdische Gemeinde Crailsheim mit ihrer Geschichte, ihren Schicksalen und ihrem tragischen Ende.

Dies dürfen wir niemals vergessen.

Zahlreichen Personen, die sich an der Arbeit für das Buch beteiligt haben, ist gebührend Dank zu sagen:

Allen voran Karl W. Schubsky, der mit viel Mühe die Grabsteintexte gewissenhaft erfaßt und übersetzt sowie begleitende Texte geschrieben hat. Ltd. Archivdirektor Dr. phil. Gerhard Taddey ist zu danken, der den einführenden Bericht, die Stammtafeln und den Bericht über die Familientradition geschrieben hat. Ferner ist Ernst Huonker mit dem Arbeitskreis „Erinnerung und Begegnung" zu nennen, der sich um die Beschaffung der notwendigen Register sehr bemüht, Verhandlungen mit Behörden geführt, den Vertrag mit dem Übersetzer zustande gebracht und sich nach Spendengeldern umgeschaut hat. Auch Markus Lang ist zu danken für die Erlaubnis zur Übernahme einzelner Abschnitte aus seiner Zulassungsarbeit sowie Giselher Technau dafür, daß er das Kapitel über die Wilhelmstraße recherchiert und geschrieben hat.

Dank gebührt Knut Siewert, der die Materialsammlung für den ersten Teil des Buches erfaßt, redigiert, formatiert und umbrochen, die Ein- und Überleitungen zu den einzelnen Kapiteln gefertigt sowie die Stammbäume in druckreife Form gebracht hat. Dankenswerterweise hatte Gerhard Brose die Stammbäume der Juden in Crailsheim vorher erfaßt. Besonderer Dank gebührt Liesel Beck, die unermüdlich mit Ermittlungen in den einzelnen Registern beschäftigt war, die jederzeit bereit war, erneut zu suchen und zu forschen, wenn es um schwierige Fragen ging. Als beste Kennerin der Familienzusammenhänge ist sie immer wieder fündig geworden. Nicht zuletzt gehört der Dank denen, die in den privaten Sammlungen und im Stadtarchiv nach Bildern und Dokumenten gesucht und diese zur Verfügung gestellt haben.

Juden in Crailsheim

Ein Überblick von Gerhard Taddey[1]

In den Berichten über die großen Judenverfolgungen während der Pestepidemie 1348/49 werden Juden in Crailsheim erwähnt, ohne daß Einzelheiten bekanntgeworden sind. Schon bald nach den Pogromen scheinen sich erneut Juden niedergelassen zu haben, denn 1383 wird ein Salman von Kreulsheim in einer Rothenburger Stadtrechnung genannt. Von einer jüdischen Gemeinde kann nicht die Rede sein, werden doch immer nur einzelne Juden im Zusammenhang mit Steuern und Rechtsgeschäften genannt. Die Juden standen unter dem Schutz der Markgrafen von Brandenburg-Ansbach. In Schutzbriefen war das besondere Rechtsverhältnis zwischen Landesherrn und Schutzjuden festgestellt.

Ein interessantes Dokument zur Stellung der Christen gegenüber den Juden stellt die 1480 vom Crailsheimer Pfarrer Sattler verfaßte Judenordnung dar, die aber kaum geltendes Recht beschrieb, wie es in den Markgraftümern sonst üblich war, etwa in der 1508 erlassenen Judenordnung des Markgrafen Friedrich des Älteren.

Die jüdische Ansiedlung in der Stadt stieß schon in vorreformatorischer Zeit auf Widerstand, der sich nach der Reformation verstärkte. Auch die Haltung der Landesherren unterlag häufigen Schwankungen, die sich auf das Leben der Schutzbefohlenen unmittelbar auswirkten. Wie aus fast allen Orten der Markgraftümer mußten sich nach der Reformation die Juden auch aus Crailsheim zurückziehen.

Mit der Niederlassung des Juden Gabriel 1596 begann eine neue Entwicklung, die erst durch die Judenverfolgung der Nationalsozialisten brutal beendet wurde.

Die jüdische Gemeinde wurde durch die Markgrafen gefördert, obwohl die städtische Obrigkeit die Niederlassung von Juden verhindern wollte. Als der Dreißigjährige Krieg mit dem Vormarsch König Gustavs II. Adolf von Schweden den süddeutschen Raum erreichte, lebten acht jüdische Familien mit insgesamt 44 Personen in der Stadt in sechs Häusern.

Ein generelles Ausweisungsgebot der Markgräfin Sophie von 1636 ließ sich wegen der kriegerischen Unruhe nicht durchsetzen, im Gegenteil: Aus den bedrohten Dörfern flüchteten Juden in die als sicherer geltende Stadt. Nach dem Westfälischen Frieden von 1648 vermehrte sich ganz allmählich die Zahl der jüdischen Haushalte, bis sich eine Anzahl von zwölf bis 15 Haushalten als tolerables Limit herausgebildet hatte. Danach erhielten nur noch dann Juden Schutzbriefe, wenn ein Haushaltsvorstand verstorben war oder seinen Schutz aufgegeben hatte. Allmählich vergrößerte sich die Zahl der tolerierten Haushalte auf 18 bis 20. Dieser Zustand änderte sich bis zum Ende des Heiligen Römischen Reichs Deutscher Nation nicht mehr.

Wenn zehn männliche, religiös volljährige Juden beieinander waren, konnten sie Gottesdienst feiern. Dazu benötigte man zunächst als Raum ein größeres Zimmer.

```
Der Jud. schenk und liebung zu userm baw
                                      (Bau)
    Salman von kreulshein x. flo
                              ( 10 Flo-
                                rentiner)
```

Früheste Erwähnung eines aus Crailsheim stammenden Juden: Sie stammt aus der ältesten erhaltenen Rothenburger Stadtrechnung.
(Kopie nach dem Original im Stadtarchiv Rothenburg ob der Tauber)

Als erster stellte der Jude Gabriel eine Stube in seinem an der Stadtmauer gelegenen Haus dafür zur Verfügung. Seit etwa 1635 diente diesem Zweck ein Zimmer im Haus des Elias in der Innenstadt. Das baufällig gewordene Haus wurde 1695 abgebrochen. Gesuche, in dem wiederaufzubauenden Haus im Dachgeschoß eine Synagoge einbauen zu dürfen, wurden nicht bewilligt. Daraufhin wurde erneut eine Zimmersynagoge im Haus des Abraham Braunsbacher an der Stadtmauer eingerichtet.[2] Seit 1700 beschäftigte die Gemeinde einen eigenen Vorsinger. Einen ständig angestellten Rabbiner gab es nicht.

Die Juden standen unter dem besonderen Schutz der Landesherren, waren also keine gleichgestellten Untertanen. Symbol für die besondere Rechtsstellung, die den Schutzjuden in Crailsheim mit den Markgrafen verband, war der Schutzbrief. Es war ein Vertrag, in dem Rechte und Pflichten beider Vertragspartner aufgezeichnet waren. Grundsätzlich mußte er beim Tode eines der beiden Partner erneuert werden, war also nicht vererbbar. Beide konnten den Vertrag auch kündigen. Für den Juden bedeutete der Verlust des Schutzes auch den Verlust des Aufenthaltsrechts in den Markgraftümern.

Seit dem ausgehenden 17. Jahrhundert waren die Schutzbriefe gedruckte Formulare, in die der Name und die zu erbringenden Leistungen mit Hand eingetragen wurden. Allmählich bürgerte sich die Gewohnheit ein, daß jeweils der älteste Sohn eines Schutzjuden, der in der Regel auch den Grundbesitz des Vaters erbte, einen Schutzbrief erhielt. Die jüngeren Geschwister mußten sich als Knechte verdingen oder außer Landes gehen, wenn sie nicht zufällig eine jüdische Erbtochter heiraten konnten und anstelle ihres Vaters in den Schutz aufgenommen wurden. Für den Schutz hatten die Juden als persönliche Steuer das Schutzgeld zu entrichten. Von Fall zu Fall legte der Landesherr den Juden insgesamt eine Steuer auf. Um diese Steuern gleichmäßig und gerecht auf die gesamte Landjudenschaft - die Gemeinschaft aller Schutzjuden - aufteilen zu können, wurde eine Stellvertretung der Juden gewählt, die in unregelmäßigen Abständen zu Landtagen zusammentrat.

Die Juden durften kein Handwerk ausüben, weil sie nicht den Zünften beitreten konnten. So waren sie auf den Handel mit Waren, Tieren und Geld angewiesen. Verboten waren ihnen auch die Landwirtschaft und der Erwerb landwirtschaftlich zu nutzender Güter. Erlaubt war dagegen der Erwerb von Häusern und Grundbesitz in der Stadt.

Auf dem 1738 von Johann Christoph Horland gezeichneten Stadtplan von Crailsheim sind die von Juden bewohnten Häuser benannt. Sie lagen verstreut über die Stadt innerhalb der Mauern[3]. Es gab keine geschlossene jüdische Siedlung, kein Ghetto.

Seit etwa 1730 besserte sich das bis dahin immer gespannte Verhältnis der Stadt zu ihren Schutzjuden. Vor allem die Aufnahme vermögender Juden wurde jetzt begrüßt, sah man doch in ihnen pünktliche Steuerzahler, die die auf den Häusern ruhenden Lasten in der Regel ohne größere Probleme erwirtschafteten.

Kurz nach der Jahrhundertmitte verstärkten sich die Bemühungen der Juden um die Erlaubnis zur Errichtung eines Synagogenzweckbaus. Trotz erheblicher Widerstände der Geistlichkeit wurde das Bauvorhaben von der Regierung genehmigt. Genaue Unterlagen über das Projekt ließen sich bislang nicht ermitteln. Auf jeden Fall konnte das neue Gotteshaus 1783 genutzt werden. Es stand in der aufgehobenen Küfergasse. Einen eigenen Rabbiner, der die religiös-rechtlichen Funktionen wahrnahm, besaß die Gemeinde nicht. Nach wie vor wandte man sich bei allen notwendigen Anlässen an auswärtige Rabbiner.

Über die zahlenmäßige Entwicklung der Crailsheimer Judenschaft sind wir gut informiert. Seit 1728 mußten regelmäßig Tabellen aller ortsansässigen Juden an die Regierung in Ansbach geschickt werden. So gab es z. B. 1766 zwölf vollständige Haushalte und zwei Witwenhaushalte. Insgesamt lebten damals 75 Juden in der Stadt: zwölf Schutzjuden, 14 Frauen, 38 Kinder, acht Knechte und Mägde sowie ein Vorsinger ohne Schutzbrief, zwei Witwen. Als die Markgraftümer und damit Crailsheim 1792 an Preußen fielen, gab es 19 jüdische Haushalte in der Stadt. Die Zahl der Juden war auf 126 deutlich angestiegen, die Zahl der Haushalte auf 20.

Unter Württemberg

Nach einem kurzen bayerischen Zwischenspiel 1806 bis 1810 fiel durch einen Grenzausgleichvertrag der Westteil des ehemaligen Markgraftums Brandenburg-Ansbach an Württemberg. Der neue König dieses erheblich vergrößerten und zum Königreich aufgestiegenen Kurfürstentums war nun Herrscher über eine Vielzahl von Juden, die vorher zu den unterschiedlichsten Rechtsbereichen gehört hatten.

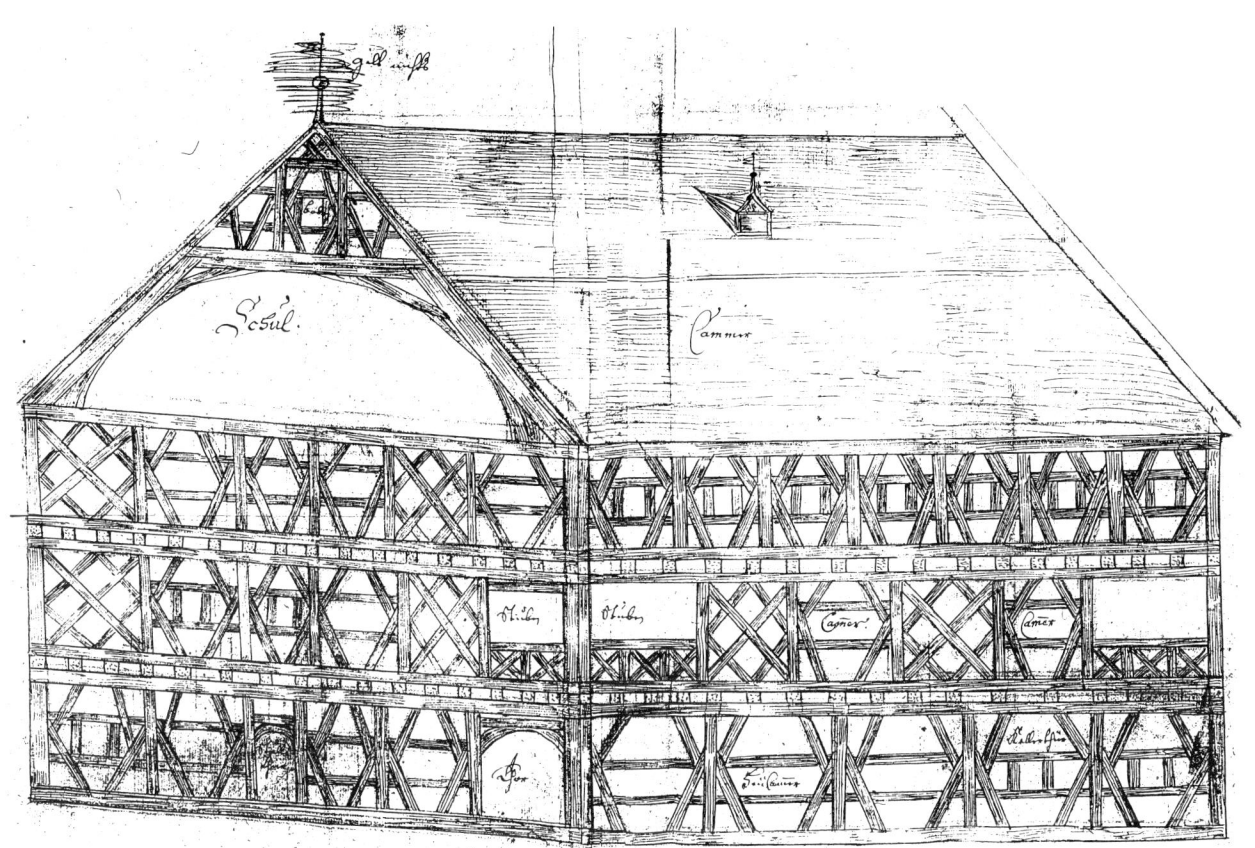

Die Judenschaft in Crailsheim mußte 1665 ein altes bürgerliches Haus, in dem 60 Jahre lang eine jüdische Schule eingerichtet war, auf herrschaftlichen Befehl wegen Feuersgefahr einreißen lassen. Im Mai 1697 reichte die Judenschaft ein Gesuch ein und bat um Erlaubnis, einen auf 1 000 Gulden veranschlagten neuen, drei Stockwerk hohen Bau mit einem Schulstüblein errichten zu dürfen. Dem Antrag lag ein Abriß (Federzeichnung, braune Tusche) bei. Von städtischer Seite wurde die Vermutung angedeutet, daß geplant sei, in das Schulhaus eine gewölbte Kammer als Synagoge einzurichten. Danach befahl die hochfürstlich brandenburgische Hofrats-Kanzlei, der Judenschaft anzudeuten, daß der Bau einer Synagoge in das Schulhaus nicht gestattet werde. Daraufhin unterblieb der Neubau und der vorgesehene Platz wurde „aus lauterem Trotz" öde gelassen, dafür faßte die Judenschaft den Plan, die Judenschule in das Haus von Abraham Braunsbacher zu verlegen. (Stadtarchiv Crailsheim, BA 69, Annahme der Juden, 1680-1739)

Ziel der königlichen Politik war zunächst die Gleichstellung der Juden untereinander, dann die Annäherung an die Rechtsstellung der Christen, schließlich die volle bürgerliche Gleichberechtigung. Sie wurde in mehreren Etappen erreicht. Marksteine auf diesem Weg waren die Aufhebung der Leibzölle 1808 und des Zunftzwangs 1809, die Gleichstellung der Schutzgelder 1815 und die Einführung von Familienregistern. 1818 lebten in Crailsheim 2 566 Christen und 115 Juden, eine Minderheit von nicht einmal fünf Prozent. Am 25. April 1828 wurde das „Gesetz in Betreff der öffentlichen Verhältnisse der israelitischen Glaubensgenossen" verkündet, das den Juden weitgehende Rechte einräumte, allerdings ihnen auch Pflichten auferlegte wie den Zwang zur Erlernung eines Berufs für alle jüdischen Knaben. Verboten wurde der sogenannte Schacherhandel, von dem bis dahin viele Juden lebten.

Die volle Gleichstellung, vor allem die unbegrenzte Niederlassungsfreiheit, brachte schließlich das Emanzipationsgesetz vom 13. August 1864. In seiner Folge vollzog sich eine bemerkenswerte Umschichtung. Die Juden wanderten vom Land in die neu entstehenden israelitischen Gemeinden in den Städten.

Durch den Rückgang der Geburtenhäufigkeit als Folge der Verstädterung sank die Zahl der Juden insgesamt ab. Zahlreiche Landgemeinden starben aus. 1821 hatte Crailsheim 123 Einwohner, die sich zur jüdischen Konfession bekannten; 1826 waren es 135. Nach dem Gesetz von 1828 stieg die Zahl bis 1861 auf 179 an. Die volle Niederlassungsfreiheit führte zur Auflösung der Gemeinden in Ingersheim und Goldbach und zu einem raschen Ansteigen der Zahl der jüdischen Einwohner. 1867 waren es bereits 210. Mit 325 Juden war 1910 der Höhepunkt der Entwicklung erreicht. 1925 lebten noch 196 Juden in der Stadt, zu Beginn der Naziherrschaft 1933 noch 160.

Das Israeliten-Gesetz von 1828 sah die Bildung von Religionsgemeinden und Rabbinatsbezirken vor. Die jüdischen Gemeinden in Crailsheim und Ingersheim hatten sich schon bald nach dem Erlaß des Gesetzes zusammengeschlossen. Der Vorsänger Salomon Marum Hirsch, später Crailsheimer genannt, übernahm vorläufig die Rabbinatsfunktion. Gegen den Willen der Goldbacher wurden sie der Crailsheimer Gemeinde angeschlossen. Auch die Unterdeufstettener Juden gehörten formell zur Crailsheimer Gemeinde.

Der zuständige Rabbiner, der nun zuvor ein Staatsexamen abgeschlossen haben mußte, erhielt als Dienstsitz das relativ zentral gelegene Braunsbach zugewiesen. Die Bitte des ersten staatlichen Rabbiners in Braunsbach, Seligmann Grünwald, den Rabbinatssitz nach Crailsheim zu verlegen, wurde 1831 von den zuständigen Behörden abgelehnt. 1913 wurde der Sitz des inzwischen vergrößerten Rabbinats nach Schwäbisch Hall verlegt. Die sich ständig verringernde Zahl der Juden erzwang schließlich aus Kostengründen 1934 die Auflösung des Rabbinatsbezirks.

Die jüdischen Familienregister

Bereits 1807 ordnete die königliche Regierung in einem Generalreskript an, daß überall dort, wo Synagogen bestanden, Familienregister durch den Vorsteher der jüdischen Gemeinde geführt wurden. Kaum eine Gemeinde hielt sich an diese Vorschrift. Eine wichtige Voraussetzung war die Angleichung der jüdischen Namensgebung an die christliche Übung. Familiennamen waren bei den Juden nicht üblich. Der Sohn trug den Vornamen des Vaters als unterscheidenden Zusatz. Der Sohn des Aron hieß z.B. Moses (Sohn des) Aron, dessen Sohn wieder Isak (Sohn des) Moses. Das war natürlich für eine geregelte Verwaltung höchst unübersichtlich. Die Juden mußten daher Familiennamen annehmen. Zum Teil waren es alte jüdische Vornamen wie Maier oder Seligmann, zum Teil Stammesbezeichnungen wie Levi, Herkunftsorte wie Crailsheimer oder frei erfundene Namen aus der Natur wie Mandelbaum oder Blumental.

1820 ordnete das Innenministerium erneut die Anlage solcher Register an, doch hat man in Crailsheim von dieser Anordnung anscheinend keine Notiz genommen. Das änderte sich nach dem Gesetz von 1828. Am 2. Januar 1829 wurde dem Juden-Vorsinger auferlegt, daß er alle durch Geburts-, Sterbe- oder Copulationsfälle vorgehenden Veränderungen unverzüglich und bei Strafe dem königlichen Stadtpfarramt anzeigen solle.

Die Register wurden bereits früher begonnen: Der erste Heiratseintrag datiert vom 23. Oktober 1827, der erste Geburtseintrag vom 22. März des gleichen Jahres. Zu diesen speziellen Anlaßregistern wurde noch ein Familienregister geführt, in dem jeweils ein Ehepaar mit den persönlichen Daten, den Namen der Eltern sowie den Kindern in der Reihenfolge der Geburt auf einer Formularseite übersichtlich zusammengefaßt wurden. Diese Register, kombiniert mit den Sterberegistern, erlauben es, die Kontinuität ganzer Familien sichtbar zu machen. Mit ihrer Hilfe ist es möglich, den Namen der Grabsteine Personen zuzuordnen, wie es für einige der Familien rekonstruiert wurde.

Der Friedhof

Wie viele andere jüdische kleine Gemeinden, bestatteten auch die Crailsheimer Juden ihre Toten im bayerischen Schopfloch auf einem großen Verbandsfriedhof. 1841 wurde am Südhang des Karlsbergs an der Beuerlbacher Straße etwa einen Kilometer außerhalb der damaligen Stadtmauern ein eigener Gottesacker angelegt. Im Sterberegister wird die letzte Beisetzung in Schopfloch für den 4. Dezember 1840 notiert, die erste in Crailsheim für den 5. November. Beerdigt wurde der Viehmakler Lämle Hirsch, Sohn des David Hirsch und der Sorle Lämlein, der mit 51 Jahren an „Abzehrung" verstorben war.

1876 hat der Vorsinger Heinrich Königsberger ein neues Totenregister angelegt. Es ist zunächst eine Gräberliste, wobei eine ältere Grabnumerierung verändert wurde. Die Gräber 1 bis 130 tragen deshalb eine Doppelnummer (die sich auf das Totenregister beziehen, während die Doppelnumerierung im Kapitel „Geschichte des jüdischen Friedhofs in Crailsheim" auf das doppelte Vorkommen der Nummern hinweist, Anmerkung des Herausgebers). Es handelt sich dabei um die Bestattungen bis 1882.

Insgesamt wurden in dieser Liste bis zur letzten Beisetzung im Dezember 1938 397 Nummern vergeben. 44 der Beigesetzten lassen sich in den Familienregistern nicht nachweisen, stammen also nicht aus Crailsheim. Es handelt sich vor allem um Goldbacher Einwohner, aber auch um Besucher oder Verwandte, die bei einem Aufenthalt hier starben.

Nicht belegt sind 20 Gräber. Es wurde mehr und mehr üblich, daß der überlebende Partner einer Ehe ein Grab neben dem beigesetzten Teil kaufte, um dort selbst einmal die letzte Ruhe zu finden. Vor allem die Entwicklung nach 1933 ließ manches so reservierte Grab leer bleiben. In 14 Gräbern wurden totgeborene Kinder beigesetzt. So können wir 319 in dem Sterberegister aufgeführte Crailsheimer in den Familienregistern wiederfinden.

Aus nur 14 Familien stammen 160 der nachweisbaren Toten, also rund 50 Prozent. Diese Zahl spricht für die große Kontinuität der Familien. Natürlich starben auch Familien aus oder wanderten ab. Die Stammtafelauszüge im nächsten Kapitel wollen diese Kontinuität darstellen.[4] Die Vorfahren dieser Familien ruhen zumeist in Schopfloch, die Nachfahren in den Massengräbern und der Asche der Konzentrationslager oder zerstreut über die ganze Welt.

Die Gemeinde

1835 wurde die erste öffentlich anerkannte jüdische Schule in Crailsheim eingerichtet. Sie wurde am 1. Juli 1874 zu einer regulären Volksschule erhoben. 1863 wurde die Synagoge, die nach einer ersten Erweiterung beträchtliche Altersspuren aufwies, grundlegend umgestaltet, ein Frauenbad, eine Mikweh, eingebaut.

Nach der Emanzipation wurden die Juden nach und nach voll in das öffentliche Leben und in die Gesellschaft integriert. Der Kaufmann Rosenfeld gründete eine Getreidehandlung, Josua B. Stein eine Eisenwarenhandlung. Juden wurden Mitglieder im Turnverein, beim Roten Kreuz, in der freiwilligen Feuerwehr oder in den nach dem Ersten Weltkrieg entstandenen Soldatenvereinigungen. Auf den Schlachtfeldern des Ersten Weltkriegs ließen fünf junge Crailsheimer ihr Leben. Viele andere kehrten verwundet, ausgezeichnet für ihre Tapferkeit, zurück.

Auch die Crailsheimer Gemeinde litt unter dem ausbrechenden Antisemitismus. Die Geschichte dieser unseligen Zeit ist in den letzten Jahren gründlich erforscht worden. Bereits am „Tag von Potsdam", dem 21. März 1933, kam es zu brutalen Übergriffen und Hausdurchsuchungen gegen vermutete Gegner des Nationalsozialismus und Juden. Dieser Ausbruch der Gewalt war das Signal für viele Juden zur Auswanderung. In der Reichskristallnacht am 28. Oktober 1938 wurde die Synagoge demoliert. Man wagte nicht, sie wie andernorts in Brand zu stecken, weil ein Übergreifen des Feuers auf andere Gebäude zu befürchten war. Der Friedhof blieb unbehelligt. Bei der Besetzung durch die Amerikaner in der Schlacht um Crailsheim wurde die demolierte Synagoge völlig zerstört.

Drei Crailsheimer starben im Konzentrationslager Dachau. 39 jüdische Mitbürger wurden in drei Transporten am 1. Dezember 1941, am 26. April 1942 und am 22. August 1942 nach Riga, in die Vernichtungslager des Ostens und in das sogenannte Altersghetto Theresienstadt verschleppt. Sie kehrten nicht zurück. Die Opfer ruhen nicht in heimatlicher Erde, nicht auf dem Crailsheimer Friedhof. An sie erinnert lediglich ein Gedenkstein. Nach dem Ende des Zweiten Weltkriegs wurden hier noch zwei Juden bestattet: 1961 Bernhard Stein, der zu Besuch in der alten Heimat weilte, und 1968 der aus Michelbach an der Lücke stammende Moritz Eichberg, der den Terror in verschiedenen Konzentrationslagern wie durch ein Wunder überlebt hatte.

Anmerkungen:

1: *G. Taddey:* Kein kleines Jerusalem - Geschichte der Juden im Landkreis Schwäbisch Hall. Verlag Thorbecke, 1992. Die Geschichte der Crailsheimer Juden ist in diesem Buch ausführlich dargestellt, besonders auf den Seiten 30 bis 84, 262-273, 329-332; weitere Anmerkungen, Literaturhinweise und Quellenangaben siehe dort.

2: Zimmersynagoge in der Ringgasse. Siehe dazu Plan auf Seite 48

3: Siehe dazu Plan im Abschnitt „Sozialtopographie" Seite 39

4: Siehe Stammtafeln im Anschluß an diesen Bericht.

Stammtafeln jüdischer Familien

Von Gerhard Taddey, ergänzt von Liesel Beck

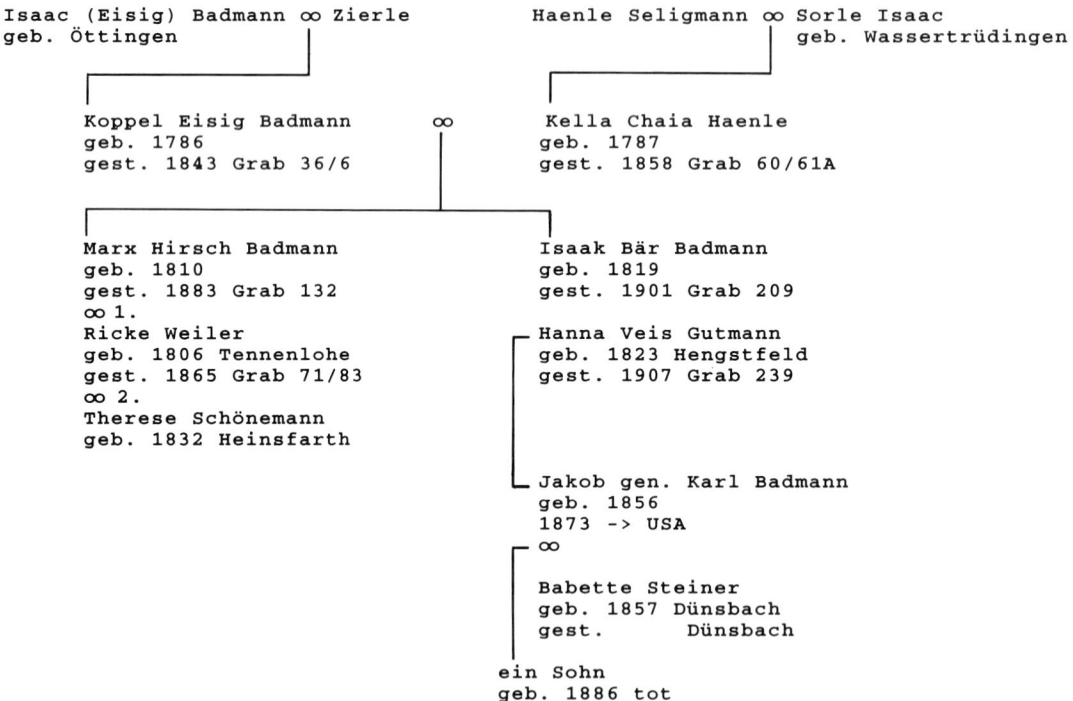

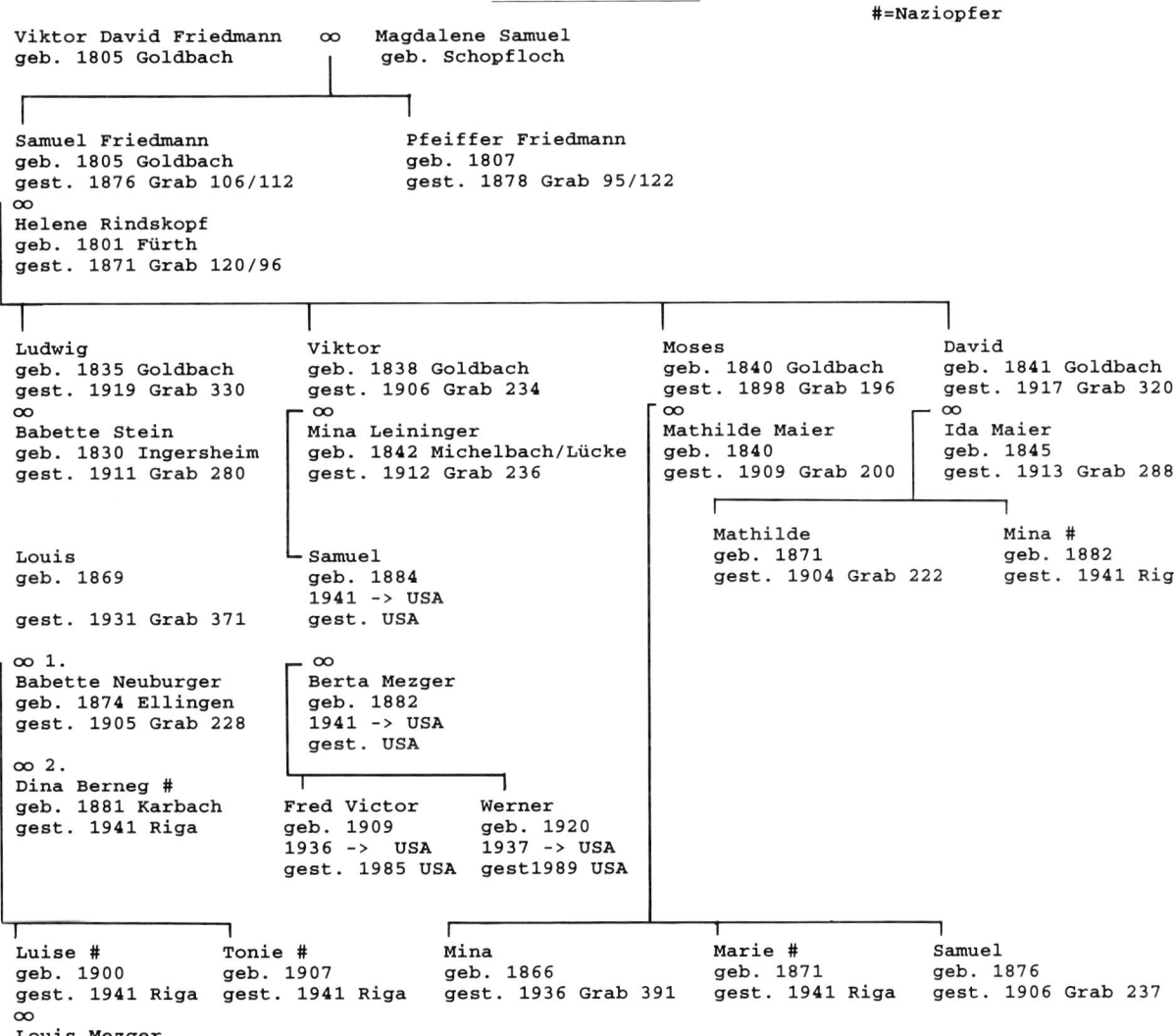

Familie Hallheimer   #=Naziopfer

Israel Hallheimer
geb. 1786 Ingersheim
gest. 1851 Grab 83/29
∞
Ricke Seckel

Samuel Hallheimer
geb. 1816 Ingersheim
gest. 1886 Zürich
∞ 1.
Zippora Murr
geb. 1808
gest. 1853 Grab 22/34
∞ 2.
Babette Ullmann
geb. 1823 Feuchtwangen
gest. 1860 Grab 65/62
∞ 3.
Karoline (Gitele) Konn
geb. 1826
gest. 1905 Grab 226

Julius Hallheimer
geb. 1818 Ingersheim
gest. 1870 Grab 104/92
∞ 1.
Sara Oberndörfer
geb. 1814
gest. 1858 Grab 46/58
∞ 2.
Fradel (Babette) Wurzinger
geb. 1833 Colmberg
gest. 1872 Grab 93/99

Abraham gen. Albert Hallheimer
geb. 1856 Ingersheim
gest. 1935 Grab 350
∞ 1.
Hanna Pappenheimer
geb. 1859 Oberdorf
gest. 1883 Grab 133
∞ 2.
Bertha Pappenheimer
geb. 1861 Oberdorf
gest. 1923 Grab 348

Emil Hallheimer
geb. 1863 Crailsheim
gest. 1932 Grab 376
∞
Emma Baer
geb. 1871 Windsbach
gest. 1942/43 Theresienstadt

Ferdinand
geb. 1869
gest. 1892 Grab 17

Julius Hallheimer
geb. 1895
gest. 1916 gefallen

Carl Hallheimer
geb. 1891
gest. 1942/43 Theresienstadt
∞
Hedwig Ottenheimer
geb. 1896 Heinsheim
gest. 1942/43 Theresienstadt

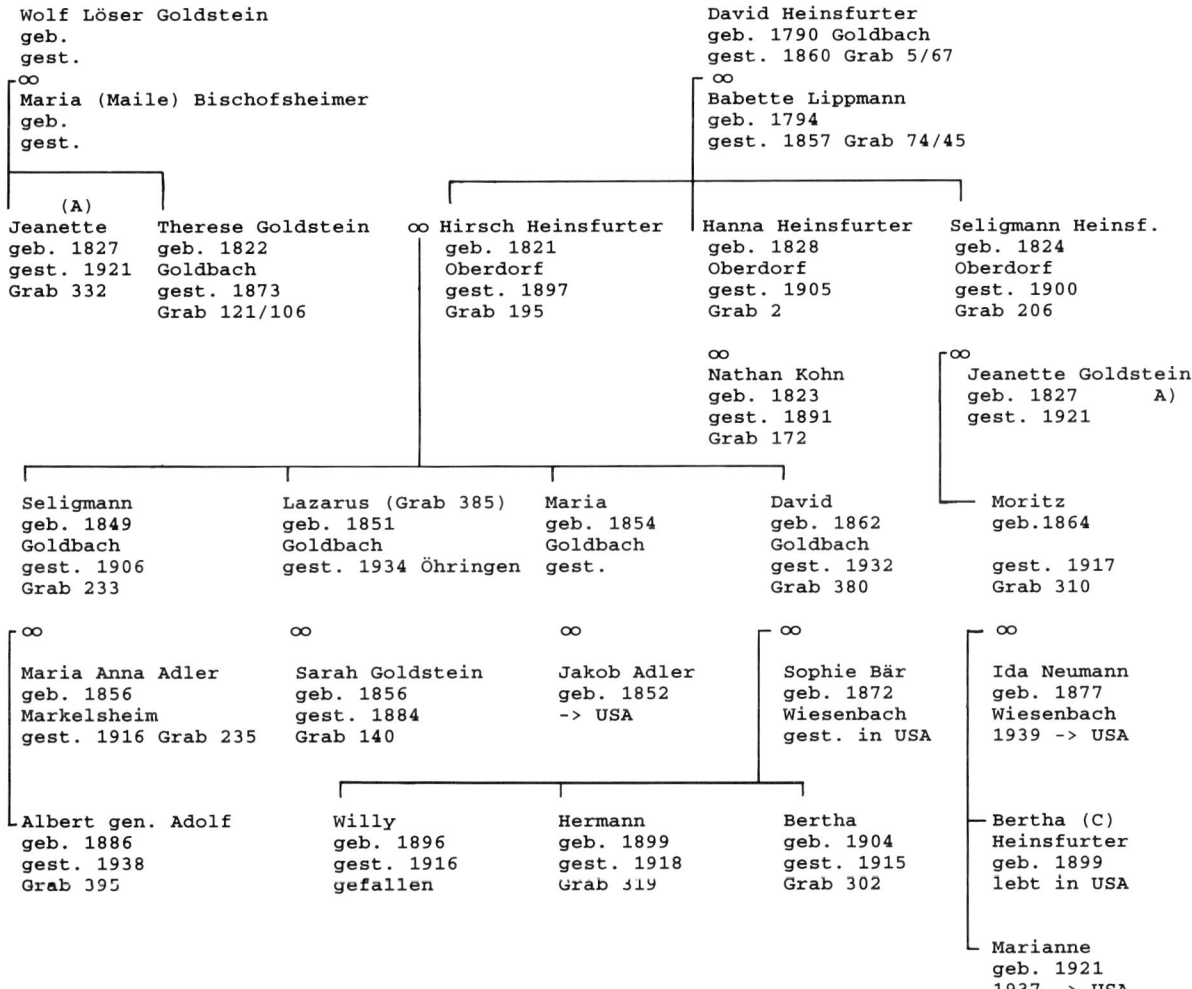

Familie Kohn

\#=Naziopfer
(X)=identische Personen

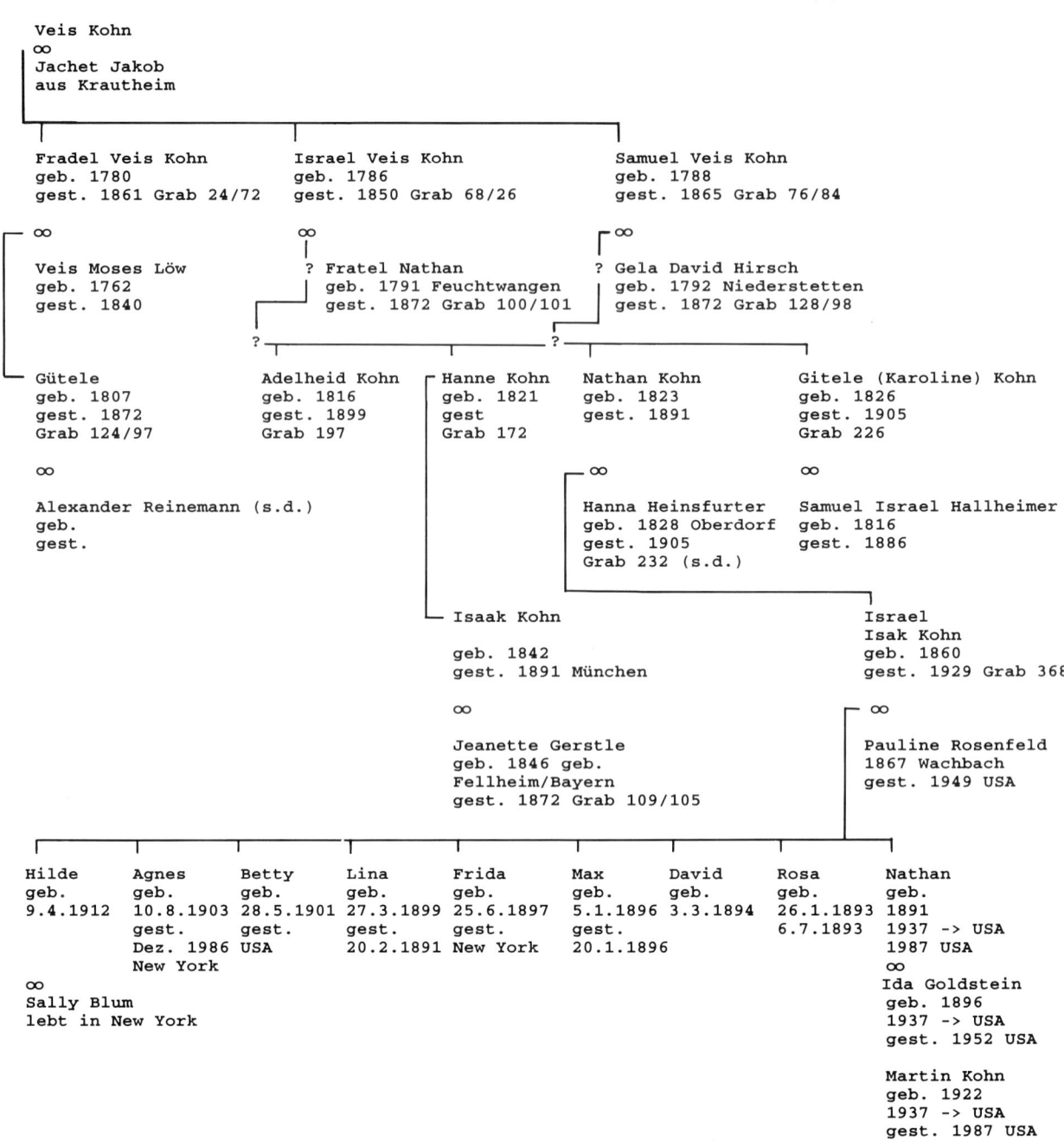

Familie Levi

\#=Naziopfer
(X)=identische Personen

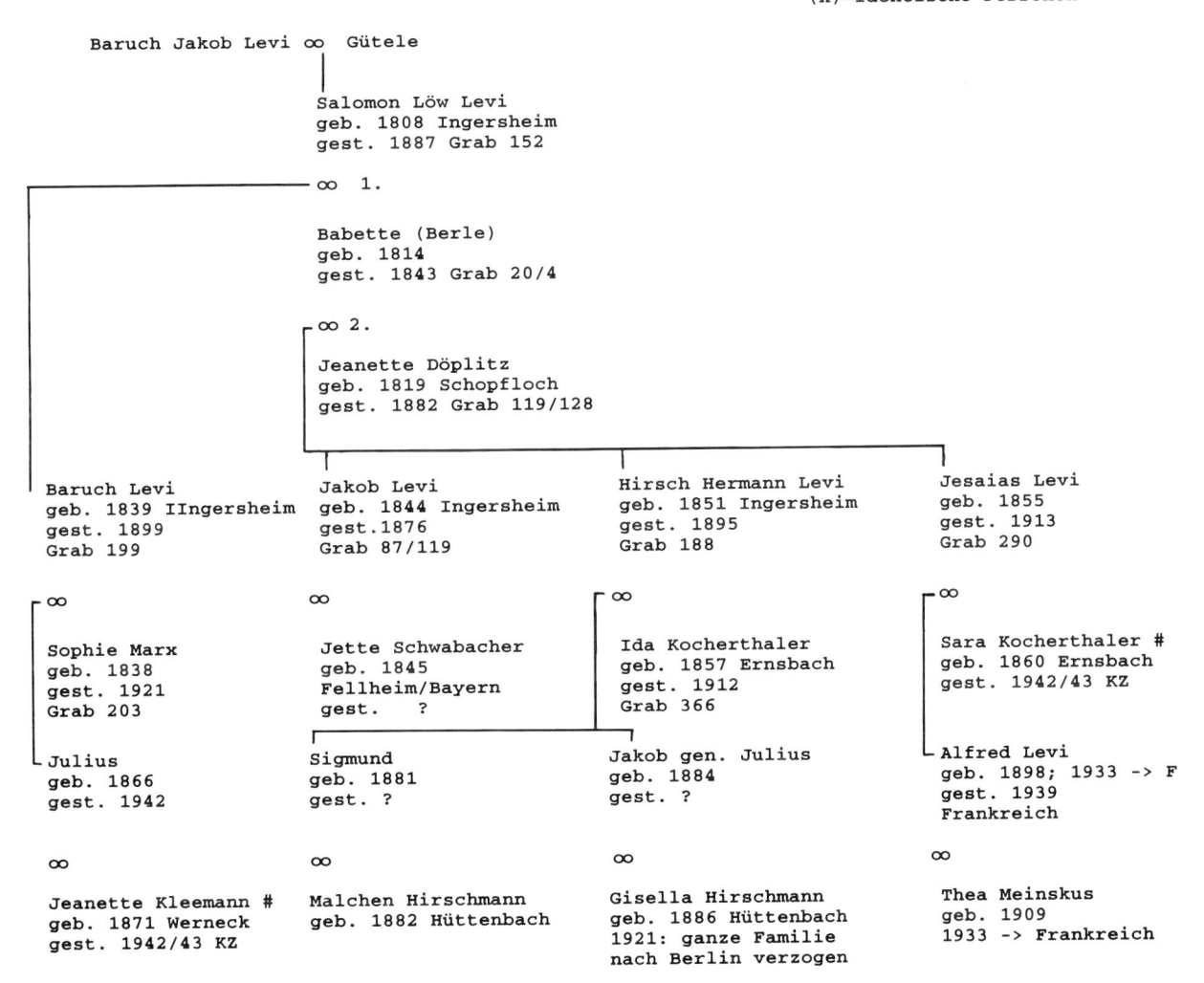

Baruch Jakob Levi ∞ Gütele
│
Salomon Löw Levi
geb. 1808 Ingersheim
gest. 1887 Grab 152

∞ 1.

Babette (Berle)
geb. 1814
gest. 1843 Grab 20/4

∞ 2.

Jeanette Döplitz
geb. 1819 Schopfloch
gest. 1882 Grab 119/128

Baruch Levi	Jakob Levi	Hirsch Hermann Levi	Jesaias Levi
geb. 1839 IIngersheim	geb. 1844 Ingersheim	geb. 1851 Ingersheim	geb. 1855
gest. 1899	gest.1876	gest. 1895	gest. 1913
Grab 199	Grab 87/119	Grab 188	Grab 290
∞	∞	∞	∞
Sophie Marx	Jette Schwabacher	Ida Kocherthaler	Sara Kocherthaler #
geb. 1838	geb. 1845	geb. 1857 Ernsbach	geb. 1860 Ernsbach
gest. 1921	Fellheim/Bayern	gest. 1912	gest. 1942/43 KZ
Grab 203	gest. ?	Grab 366	
Julius	Sigmund	Jakob gen. Julius	Alfred Levi
geb. 1866	geb. 1881	geb. 1884	geb. 1898; 1933 -> F
gest. 1942	gest. ?	gest. ?	gest. 1939 Frankreich
∞	∞	∞	∞
Jeanette Kleemann #	Malchen Hirschmann	Gisella Hirschmann	Thea Meinskus
geb. 1871 Werneck	geb. 1882 Hüttenbach	geb. 1886 Hüttenbach	geb. 1909
gest. 1942/43 KZ		1921: ganze Familie nach Berlin verzogen	1933 -> Frankreich

Familie Löwenthal/Maier

#=Naziopfer
(X)=identische Personen

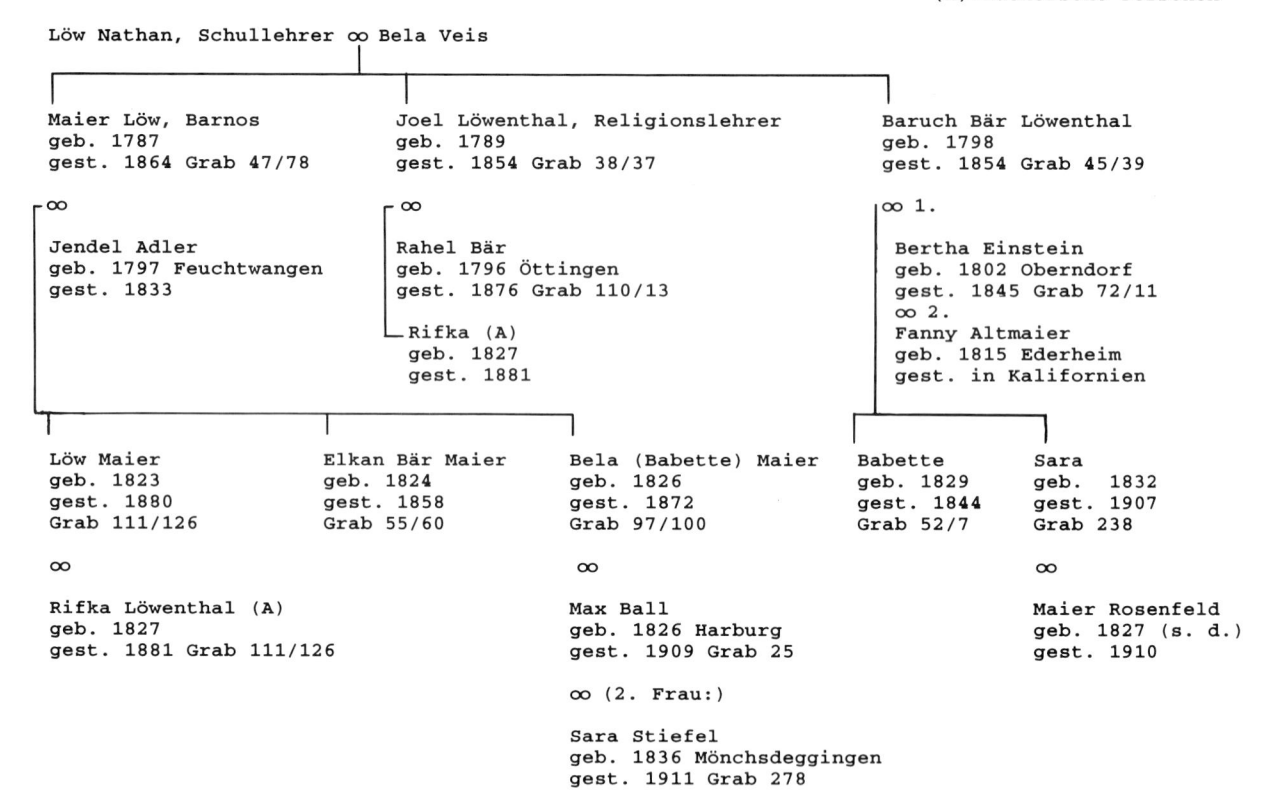

Löw Nathan, Schullehrer ∞ Bela Veis

Maier Löw, Barnos	Joel Löwenthal, Religionslehrer	Baruch Bär Löwenthal
geb. 1787	geb. 1789	geb. 1798
gest. 1864 Grab 47/78	gest. 1854 Grab 38/37	gest. 1854 Grab 45/39
∞	∞	∞ 1.
Jendel Adler	Rahel Bär	Bertha Einstein
geb. 1797 Feuchtwangen	geb. 1796 Öttingen	geb. 1802 Oberndorf
gest. 1833	gest. 1876 Grab 110/13	gest. 1845 Grab 72/11
		∞ 2.
	└ Rifka (A)	Fanny Altmaier
	geb. 1827	geb. 1815 Ederheim
	gest. 1881	gest. in Kalifornien

Löw Maier	Elkan Bär Maier	Bela (Babette) Maier	Babette	Sara
geb. 1823	geb. 1824	geb. 1826	geb. 1829	geb. 1832
gest. 1880	gest. 1858	gest. 1872	gest. 1844	gest. 1907
Grab 111/126	Grab 55/60	Grab 97/100	Grab 52/7	Grab 238
∞		∞		∞
Rifka Löwenthal (A)		Max Ball		Maier Rosenfeld
geb. 1827		geb. 1826 Harburg		geb. 1827 (s. d.)
gest. 1881 Grab 111/126		gest. 1909 Grab 25		gest. 1910
		∞ (2. Frau:)		
		Sara Stiefel		
		geb. 1836 Mönchsdeggingen		
		gest. 1911 Grab 278		

Familie Mandelbaum

#=Naziopfer
(X)=identische Personen

Abraham Anson Mandelbaum ∞ Fratel Herz

Mändle Mandelbaum
geb. 1782
gest. 1858 Grab 32/54

∞
Esther Moses
geb. 1788 Wittelshofen
gest. 1829

Herz Mandelbaum
geb. 1780
gest. 1848 Grab 21/17

∞
Serle Moses
geb. 1783 Wittelshofen
gest. 1840

Jette Mendlein Mandelbaum
geb. 1815
gest. 1888 Grab 155
∞
Veis Oppenheimer
geb. 1809 Olnhausen
gest. 1866 Grab 82/89

Abraham Mendlein Mandelbaum
geb. 1816
gest. 1902 Grab 213
? ∞ 1.
Fanny Wacker
geb. 1822 Schopfloch
gest. 1849 Grab 48/22
? ∞ 2.
Karoline Steiner
geb. 1827 Dünsbach
gest. 1907

Wolf Mandelbaum
geb. 1844
gest. 1902 Grab 211
∞
Rosa Badmann
geb. 1847 Öttingen
verzogen nach Öttingen

Alexander Mandelbaum
geb. 1847
gest. 1908 Grab 244
∞
Lina Oppenheimer
geb. 1850 Aufseß
gest. 1919 Grab 246

25

Familie Marx

#=Naziopfer
(X)=identische Personen

David Marx ∞ Adelheid Veit

    Salomon Hirsch Marx
    geb. 1808
    gest. 1882 Grab 115/127
? ∞ 1.
Therese Eiser
geb. Fürth
gest. 1843 Grab 29/5
? ∞ 2.
Nanette Junkheim
geb. 1813 Gunzenhausen
gest. 1848 Grab 30/19
? ∞ 3.
Ernestine Knoll
geb. 1821 Haarburg
gest. 1879 Grab 103/124

Sophie Marx
geb. 1838
gest. 1921 Grab 203
∞
Baruch Levi (s.d.)
geb. 1839
gest. 1899

Familie Me(t)zger

#=Naziopfer
(X)=identische Personen

David Mezger ∞ Sara Lippmann

Moses Mezger
geb. 1812 Goldbach
gest. 1886 Grab 146
∞
Sara Stern
geb. 1814 Michelbach/Lücke
gest. 1891 Grab 281

Samuel Mezger
geb. 1842 Goldbach
gest. 1914 Grab 298
∞
Mina Rosenfeld
geb. 1850 Hengstfeld
gest. 1891 Grab 174

Wolf Mezger
geb. 1844 Goldbach
gest. 1911 Grab 279
∞
Fanny Gundelfinger
geb. 1855 Michelbach/Lücke
gest. 1926 Grab 281

Bertha Mezger
geb. 1854 Goldbach
gest. 1924 Grab 164
∞
Wolf Goldstein
geb. 1852 Goldbach
gest. 1889 Grab 160

David Mezger
geb. 1872
gest. 1904
Grab 281
∞
Emma Berg
geb. 1874
Demmelsdorf
gest. 1946 USA

Max Mezger
geb. 1873
gest. 1936
Grab 9
∞
Emma Mezger (A)
geb. 1878
gest. 1954 USA

Nathan Mezger
geb. 1881
gest. 1936
Grab 390
∞
Lina Vollweiler #
geb. 1883
Schluchtern
gest. 1942/43 KZ

  └ Martin
    geb. 1911
    nach Frankreich
    1933 ausgewandert
    gest. 1973

Moritz Mezger
geb. 1888
gest. 1918
gefallen

Mina
geb. 1901
gest. 1912
Grab 286

Sidi (weibl.)
geb. 1904
1938->
Paraguay
1950->USA
gest. 1992
USA

Hugo
geb. 1905
s.<-
s.<-
gest. 1977
USA

Ilse
geb. 1908
s.<-
s.<-
gest. 1955
USA

Klara
geb. 1911
s.<-
s.<-
lebt
in USA

Walter
geb. 1917
s.<-
s.<-
lebt in
Paraguay

Manfred
geb. 1904
-> USA

Lucie
geb. 1901
∞
Strauß (Waldsassen)

Minna
geb. 1904
gest. USA
∞
Isaak Ottenheimer

David Mezger
geb. 1877
gest. 1913
Grab 291

Emma Mezger (A)
geb. 1878
gest. 1954 USA

Bertha Mezger
geb. 1882
gest. USA
∞
Samuel Friedmann
geb. 1884
gest. USA

Louis Mezger #
geb. 1885
gest. 1941 Riga
∞
Louise Friedmann
geb. 1900
gest. 1941 Riga #
∞
  └ Beate #
    geb. 1920
    gest. 1941 Riga

Paula
geb. 1887
gest. ?
∞ 1912
Max Stark
->Ermetz-
hofen)

27

Familie Reinemann

\#=Naziopfer
(X)=identische Personen

Moses Löw
∞
Rös Veis

Veis Kohn
∞
Jachet Jacob

Veis Moses Löw Bamberger ∞ Fradel Veis geb. Kohn
geb. 1762   geb. 1780
gest. 1840   gest. 1861 Grab 24/72

Gütele (Klara) Bamberger
geb. 1807
gest. 1872 Grab 124/97
∞
Alexander Reinemann
geb. 1805
gest. 1865

Henriette (Jelte) Reinemann	Adolf Reinemann	Julie Reinemann
geb. 1835	geb. 1843	geb. 1845
gest. 1882 Grab 127/130	gest. 1909 Grab 254	gest. 1918 Grab 322
	∞ 1.	
	Mathilde Stern	
	geb. 1851 Dünsbach	
	gest. 1879 Grab 99/123	
	∞ 2.	
	Nanni Elkan	
	geb. 1852 Mönchsroth	
	gest. 1920 Grab 256	

Familie Rosenfeld

#=Naziopfer
(X)=identische Personen

Abraham David ∞ Madel Marx
  gest. 1831

Moses Abraham Rosenfeld
geb. 1781
gest. 1849 Grab 44/21

? ∞ 1.
Bella Gabriel
geb. Burgbernheim
gest. 1811

? ∞ 2.
Rifka David
geb. Michelbach/Lücke
gest. 1819

? ∞ 3.
Sophia (Silpa) Reckendörfer
geb. Fürth
gest. 1879 Grab 102/111AA

Abraham Rosenfeld
geb. 1806
gest. 1886
Grab 143
? ∞ 1.
Miriam Ulfelder
(Marianne)
geb. 1806 Cregl.
gest. 1844
Grab 62/9
? ∞ 2.
Hanna Chaia Bendit
geb. 1803 Fürth
gest. 1876
Grab 118/115

Gabriel Rosenfeld
geb. 1809
gest. 1865
Grab 86/86
∞ 1.
Karoline Kohn
geb. 1817
Fürth
gest. 1845
Grab 67/10
∞ 2.
Ricke Oberdorfer
geb. 1812 Öttingen
gest. 1895
Grab 186

Marx Rosenfeld
geb. 1811
gest. 1875
Grab 94/109
∞
Rosine Weismann
geb. 1814
Haarburg
gest. 1894
Grab 185

Wilhelm
geb. 1844
gest. 1900
Grab 204

David Rosenfeld
geb. 1815
gest. 1886
Grab 142
∞
Esther Landsberger
geb. 1810
Ichenhausen
gest. 1887 München

Moriz
geb. 1857
gest. 1888
Grab 156

Dr. Adolf
geb. 1858
gest. 1918
Grab 225

Eduard
geb. 1863
1904 ->
München

Hirsch Rosenfeld
geb. 1825
gest. 1886
∞ Jeanette Einstein
geb. 1832 Steppach
bei Augsburg
gest. 1893

Maier Rosenfeld
geb. 1827
gest. 1910
Grab 240
∞
Sara Löwenthal
geb. 1832
Crailsheim
gest. 1907
Grab 238

Baruch Berthold
geb. 1869
gest 1938
Grab 386

Gabriel Rosenfeld
geb. 1834
gest. 1903
Stuttgart

Bernhard Rosenfeld
geb. 1836
gest. 1904 Grab 224
? ∞ 1.
Regina Kohn
geb. 1840 Fürth
gest. 1924 Grab 327
? ∞ 2.
Betty Speier
geb. 1854 Haldenb
gest. 1932
Grab 364

David Rosenthal ∞
verz. Nürnberg
(2. Mann)

Julie
geb. 1897
gest. 1918
Grab 328

? ∞ 1.
Johanna Stern
geb. 1864
Feuchtwangen
gest. 1904
Grab 223
? ∞ 2.
Karoline Habermann
geb. 1872 Aschbach
gest. ?

∞ Ida Groß
geb. 1864
Bruchsal
1904 ->
München

∞
Marie Neumeyer
geb. 1873
gest. 1933
Grab 384

Theodor David
geb. 1897
1930 -> Stuttgart
gest. 1987
Florida
∞
Lene Merzbacher
geb. 1907
Stuttgart
gest. Südamerika

Fanny Frieda
geb. 1899
gest. in USA
∞
Ludwig Dreyfuß
geb. 1887
Offenburg
gest. in USA

Sophie „Sylvia"
geb. 1901
USA (Altenheim
Januar 1995)
∞
Wilhellm Stern
geb. Köln
gest. USA

Moritz Rosenfeld
geb. 1866
gest. 1918 Grab 325
∞
Louise Neuburger
geb. 1875
gest. 1922 Grab 334

Albert
geb. 1902
1933 → F
gest. 1989 Lyon

Sophie #
geb. 1904
gest. 1941
Riga

Bonna (Bertha) #
geb. 1907
gest. 1943
Auschwitz

Julius Jakob
geb. 1908
1937 →Palästina
gest. 1958 Israel

Max #
geb. 1908
gest. 1941
Riga

Rosa
geb. 1913
1937 -> USA

Hedwig
geb. 1916
1939 →Schottland
1950 →USA

Familie Stein

#=Naziopfer
(X)=identische Personen

Aaron Bär Stein ∞ Gentele

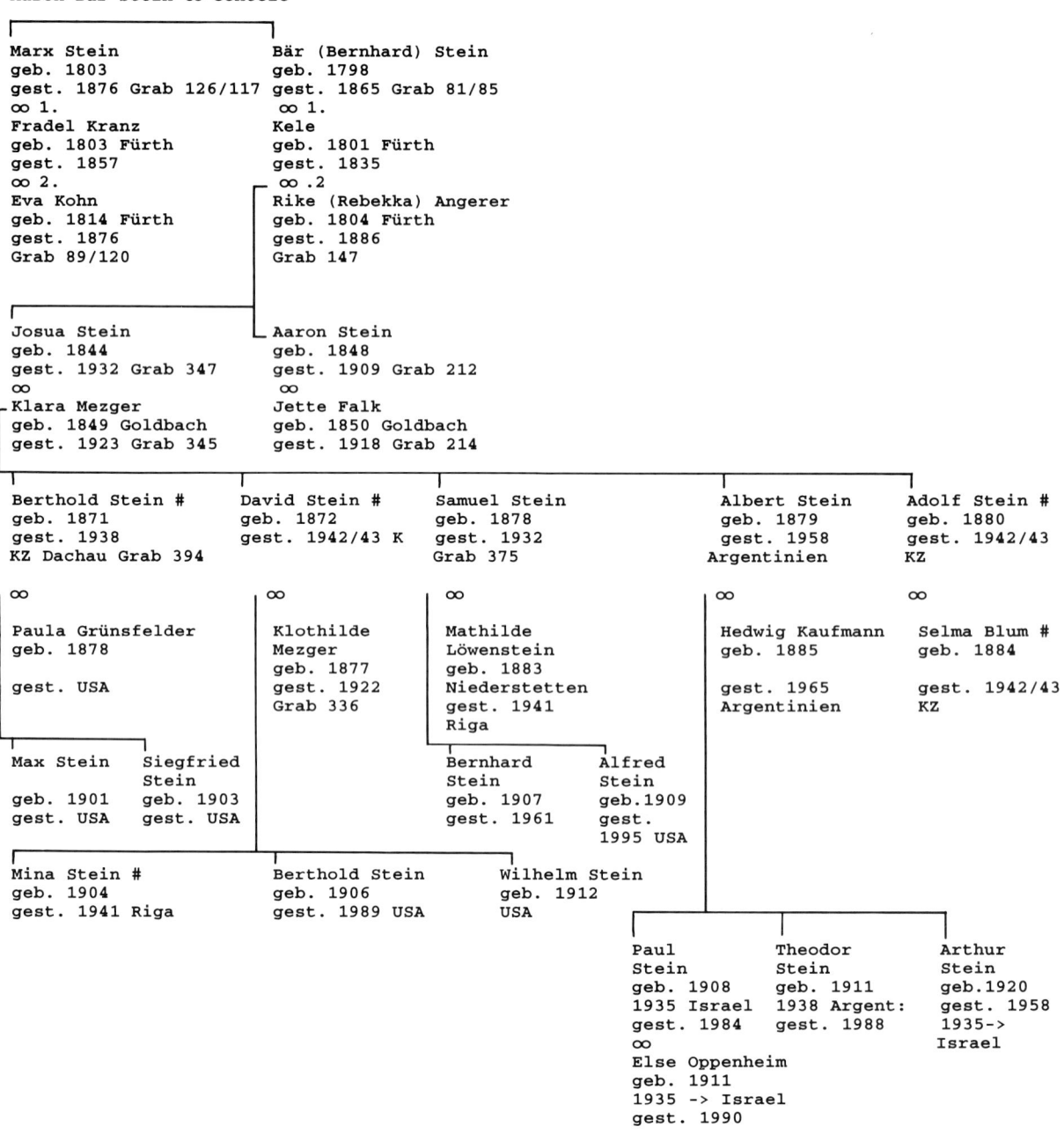

Marx Stein	Bär (Bernhard) Stein
geb. 1803	geb. 1798
gest. 1876 Grab 126/117	gest. 1865 Grab 81/85
∞ 1.	∞ 1.
Fradel Kranz	Kele
geb. 1803 Fürth	geb. 1801 Fürth
gest. 1857	gest. 1835
∞ 2.	∞ .2
Eva Kohn	Rike (Rebekka) Angerer
geb. 1814 Fürth	geb. 1804 Fürth
gest. 1876	gest. 1886
Grab 89/120	Grab 147

Josua Stein	Aaron Stein
geb. 1844	geb. 1848
gest. 1932 Grab 347	gest. 1909 Grab 212
∞	∞
Klara Mezger	Jette Falk
geb. 1849 Goldbach	geb. 1850 Goldbach
gest. 1923 Grab 345	gest. 1918 Grab 214

Berthold Stein #	David Stein #	Samuel Stein	Albert Stein	Adolf Stein #
geb. 1871	geb. 1872	geb. 1878	geb. 1879	geb. 1880
gest. 1938	gest. 1942/43 K	gest. 1932	gest. 1958	gest. 1942/43
KZ Dachau Grab 394		Grab 375	Argentinien	KZ
∞	∞	∞	∞	∞
Paula Grünsfelder	Klothilde Mezger	Mathilde Löwenstein	Hedwig Kaufmann	Selma Blum #
geb. 1878	geb. 1877	geb. 1883 Niederstetten	geb. 1885	geb. 1884
gest. USA	gest. 1922 Grab 336	gest. 1941 Riga	gest. 1965 Argentinien	gest. 1942/43 KZ

Max Stein	Siegfried Stein		Bernhard Stein	Alfred Stein
geb. 1901	geb. 1903		geb. 1907	geb.1909
gest. USA	gest. USA		gest. 1961	gest. 1995 USA

Mina Stein #	Berthold Stein	Wilhelm Stein
geb. 1904	geb. 1906	geb. 1912
gest. 1941 Riga	gest. 1989 USA	USA

Paul Stein	Theodor Stein	Arthur Stein
geb. 1908	geb. 1911	geb.1920
1935 Israel	1938 Argent:	gest. 1958
gest. 1984	gest. 1988	1935 -> Israel
∞		
Else Oppenheim		
geb. 1911		
1935 -> Israel		
gest. 1990		

Familientraditionen

Von Gerhard Taddey

Auf dem Crailsheimer jüdischen Friedhof reiht sich scheinbar beziehungslos Grab an Grab. Und doch gibt es Verbindungen, die sich auffällig von modernen Gegebenheiten unterscheiden.

Der Zweite Weltkrieg hat eine wahre Völkerwanderung verursacht, die allgemein durch ihn ausgelöste Enwicklung und der technische Fortschritt haben die traditionellen Strukturen der Familien weitgehend ihrer Bedeutung enthoben, haben die Großfamilien ausgelöscht. Mobilität, beruflich erzwungen oder aus eigenem Antrieb, löst Familienkontinuität auf.

Bei den deutschen Juden im fränkischen Raum dominierte seit dem 16. Jahrhundert die Seßhaftigkeit. Das lag daran, daß niemand, der einmal einen der als Existenzgrundlage notwendigen Schutzbriefe erworben hatte, diesen ohne Not wieder aufgab. Ganz im Gegenteil: Man suchte ihn auf einen der Söhne zu übertragen. Ganz deutlich ist das in Crailsheim, wo man viele jüdische Familien bis in die Anfänge der jüdischen Neubesiedlung im ausgehenden 16. Jahrhundert zurückverfolgen kann, auch wenn Familiennamen zur leichteren Identifizierung und Verknüpfung der Genealogie fehlen.

Auf dem Lande änderte sich diese relative Stabilität erst, als mit dem Emanzipationsgesetz von 1862 den Juden die bis dahin verwehrte Niederlassungsfreiheit zuerkannt worden war. Viele verließen ihre angestammten Dörfer, um in die Stadt zu ziehen. Seit den Hungersnöten um 1851 hatten zudem viele, vor allem junge Juden, ihr Heil in der Neuen Welt gesucht. Aber auch ganze Familien hatten damals die angestammte Heimat verlassen.

Crailsheim war als Stadt immer schon Anziehungspunkt der Juden der näheren und weiteren Umgebung gewesen. Die Einräumung der Niederlassungsfreiheit war also für die Crailsheimer Juden kein Grund zum Fortzug. Auswanderung nach Amerika schien allerdings auch für manche von ihnen ein Weg zu sein, neues Glück zu finden.

Die Seßhaftigkeit über Generationen, das wird aus den beispielhaft zusammengestellten Stammtafeln deutlich, ist ein Charakteristikum der Crailsheimer Juden.

Ein zweiter Aspekt wird ebenfalls deutlich: die ausgedehnten Heiratskreise. Es war bis ins 19. Jahrhundert hinein eine ausgesprochene Seltenheit, wenn ein Jude aus unserem Raum – das gilt für alle Gemeinden im heutigen Landkreis Schwäbisch Hall – jemanden aus seinem Ort heiratete.

Ehen waren auch, vielleicht sogar vorwiegend, Wirtschaftsgemeinschaften. Während der jüdische Händler fast dauernd unterwegs war, führte die Frau den Haushalt. Wichtig war es, daß sie eine ausreichende Aussteuer und möglichst Bargeld oder Immobilien in die Ehe einbrachte, um die wirtschaftliche Basis zu stärken. Es gab verschiedene Möglichkeiten, einen Partner in einem oft weit entfernten Ort zu finden. Leider gibt es keine Belege in Crailsheim, wie sich Paare fanden. So konnte ein junger Jude oder sein Vater selbst bei ihren Handelsreisen Heiratskandidatinnen ausfindig machen. Es gab aber auch jüdische Heiratsvermittler, die häufig wußten, wo eine junge Frau oder ein junger Mann eine Ehe eingehen wollte. Über solche Ehen wurden neue Verwandtschaftskreise erschlossen. Ganz selten wurde jedoch innerhalb der Verwandtschaft geheiratet. Eine Ausnahme bilden die Fälle, wo Geschwister Geschwister heirateten. Hirsch Hermann Levi und sein Bruder Jesaias heirateten zum Beispiel die Schwestern Ida und Jara Kocherthaler aus Ernsbach.

Es kam auch vor, daß ein Witwer nach dem Tod seiner Frau deren jüngerer Schwester die Hand zum Bund für das Leben reichte. Auch solche Fälle sind in Crailsheim dokumentiert. Abraham Hallheimer heiratete Hanna Pappenheimer aus Oberdorf. Als sie kaum ein Jahr später nur 24jährig starb, heiratete der Witwer die Schwester Bertha, die er ebenfalls überlebte.

Die Ausdehnung der Heiratskreise wird deutlich am Beispiel von Veis Kohn. Seine Frau stammte aus Krautheim. Sein Sohn Israel Veis heiratete Fratel Nathan aus Feuchtwangen, sein Sohn Samuel Veis Gela David aus Niederstetten.

Es wäre vielleicht einmal reizvoll, die Herkunftsorte aller Frauen und Männer, die von auswärts nach Crailsheim einheirateten, aufzulisten[1]. Kaum einer der Orte mit weit zurückreichender jüdischer Bevölkerung im Umkreis von 100 bis 150 Kilometer dürfte darin fehlen, ob Öttingen, Haarburg, Schopfloch, Gunzenhausen, Dünsbach, Michelbach, Braunsbach oder Weikersheim. Aber auch Fürth oder noch weiter entlegene Orte tauchen im Heiratsregister auf.

Ehen löste in der Regel der Tod. Scheidungen sind seltene Ausnahmen, obwohl das jüdische Recht sie erlaubte.

Groß war in der Regel die Zahl der Kinder vor der Emanzipation, groß allerdings auch die Kindersterblichkeit in den ersten Lebensjahren. Auch hier brachte die Emanzipation entscheidende Veränderungen. Der Trend zur Kleinfamilie mit zwei, höchstens drei Kindern wird in den Familienregistern um die Wende zum 20. Jahrhundert ganz deutlich.

Auf dem Friedhof liegen die Toten nicht im Familienverband. Auf den Stammtafeln wird versucht, einige der hier getroffenen Feststellungen nachvollziehbar zu machen. Natürlich gibt es seit dem Bestehen des Friedhofs auch Familien ohne Tradition, kinderlose Ehen ohne Fortsetzung. Insgesamt aber bietet sich das Bild einer in Jahrhunderten gewachsenen, gefestigten Ordnung, die im Chaos der Verfolgung unwiederbringlich unterging.

Anmerkung:

1: Siehe Anlage im Friedhofsteil.

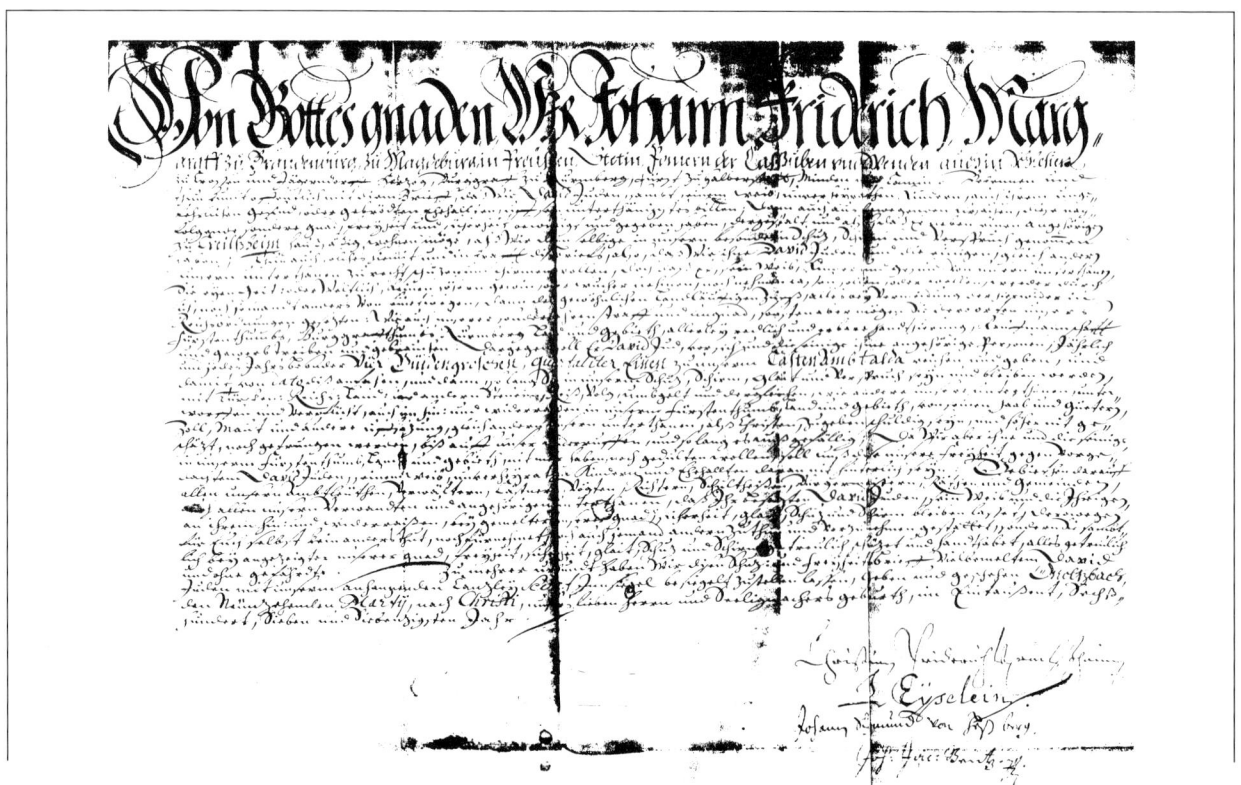

Schutzbrief für David Juden, ausgestellt 1677 in Ansbach (Onoltzbach) im Namen des Markgrafen Johann Friedrich durch Christian Friedrich von Crailsheim.
(Stadtarchiv Crailsheim, BA 68, Annahme der Juden, 1461-1677)

Das jüdische Kalenderjahr

Von Karl W. Schubsky

Das jüdische Jahr richtet sich nach dem Mond und nicht nach der Sonne, aber auch das Mondjahr hat zwölf Monate. Der Mond umkreist die Erde einmal in 29,5 Tagen. Somit hat das Mondjahr lediglich 354 Tage, und daraus ergibt sich gegenüber dem Sonnenjahr eine Differenz von elf Tagen.

Da die jüdischen Fest- und Feiertage aber jahreszeitlich fixiert sind, muß jedes dritte oder vierte Jahr - in einem Zyklus von 19 Jahren insgesamt siebenmal - ein zusätzlicher Monat geschaltet werden. Dies geschieht im Frühjahr, und es wird an den Monat Adar ein zweiter angehängt, der Adar II genannt wird.

Auf diese Art und Weise bleiben die jüdischen Feiertage in ihrer jeweiligen Jahreszeit, wie sich aus der folgenden Darstellung ergibt:

Die Monatsnamen

Nissan	30 Tage (März – April)	ניסן
Ijar	29 Tage (April – Mai)	איר
Sivan	30 Tage (Mai – Juni)	סיון
Tammus	29 Tage (Juni – Juli)	תמוז
Aw	30 Tage (Juli – August)	אב
Elul	29 Tage (August – September)	אלול
Tischri	30 Tage (September – Oktober)	תשרי
(Mar)Cheschwan	29/30 Tage (Oktober – November)	(מר)חשון
Kislev	30/29 Tage (November – Dezember)	כסלו
Tewet	29 Tage (Dezember – Januar)	טבת
Schewat	30 Tage (Januar – Februar)	שבט
Adar	29 Tage (Februar – März)	אדר

Im Schaltjahr hat der zwölfte Monat (Adar I) 30 Tage und der ihm folgende Adar II - auch Weadar genannt - 29 Tage.

Die Wochentage

Sonntag	erster Tag	יום א
Montag	zweiter Tag	יום ב
Dienstag	dritter Tag	יום ג
Mittwoch	vierter Tag	יום ד
Donnerstag	fünfter Tag	יום ה
Freitag	sechster Tag	יום ו
Samstag	(heiliger) Schabbat	יום שבת קדש

Die Wochentage werden durch hebräische Buchstaben als Ordnungszahlen gekennzeichnet: 1. Tag bis 6. Tag haben die ersten sechs Buchstaben des hebräischen Alphabets als Bezeichnung, während der 7. Tag, der Schabbat, auch als solcher seinen Namen trägt. Und da der Schabbat der heilige Tag ist, wird hier „heilig" hinzugefügt.

Die Berechnung des Kalenders

Die Berechnung des jüdischen Kalenderjahres beruht auf der traditionellen Datierung „seit Erschaffung der Welt", das sind 3 760 Jahre vor Beginn der christlichen Zeitrechnung mit dem Jahre „0". So zählt man zum Beispiel nach dem „bürgerlichen Jahr" 1975 zuzüglich 3 760 das jüdische Jahr 5735.

Allerdings beginnt das jüdische Jahr am ersten Tag des Monats Tischri (September - Oktober). So gilt die genannte Gleichung lediglich für das zweite und dritte Drittel des jüdischen Jahres. Für das erste Drittel sind 3 761 hinzuzufügen: TEWET (Januar) - ELUL (August - September) + 3 760 TISCHRI (September - Oktober) - KISLEV (Dezember) + 3 761

Die hebräischen Jahreszahlen werden durch hebräische Buchstaben nach ihrem Zahlenwert ausgedrückt, wobei man die Tausende auf den Grabinschriften meistens ausläßt und dies durch das Hinzufügen der Formel „nach der kleinen Zählung" zum Ausdruck bringt.

Zum Beispiel stellt sich die Berechnung des Jahres 1994 nach der obigen Formel wie folgt dar:
+ 3 760 = 5 754;

und bei Auslassung der Tausendzahl 754:

700 = 400	ת
+300	ש
50	נ
4	ה
(5)754	תשנ״ה

Ursprung und Bedeutung der Festtage

Von Heinz Illich und Karl W. Schubsky

Die Wallfahrtstage

Pessach (Passahfest)	15.-22. Nissan	פסח
Schawuot (Wochenfest)	6.-7. Sivan	שבועות
Sukkot (Laubhüttenfest)	15.-23. Tischri	סוכות

An den drei Wallfahrtsfesten waren die Männer verpflichtet, zum Zentralheiligtum zu pilgern und Opfer und Gaben darzubringen.

Pessach - das Passahfest

Dieses Fest wird im Frühlingsmonat Nissan gefeiert, dem ersten Monat des religiösen Jahres. Es gilt dem Gedenken an den Auszug des Volkes Israel aus Ägypten. Es dauert acht Tage, jedoch nur die beiden ersten und beiden letzten Tage sind Vollfeiertage. Das Fest beginnt am „Sederabend" (Seder = Ordnung) mit einem umfangreichen Gottesdienst innerhalb der Familie. Anleitung dazu ist die Pessach-Haggada.

Die Haggada (Erzählung) hat die Begebenheiten vor dem Auszug zum Inhalt. Man hat die Pflicht, sich den Auszug vorzustellen. In Fragen und Antworten werden die einzelnen Szenen besprochen, zum Beispiel: „Warum ist diese Nacht so ganz anders als die übrigen Nächte? An anderen Nächten können wir Gesäuertes und Ungesäuertes essen, in dieser Nacht nur Ungesäuertes."

Der Sederteller enthält darauf bezogene Bitterkräuter, Peterling, Salzwasser, ungesäuertes Brot und andere Zutaten. Biblische Grundlage dafür ist das 2. Buch Mose, Kapitel 12. Dort ist auch die Stiftung des Osterlammes begründet.

Schawuot – das Wochenfest

Schawuot ist ein Ernte- und Wallfahrtsfest, das sieben Wochen nach dem Tag der Darbringung des Gerstenopfers am Passahfest gefeiert wird (3. Mose 23, 15-16). Neben üblichen Tieropfern bestimmt das Gebot nach 3. Mose 23, 17 als charakteristisches Opfer dieses Tages die Gabe zweier Brote aus der neuen Weizenernte.

Sukkot – das Laubhüttenfest

Sukkot (= Hütten) wird im Herbst gefeiert, nach Rosch Haschana und Jom Kippur, und dauert neun Tage. Wie bei Pessach gelten nur die beiden ersten und letzten Tage als Vollfeiertage. Es ist zunächst ein Erntedankfest.

Geschichtlich bezieht es sich auf die Wüstenwanderung, verbunden mit Nomadenleben und häufigem Wechsel der Lagerstätte. Man baut sich im Garten oder Hof eine einfache, mit Zweigen bedeckte Hütte.

Die biblischen Begründungen sind im 3. Mose 23, 39 ff. und im 5. Mose 16, 13-15 zu finden.

Issru Chag - Tag nach den drei Wallfahrtsfesten   אסרו חג

Die Hohen Feiertage

Rosch Haschana (Neujahr)	1.-2. Tischri	ראש השנה
Jom Kippur (Versöhnungstag)	10. Tischri	יום כפור
auch Jom Hakippurim		יום הכפורים

Rosch Haschana – das Neujahrsfest

Dieses Neujahrsfest bezeichnet den Anfang des bürgerlichen Jahres (im Gegensatz zu Nissan, dem religiösen Jahresbeginn; siehe dazu bei Pessach). Die Zählung der Jahre beginnt mit dem Monat Tischri, die Zählung der Monate mit dem Monat Nissan. Rosch Haschana wird im siebten Monat des religiösen Jahres gefeiert.

Nach alter Überlieferung soll der 1. Tischri der Tag der Welterschaffung sein. Nach 4. Mose 29, 1 ist dies der Tag des Schofarblasens (Schofar = Widderhorn). Es darf nicht gearbeitet werden. Der Jude soll nicht fröhlich und ausgelassen feiern, sondern den „Tag der Ehrfurcht" als Tag des Gedenkens alles von Gott Erschaffenen in Freude verbringen. Die Neujahrsgrußformel lautet: le schana towa tikkatew - „zu einem guten Jahre mögest du eingeschrieben werden".

Jom Kippur – Versöhnungstag

Der Versöhnungstag ist der heiligste Tag des jüdisch-religiösen Jahres. Er ist ernster und weihevoller Abschluß der zehn Bußtage, die mit dem Gericht Gottes an Rosch Haschana beginnen. Der Tag dient der Reue, der Verzeihung der Sünden und der Versöhnung mit Gott (3. Mose 16, 30).

Historische Feste

Chanukka (Tempelweihe)   25.-2./3. Kislev-Tewet   חנוכה

Purim (Losfest)   14. Adar   פורים

Chanukka – Tempelweihe

Chanukka ist ein Lichterfest, ein Tempelweihefest, und dauert acht Tage. Gefeiert wird die Neuweihe des zur Zeit der syrischen Religionsverfolgung entweihten Tempels und damit die Siege der Makkabäer.

Mit dem Fest verbunden ist ein Lichtwunder. Bei der Neuweihe des Tempels soll nur noch ein kleines Krüglein nicht entweihten Öls gefunden worden sein, das bis zur Bereitung neuen heiligen Öls acht Tage lang auf dem Leuchter des Heiligtums brannte.

Die Chanukka-Menora (Menor = Leuchter) trägt deshalb acht Lichter mit einem zusätzlichen Flämmchen, dem Schammasch. Von diesem „Dienerflämmchen" aus werden die Chanukkalichter entzündet.

Purim – Losfest

„An Purim ist alles frei", die strengen Schranken jüdischer Gesetze dürfen durchbrochen werden (vergleichbar mit unserer Faschingszeit). Das Fest wird am 14. Adar (Februar/März) gefeiert in Erinnerung an die Errettung des jüdischen Volkes aus drohender, schwerer Gefahr. Hamas, der Vertraute des Perserkönigs Achaschwerasch, wollte wegen einer Kleinigkeit alle Juden des persischen Reiches ausrotten lassen.

Durch das Los (Pur) wurde der Tag bestimmt: Es war der 13. Adar. Der Plan wurde durch Mordechai und Esther, die Gattin des Königs, vereitelt (siehe auch Ta'anit Esther). Die Juden konnten ihre Angreifer siegreich bekämpfen. Sie feierten den Sieg und die Errettung am 14. Adar. Mordechai und Esther bestimmten, daß das Purimfest für alle Zeit in Fröhlichkeit, mit Freudenmahl und Beschenkung gefeiert wird. Man verkleidet sich, ist heiter und ausgelassen.

Im Schaltjahr wird Purim im Monat Adar II am 14. gefeiert.

Trauertage/Fastentage

Diese Tage beziehen sich auf ernste und traurige Anlässe in der wechselvollen Geschichte des jüdischen Volkes.

Assara b'tewet   10. Tewet   עשרה בטבת
Schiw'a assar b'tammus 17. Tammus   שבעה עשר בתמוז
Tisch'a b'aw   9. Aw   תשעה בשב
Tzom Gdalja   3. Tischri   צום גדליה
Ta'anit Esther   13. Adar   תענית אסתר

Assara b'tewet

Der zehnte Tag im Monat Tewet, ein Fast- und Trauertag, dient dem Gedenken an den Beginn der Belagerung Jerusalems durch den babylonischen König Nebukadnezar im Jahre 586 vor der Zeitenwende (Jeremia 52, 4).

Fällt der Tag auf einen Sabbat, dann wird der Trauertag auf den folgenden Tag verschoben.

Schiw'a assar b'tammus

Der 17. Tag im Monat Tammus erinnert an die Durchbrechung der Mauern Jerusalems durch Nebukadnezar. Als weiterer Grund für diesen Fasttag gilt die Zerstörung der Stadt durch Titus im Jahre 70 nach der Zeitenwende.

Tisch'a b'aw

Der neunte Tag des Monats Aw ist der größte Trauertag des Jahres. Er erinnert an die Zerstörung des ersten Tempels durch Nebukadnezar (2. Könige 25, 8-9) am 7. Aw und an die Zerstörung des zweiten Tempels durch Titus am 9. Aw.

Tzom Gdalja

Am 3. Tischri wurde der von Nebukadnezar nach der Zerstörung Jerusalems eingesetzte Statthalter Gedalja ermordet. Dieser Tag gilt als Trauer- und Fasttag, weil mit Gedaljas Tod der letzte Hoffnungsschimmer für das niedergeworfene Volk erloschen ist.

Ta'anit Esther

Hamas' Plan, die Juden des persischen Reiches auszurotten, konnte von Esther, Gattin des Königs, und Mordechai vereitelt werden (siehe bei Purim). Ehe Esther ihren schweren Gang zum König antrat, um ihm vom Plan seines Vertrauten zu berichten, hat sie drei Tage lang gefastet. Dem Fasten der Esther wird am 13. Adar, ein Tag vor Purim, gedacht.

Quellennachweis:

F. Thieberger, (Hrsg.): Jüdisches Fest - Jüdischer Brauch. Nachdruck der 1967 erschienenen 2. Auflage; Jüdischer Verlag Berlin, 1976.

G. Herlitz und B. Kirschner: Jüdisches Lexikon in 4 Bänden. Königstein/Taunus 1982.

Bräuche der Crailsheimer Juden

Überrascht zeigte sich Landesrabbiner Berger, als er die Quellen studierte und für Crailsheim einen Volksglauben entdeckte, den er hier nicht vermutet hätte. Er berichtete darüber in einem Vortrag zur Einstimmung auf den Besuch der Crailsheimer Juden in ihrer alten Heimat unter anderem:[1]

So saßen die nächsten Anverwandten eines Toten im Trauerhaus während sieben Tagen auf kleinen Schemeln - man nannte das shiwe-sitzen. Während der siebentägigen Trauerzeit brannte auch ein Gedenklicht im Haus. Außerdem wurde auf der Fensterbank ein kleines Gefäß aufgestellt, zusammen mit einem kleinen Tüchlein. Diese Sitte war im Osten Europas anzutreffen.

Der naive Volksglaube ging davon aus, daß die Seele des Verstorbenen sich in der Umgebung aufhält und zurückkommt, um sich zu waschen und zu reinigen. Da Reinheit bei den Juden stets von großer Wichtigkeit ist, wollte man die Seele des Toten nicht von der Reinheit der Lebenden ausschließen.

Ein weiterer Brauch in Crailsheim: Den Toten wurde eine Harke in die Hand gegeben. Nach der volkstümlichen Vorstellung ging man davon aus, daß ein jeder Tote sich unter der Erde bis zum letzten Gericht nach Jerusalem vorwärtsgraben mußte, damit er es dort nicht so schwer habe.

Ein Hochzeitsbrauch, der im Fränkischen üblich war, wurde auch in Crailsheim gepflegt. Das Glas wurde dabei nicht mit dem Fuß zertreten, sondern am Chuppah-Stein[2] zerschmettert. Der Stein war in die Wand der Synagoge eingelassen.

Anmerkung:

1: *Hohenloher Tagblatt,* Beilage „Gedenke der Tage der Welt" 19.5.1987.

2: *Chuppah-Stein* = Hochzeitsstein. In süddeutschen Synagogen eingelassener, oft mit Hexagramm geschmückter Stein, an dem der Bräutigam bei der Hochzeit das Glas zerschlug.

Hebräische und jiddische Wörter in der Umgangssprache

Von Liesel Beck und Heinz Illich

Hebräische und jiddische Wörter wurden nicht nur von den Juden selbst, sondern - meist unbewußt - auch von der übrigen Bevölkerung verwandt. Oft waren sie in horaffischen (bzw. hohenlohischen) Dialekt umgesetzt.

Dazu einige Beispiele:

achla, acheln, *essen,* im Sinne von gut, viel essen[1]
Baja, ins Baja oder Haja gehen, *zu Bett gehen*
baldowern, *auskundschaften (für eine Gelegenheit zum Diebstahl)*
Beiz, Beisl, gebräuchliche Bezeichnung für *Haus,* hebräisch bajit, *Haus* (bei uns ein abwertender Ausdruck)[1]
Berches, *geflochtener Weck mit Mohn* (Berches, *Feiertagsgebäck*)
blejde, *gehen* (jüdisch: *Flucht*)
bschumla, beschummeln, seit dem 17. Jahrhundert bezeugtes Dialektwort für *betrügen* (der hat mich beschummelt)[1]
buxen, *umherstoßen*
dreifer, trefer, hebräisch treife, *unrein, untauglich*
douse, *ein Schläfchen machen*
Duchas, Duches, hebräisch Duchat, *Hintern*
ducke, *nachgeben, bloßstellen*
fechten, *betteln*
Fiduuz, Lust (an Fiduuz griacha, *Lust zu etwas bekommen*)
ganov, gannfen, *stehlen*
Ganove, *Dieb*
gilfen, *schimpfen*
Graffl, *altes Zeug*
Gschpusi, *Freundin*
Hacklpackl, *alle Sachen* (schmeiß dei Hacklpackl no)
jackeres, *teuer;* siehe auch jouger
jouger, *teuer* (des is mer z'jouger, *das ist mir zu teuer*)
Kaff, vom hebräisch biblischen kafar, *Dorf* (hier abwertend *unbedeutender Platz*)[1]
kapporäs, *kaputt,* von kapore
Knast, *schlechtes Zeug* (der raucht einen Knaster, *der raucht einen schlechten Tabak*); aber auch Strafe absitzen
verknastern, *verraten, verkaufen*

kouscher, koscher, *rein*[2]
kotzn, *ekeln*
lätz, *böse* (des ist a Lätze, *sie ist eine böse Frau mit einem losen Mundwerk*)
lez, *Spötter*
louse, *hören, horchen*
machulla gääna, *abhanden kommen, verlorengehen*[3]
Magga, makkot, *Schläge, Hiebe, Unglück* (a Magga hoowa, *eine Macke, einen Fehler haben*)[1]
maroudi, *krank* (marodepink, *Arzt*)
maschugga, meschugge, hebräisch biblisch meschugga, *verrückt*[1]
mauschla, *undeutlich, geheimnisvoll reden*
Meschbuche, Mischpoche, von mischpacha *Familie, Verwandtschaft* (dia ganz meschbuche)[1]
Meschugger, *Unsinniger, Verrückter*
mies, *widerlich, Ekel*[1]
muffen, muffeln *(faulig) riechen*
onni, *geh fort* (gää onni in' Schadda, daß Di d' Sunn ned stichd, *geh schnell in den Schatten, damit Dich die Sonne nicht brennt*)
pleita, *zahlungsunfähig* (pleita gääna, auch oft für *weggehen, fortgehen*)
Pratze, *große Hände*
Peres, *Mist*
Ranze, *Bauch*
Reibach, Rewach, *Gewinn, Vorteil* (an Reibach howa oder macha)[1]
Sares, *Rausch*
Schabbesdeckel, *alter Hut* (jüdisch: *Feiertagshut*)
schachara, schachern, *handeln*
Schix, a Schix, Schickse, *Nichtjüdin* (hier abwertend: dia is nix Gscheits)[2]
Schlamassel, *schlecht, Unglück, Durcheinander* (im Gegensatz zu Massel, *Glück*)
Schlawiener, *Schlitzohr*
Schlemiil, *Pechvogel* (eigentlich: a Oogschlochener, *Abgeschlagener*)
schlitzen, *ausreißen*
schlorchen, schlorben, *müde gehen*
schmoore, *in der Hitze aushalten; trinken* (der schmoort sie ou, *er trinkt sich voll*)

Schmuu, *unerlaubter Gewinn, Betrug, Unwahrheit* (glaab den Schmuu net, *es ist nichts Wahres dran*)[1]
schnorre, schnurre, *betteln* (jüdisch: als Bettelmusikant mit der Schnurrpfeife umherziehen)
schoufl, *gemein, schlecht*
schufften, *hart arbeiten*
schupfen, *(Brot) backen* (Schupfnudel!)
Stinkedores, *Käse, Backsteinkäse*
Stupfer, *Schneider*
stupfen, *(mit der Nadel) antippen*
Stupfl, *Igel, kurze Barthaare*
Tippel, Dippel, *Dummkopf*
Trittling, *Schuhe*
uzen, *foppen, necken*
verkimmeln, *verkaufen verschlagen* (ich verkümmel Dich, *ich verschlage Dich*)
verkoule, *belügen, nicht die ganze Wahrheit sagen*
Viduhz, *Freude*
zammraddle, *fest zusammenbinden, Handschellen anlegen*
Zunke, *Nase* (putz Dein Zinke, *putz Dir die Nase*)
zotteln, *ergreifen, abschütteln*

Manche Worte haben durch Anpassung an die jeweilige Landessprache falsche und zum Teil ziemlich erhebliche Veränderungen in Wortbildung und -bedeutung erfahren. Ganz gravierend ist dies bei den deutschen Wünschen „Guten Rutsch" und „Hals- und Beinbruch".

„Rutsch" ist eine Verballhornung des hebräischen Wortes **Rosch**. Dieses Wort heißt nichts anderes als *Kopf, Haupt* (das, was vorne ist, also Anfang: „Guten Anfang").

Von den Ostjuden kam der Wunsch **„Hasseloche beroche!"**. Dieser Wunsch wurde ebenfalls verballhornt und kam als „Hals- und Beinbruch" heraus. **Hasseloche** bedeutet *Glück* und **beroche** heißt *(Gottes) Segen*. Dies sind die hebräisch biblischen Worte für Glück und Segen.

Wer weiß schon, daß der bei uns übliche „Frühjahrsputz" aus dem Judentum kommt? Auf das Passahfest soll aller „Sauerteig" (alles Unreine) aus dem ganzen Haus entfernt werden.[4] Für die Putzkräfte und Helfer war der Hausputz von der Bühne bis zum Keller in der oft kalten Frühlingszeit wahrlich kein Vergnügen!

Anmerkungen:

Von Heinz Illich

1: *Schubsky, Karl W., Hrsg.:* Jüdische Kulturbühne, Pfaffenhofen/Ilm, Nr. 4/94, S. 15-17.

2: „Koscher" ist die askenasische und in Osteuropa allgemein übliche Aussprache für das hebräische Wort „kascher". Es bedeutet nach Mischna und Talmud: es ist brauchbar, zur Verwendung geeignet, zum Genuß erlaubt, und zwar in ritualgesetzlicher wie in zivilrechtlicher Beziehung. Der Begriff bezieht sich zunächst auf die vielfältigen Speisegesetze nach 3. Mose 11 und 5. Mose 14.

Geregelt ist hier das Verbot des Genusses von Fleisch von unreinen Tieren (zum Beispiel Schweinen), das Verbot des Blutgenusses und des gleichzeitigen Genusses von Milch und Fleisch sowie von Milch- und Fleischprodukten. Daraus ergibt sich die Pflicht zur Trennung und gesonderten Reinigung der Kochgefäße, Teller und Bestecke.[2a] In diesem Verbot wiederum ist das Schächten (zum Zwecke des Ausblutens) begründet.

Die Speisegesetze sind sehr umfangreich, sie regeln Speiseverbote für bestimmte Fasttage wie auch Speisevorschriften für Festtage und für die Trauerzeit.[2b] „Koscher" wird aber auch für einen tugendhaften, frommen Juden verwendet. So sagt man in Osteuropa zum Beispiel: „ein koscherer Jid".

2a: Jüdisches Lexikon, Band III, Sp. 610, Jüdischer Verlag, Königstein/Taunus.

2b: Jüdisches Lexikon, Band V, Sp. 539-543, Jüdischer Verlag, Königstein/Taunus.

3: *Schubsky, Karl W., Hrsg.:* Jüdische Kulturbühne, Pfaffenhofen/Ilm, Nr. 9/95, S 23.

4: 5. Mose 16.

Literaturhinweis:

Viele der hier aufgelisteten Wörter finden sich auch im „Lachoudischen", der Geheimsprache der fränkischen Gemeinde Schopfloch. *K. Philipp,* „Lachoudisch", Verlag C.W. Wenng KG, Dinkelsbühl 1983.

Sozialtopographie

Lage jüdischer Wohnhäuser im 18. Jahrhundert und jüdischer Geschäfts- und Wohnhäuser im 20. Jahrhundert

Pläne bearbeitet von Heinz Illich

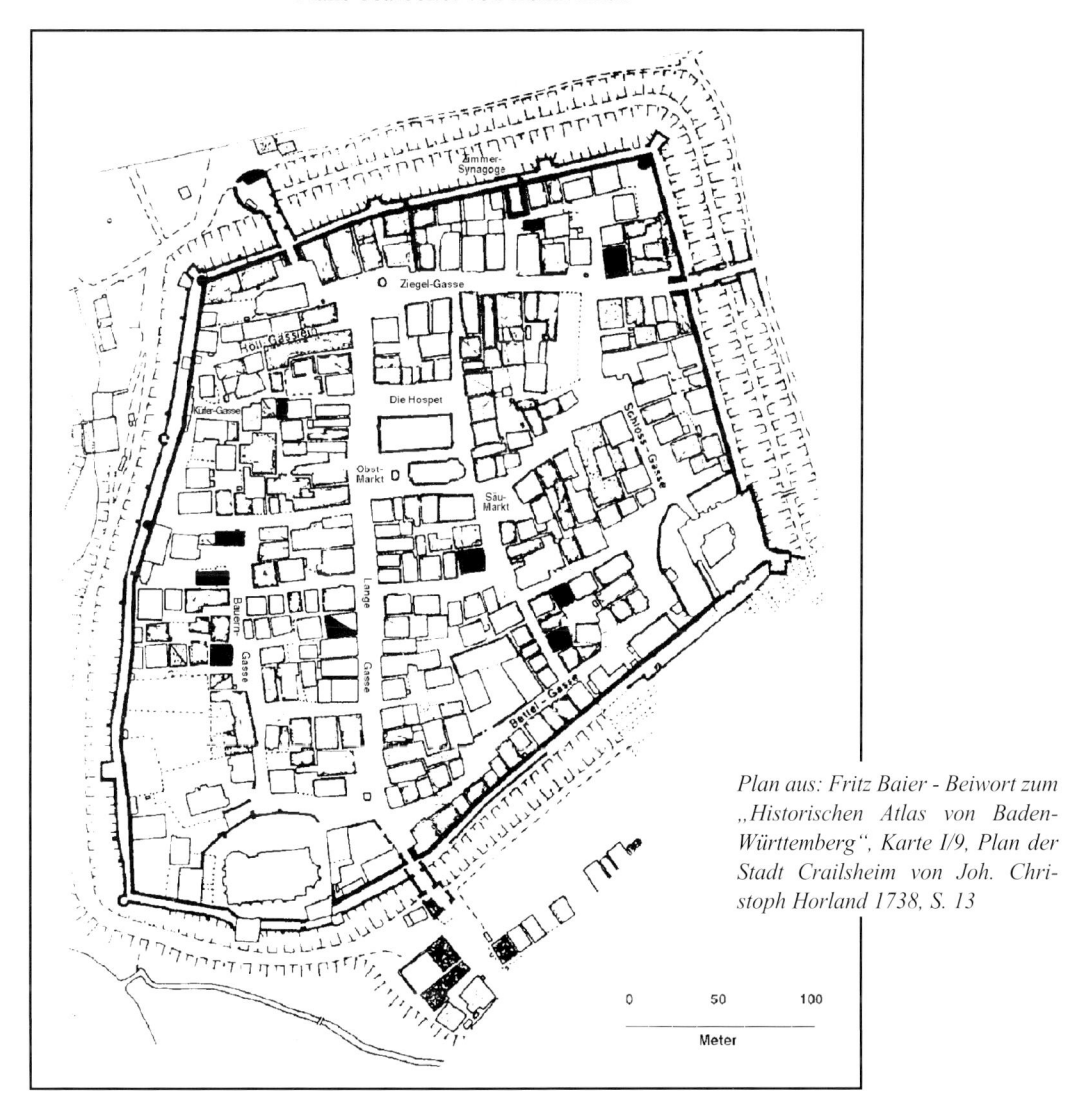

Plan aus: Fritz Baier - Beiwort zum „Historischen Atlas von Baden-Württemberg", Karte I/9, Plan der Stadt Crailsheim von Joh. Christoph Horland 1738, S. 13

Jüdische Familien in der Stadt des 18. und 19. Jahrhunderts durften kein Handwerk ausüben; sie waren auf Handel mit Geld, Tieren und Waren angewiesen. Johann Christoph Horland hat in seinem Stadtplan von 1738 alle Häuser mit Hausnummern eingezeichnet und die Hausbesitzer mit ihren Berufen aufgelistet. Auch die Häuser der Juden sind aufgeführt, hinter den Namen steht anstatt einer Berufsbezeichnung der Zusatz „Jud". Der Plan macht deutlich, daß die jüdischen Häuser in der Stadt verstreut lagen; es gab weder eine Judengasse noch ein Ghetto.

Stadtplan aus dem Jahr 1931

Das Adreßbuch der Stadt Crailsheim aus dem Jahre 1914 gibt Auskunft über die Tätigkeiten der jüdischen Bürger. Neben einem Arzt (Dr. Rosenfeld) gab es Handlungen mit Altertümern, Bettfedern, Eisenwaren, Kolonialwaren, Landesprodukten, Modewaren, Öfen, Schuhwaren, Vieh, Wolle, Wein und Zigarren. Es wurden eine Maschinenfabrik und eine Seilerei sowie eine Schankwirtschaft betrieben. Im Stadtplan von 1931 sind die jüdischen Wohn- und Geschäftshäuser mit Hausnummern eingezeichnet. Das angefügte Verzeichnis nach dem Adreßbuch ermöglicht die Lagebestimmung dieser Häuser. Auch das alphabetische Verzeichnis der jüdischen Haushalte beziehungsweise der erwachsenen männlichen Einwohner macht deutlich, daß jüdische Haushalte willkürlich auf die wachsende Stadt verteilt sind. Kronprinzenstraße und Schönebürgstraße sind Beispiele.

Crailsheimer Juden in Industrie, Handel und Gewerbe

Angaben nach „Adreß- und Geschäftshandbuch für die Stadt Crailsheim von 1931" (korrigiert 1996).

Straße, Hausnummer / Inhaber, Mieter / Gewerbe

Bahnhofstraße
22, Königsberger, Max, Dr. med., praktischer Arzt (am 14.2.1936 nach Stuttgart verzogen)

Gartenstraße
12, Mezger, Louis, Viehhändler

Goldbacher Straße
2, Adler, Salomon, Vermittlungskorrespondenzbüro (bis 15.10.1936)

Hirschstraße
7, Mezger, Max, Metzgermeister (Metzgerei bis 31.3.1937), Fell- und Häutehandlung (14.12.1926 bis 31.12.1932), Viehhandel (1926 - 1932 und 1935 - 1936)

Kapellengasse
6, Mezger, Nathan, und Stein, David, Landesproduktenhandlung, Weinhandlung, Tabakwaren (bis 20.6.1936)

Karlstraße
4, Essinger, Max, Viehhändler (bis 31.12.1937)
9, Böhm, Josef, Manufaktur- und Aussteuerwaren (siehe auch Ringgasse 7)
17, Heinemann, Hermann, Putzgeschäft (bis März 1933)
35, Strauß, Aron, Grundstücksvermittlung (bis 11.8.1933)

Kronprinzenstraße
29, Landauer, Nathan, Fell- und Häutegroßhandlung (Lagerhalle und Branntweinbrennerei in der Unteren Ludwigstraße)

Lange Straße
11, Schloßberger, Simon, Viehhändler (bis 31.12.1932)

23, Friedmann, Samuel, Manufaktur- und Aussteuerwaren (Stoffkleinhandel)
27, Goldstein, L.. H. (Inh. Hermine Goldstein), Manufaktur- und Aussteuerwaren (Gardinen)
29, Stein, Brüder (Adolf und Samuel), Eisenwarenhandlung, Farben und Haushaltsgeräte (ab 1933 Inhaberin Mathilde Stein, Geschäftsverkauf 1939)
38, Kaufmann, Karl, Textilien-, Kurz- und Wollwarenhandlung (bis 31.1.1934)
39, Friedmann, Louis, Ellenwaren-, Kleider-, Tuch- und Bettfedernhandlung (Manufaktur- und Aussteuerwaren)
64, Gutmann, Julius, Viehhändler
70, Steiner, Julius, Vieh- und Pferdehändler (Verkauf 1938)
72, Levi, Alfred, Herstellung und Vertrieb von Lederbekleidung (bis 30.6.1933)

Marktplatz
7, Rosenfeld, Albert, Reisevertreter (bis 31.12.1932)

Ratsgasse
3, Hilb, Hermann, Öl- und Fettwarengroßhandel, Seifenhandlung

Ringgasse
7, Böhm, Josef, Manufaktur- und Aussteuerwarenhandlung (ab 26.1.1934 Vertreter für Textilwaren und Großhandel mit Textil- und Kurzwaren, eingestellt am 31.12.1936)
17, Heinsfurter, Ida, Häutehandel, Handel mit Geflügel-, Rauch- und Wurstwaren, später zusätzl. Süßwaren, Mehl, Öl, Kaffee

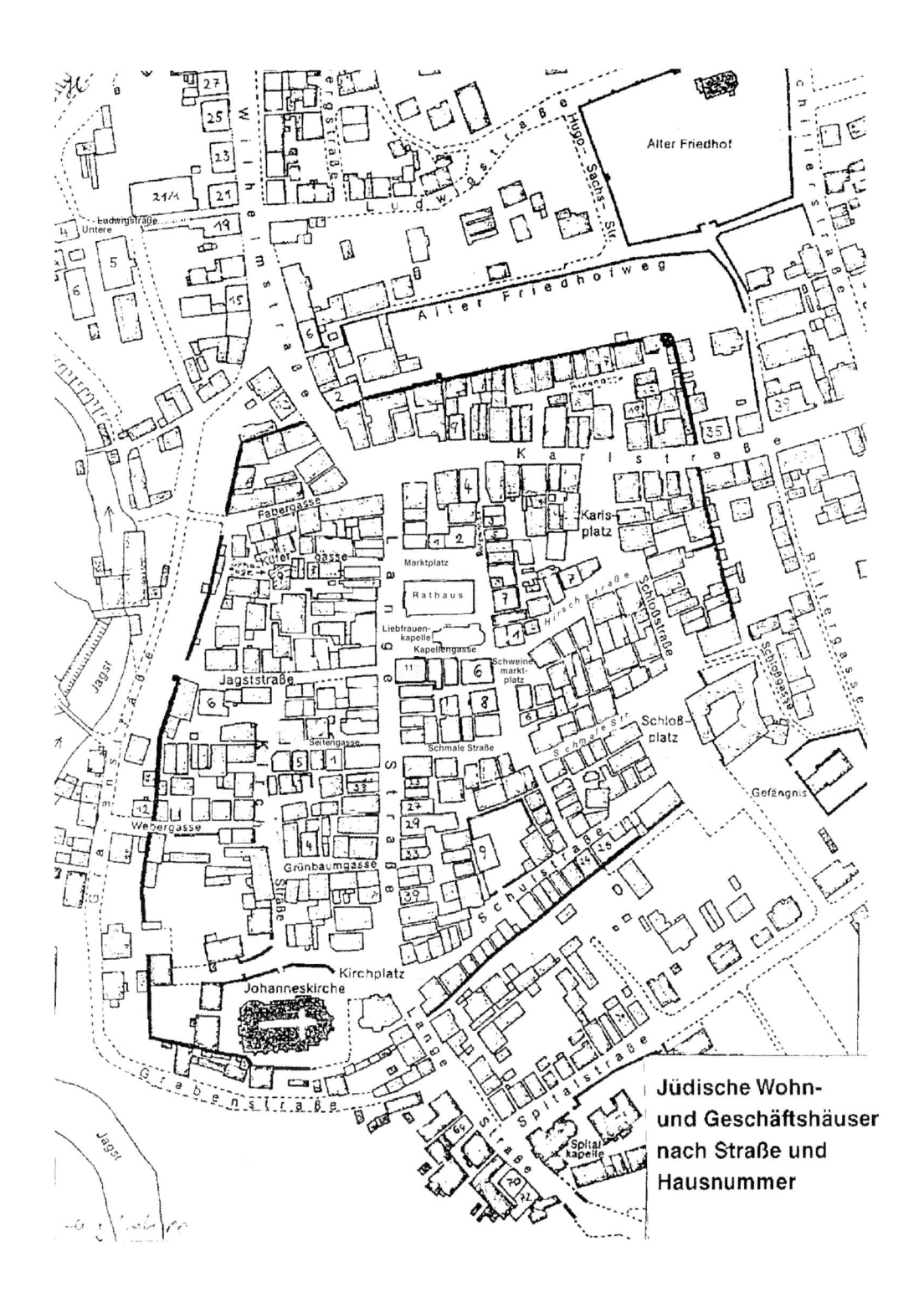

Jüdische Wohn- und Geschäftshäuser nach Straße und Hausnummer

Schmale Straße
6, Goldstein, Josef und Julius, Viehhändler
Schulstraße
9, Heinsfurter, Adolf, Viehhändler und Immobilien
24, Heinemann, Bernhard, Reisevertreter (bis 8.5.1933)
26, Levi, Julius, Tabakwarengroßhandel
Schweinemarktplatz
1, Rosenthal, Moses, Bäckermeister (Bäckerei bis 31.12.1938)
8, Eppstein, Moses, Manufakturwaren, Damenbekleidung (Inhaber: Oppenheim, Jakob /Eppstein, Siegfried)
Seitengasse
5, Hallheimer, Emil, Viehhändler
Untere Ludwigstraße
4, Hallheimer, Albert, Viehhändler (bis 1928), Gasthaus (Betrieb vor 1931 eingestellt)
4, Hallheimer, Karl jr., Viehhändler

5, Stein, Berthold, Autohalle (Verkauf 1933)
6, Landauer, Nathan, Lagerhalle (für Fell, Häute), Branntweinbrennerei
Wilhelmstraße
2, Schlesinger, Julius, Damenbekleidungsgeschäft, Manufaktur- und Aussteuerwaren (bis 31.12.1936)
15, Stein, Albert, Eisenwarenhandlung, Farben, Haushaltungsartikel (bis 31.8.1935)
19, Kohn, Nathan, Tabakwarengroßhandel und Süßwaren (bis 10.12.1936)
21, Stein, Berthold, Landmaschinenfabrik
21/1, Tankstelle, Reparaturwerkstatt, Lederbekleidung (Verkauf 1938)
25, Rosenfeld, Berthold, Woll- und Getreidegroßhandel Fa. M. Rosenfeld OHG (eingestellt am 31.7.1936); Dreyfuß, Ludwig, Gesellschafter der Fa. M. Rosenfeld OHG
27, Pappenheimer, David, Immobilien (bis 31.3.1935)

Ein imposantes Bild bietet Crailsheim bei einem Blick aus der Vogelperspektive über die Bahnanlagen und die Jagst hinweg.

Juden in Crailsheim 1931

Das „Adreß- und Geschäftshandbuch für die Stadt Crailsheim von 1931" enthält folgende Angaben
(aufgelistet werden Haushalte bzw. erwachsene männliche Einwohner):

Adler, Amalie, Privatiere, Schönebürgstraße 8
Adler, Salomon, Kaufmann, Goldbacher Straße 2
Bär, Sara, Viehhändlerwitwe, Kirchstraße 6
Böhm, Josef, Kaufmann, Ringgasse 7
Dreyfuß, Ludwig, Kaufmann, Wilhelmstraße 25
Elkan, Bernhard, Privatmann, Bahnhofstraße 22
Elkan, Moritz, Privatmann, Schönebürgstraße 24
Eppstein, Moses, Privatmann, Schweinemarktplatz 8
Eppstein, Siegfried, Kaufmann, Kronprinzenstraße 29
Essinger, Jakob, Privatmann, Marktplatz 2
Essinger, Max, Viehhändler, Karlstraße 4
Friedmann, Lina, Privatiere, Grabenstraße 1
Friedmann, Louis, Kaufmann, Lange Straße 39
Friedmann, Minna, Privatiere, Grabenstraße 1
Friedmann, Minna, Privatiere, Grünbaumgasse 4
Friedmann, Nathan, Buchhalter, Grünbaumgasse 4
Friedmann, Samuel, Kaufmann, Lange Straße 23
Goldstein, Bernhard, Privatmann, Fronbergstraße 14
Goldstein, Hermine, Kaufmannswitwe, Lange Straße 27
Goldstein, Ida, Kaufmannswitwe, Wilhelmstraße 23
Goldstein, Josef, Viehhändler, Schmale Straße 6
Goldstein, Julius, Viehhändler, Schmale Straße 6
Goldstein, Lazarus, Privatmann, Lange Straße 27
Goldstein, Paula, Handelsmannswitwe, Webergasse 12
Gutmann, Julius, Viehhändler, Lange Straße 64
Hallheimer, Albert, Viehhändler, Untere Ludwigstraße 4
Hallheimer, Emil, Viehhändler, Seitengasse 5
Hallheimer, Karl, Viehhändler, Untere Ludwigstraße 4
Heinemann, Bernhard, Kaufmann, Schulstraße 24
Heinemann, Hermann, Kaufmann, Karlstraße 17
Heinsfurter, Adolf, Viehhändler und Immobilien, Schulstraße 9
Heinsfurter, David, Privatmann, Schönebürgstraße 8
Heinsfurter, Ida, Handelsmannswitwe, Ringgasse 17
Heinsfurter, Lazarus, Privatmann, Schönebürgstraße 8
Heinsfurter, Stefanie, Verkäuferin, Ringgasse 17
Heß, Louis, Privatmann, Ringgasse 19
Heß, Sigmund, Privatmann, Ringgasse 19
Hilb, Hermann, Kaufmann, Ratsgasse 3
Kaufmann, Hannchen, Privatiere, Schmale Straße 6
Kaufmann, Karl, Kaufmann, Lange Straße 38
Kohn, Nathan, Kaufmann, Wilhelmstraße 19
Kohn, Pauline, Handelsmannswitwe, Seitengasse 1
Königsberger, Dr. Max, praktischer Arzt, Bahnhofstr. 22
Landauer, Nathan, Kaufmann, Kronprinzenstraße 29
Levi, Alfred, Kaufmann, Lange Straße 72
Levi, Julius, Kaufmann, Lange Straße 76
Levi, Sara, Handelsmannswitwe, Lange Straße 72
Levy, Jenny, Kultusbeamtenwitwe, Fronbergstraße 14
Löwenberger, Friedrike, Handelsmannswitwe, Karlstr. 4
Mezger, Emma, Kaufmannswitwe, Lange Straße 44
Mezger, Louis, Viehhändler, Gartenstraße 12
Mezger, Max, Metzgermeister, Hirschstraße 7
Mezger, Nathan, Kaufmann, Wilhelmstraße 6
Oppenheim, Jakob, Kaufmann, Schweinemarktplatz 8
Pappenheimer, David, Kaufmann, Wilhelmstraße 27
Rosenfeld, Albert, Kaufmann, Marktplatz 7
Rosenfeld, Berthold, Kaufmann, Wilhelmstraße 25
Rosenfeld, Betti, Kappenmacherswitwe, Faberstraße 5
Rosenfeld, Max, Synagogendiener, Marktplatz 7
Rosenthal, Moses, Bäckermeister, Schweinemarktplatz 1
Schlesinger, Julius, Kaufmann, Wilhelmstraße 2
Schloßberger, Simon, Handelsmann, Lange Straße 11
Silbermann, Sally, Religionslehrer, Schönebürgstraße 40
Stein, Adolf, Kaufmann, Lange Straße 29
Stein, Albert, Kaufmann, Wilhelmstraße 15
Stein, Bernhard, kaufm. Angestellter, Lange Straße 29
Stein, Berthold, Maschinenfabrikant, Wilhelmstraße 21
Stein, David, Kaufmann, Kapellengasse 6
Stein, Josua B., Privatmann, Lange Straße 33
Stein, Max, Ingenieur, Schillerstraße 48
Stein, Paul, kaufm. Angestellter, Wilhelmstraße 15
Stein, Samuel, Kaufmann, Lange Straße 29
Stein, Siegfried, Prokurist, Wilhelmstraße 21
Steiner, Julius, Vieh- und Pferdehändler, Lange Straße 70
Stern, Mina, Schreibgehilfin, Schönebürgstraße 7
Stern, Nathan, kaufmännischer Angestellter, Schönebürgstraße 7
Stern, Sidonie, Handelsmannswitwe, Schönebürgstraße 7
Strauß, Aron, Kaufmann, Karlstraße 35
Strauß, Emma, Handelsmannswitwe, Ratsgassse 3
Wolf, Rosine, Kaufmannswitwe, Karlstraße 44

Die Familie Stein

Von Markus Lang

Sehr angesehen und im wirtschaftlichen wie im sozialen Leben bedeutend war in Crailsheim die jüdische Familie Stein[1]. Sie steht beispielhaft für die gelungene jüdische Assimilation und Integration. Gleichzeitig wird am Schicksal der Familie Stein deutlich, welch tiefe Gräben der Antisemitismus während der Zeit des Nationalsozialismus aufbrach und in welch kurzer Zeit angesehene Bürger zu entrechteten und diskriminierten Außenseitern gemacht wurden. Als letzte Konsequenz dieser Entwicklung stand der gewaltsame Tod im Konzentrationslager.

Der gesellschaftliche Aufstieg der Familie Stein begann mit Josua B. Stein und setzte sich bei seinen Nachkommen fort. Josua B. Stein (1844-1932) wurde 1929 anläßlich seines 85. Geburtstages im „Fränkischen Grenzboten" für seine Verdienste gewürdigt. Er war Begründer der Eisenwarenhandlung in der Langen Straße 29, die von den Söhnen Adolf und Samuel weitergeführt wurde. Darüber hinaus war Josua B. Stein Gemeinderat, Mitbegründer und langjähriger Vorsitzender des Aufsichtsrats der Gewerbebank und lange Zeit auch Vorsteher der israelitischen Gemeinde. Wohnhaft war Josua B. Stein in der Langen Straße 33. Aus der Ehe mit Klara Mezger gingen insgesamt 13 Kinder hervor.

Adolf und Samuel Stein

Adolf und Samuel Stein übernahmen als „Brüder Stein" gemeinsam die väterliche Eisenwarenhandlung in der Langen Straße 29. Das Geschäft führte neben Eisenwaren auch Haushaltsgeräte und Farben.

Im ersten Stock des Geschäftsgebäudes wohnte Samuel Stein mit seiner Familie, im Obergeschoß befand sich die Wohnung des Ehepaars Adolf und Selma Stein. Vom Haushalt des kinderlosen Ehepaars Adolf und Selma Stein ist bekannt, daß dieser gemäß den strengen jüdischen Vorschriften geführt wurde. So wurden beispielsweise die Speisevorschriften strikt eingehalten. Jedoch habe Adolf Stein mitunter Ausnahmen gemacht, wenn er außer Haus zu Mittag aß. Am Sabbat war die Eisenwarenhandlung geschlossen. Adolf Stein beteiligte sich aktiv am gesellschaftlichen Leben der Stadt. Er war stellvertretender Vorsitzender des Gewerbeortsschulrates[2].

Samuel Stein starb bereits am 21.4.1932. Sein Grab befindet sich auf dem Crailsheimer Judenfriedhof. Adolf Stein sah sich nach der Festigung des nationalsozialistischen Regimes gezwungen, Crailsheim zu verlassen. 1934 zog er mit seiner Frau nach Stuttgart. Die Eisenwarenhandlung übernahm Mathilde Stein, die Ehefrau des verstorbenen Samuel. Als 1936 ihre Söhne Bernhard und Alfred in die USA emigrierten, konnte Mathilde Stein das Geschäft noch bis 1939 weiterführen. Einige Kunden aus dem Umland Crailsheims kauften bis zuletzt in der jahrelang erfolgreichen und bekannten Eisenwarenhandlung[3]. Aber auf Dauer konnte sich das Geschäft nicht halten.

1939 ging die Eisenwarenhandlung in „arischen" Besitz über. Die Geschäftsübernahme muß im Zusammenhang mit den staatlichen Zwangsmaßnahmen infolge der Reichspogromnacht vom November 1938 gesehen werden.

Für das Ehepaar Adolf und Selma Stein, wie auch für Mathilde Stein, hatte das Leiden noch lange kein Ende. Adolf und Selma Stein wurden von Stuttgart aus deportiert und 1942 in Auschwitz ermordet. Mathilde Stein fand am 14.2.1942 in Jungfernhof bei Riga ebenfalls einen gewaltsamen Tod.

Das Gebäude in der Langen Straße 29 wurde 1945 im Krieg zerstört. An seiner Stelle befindet sich heute eine Filiale der Deutschen Bank.

David Stein

David Stein, zweitältester Sohn von Josua B. Stein, war ohne Zweifel eine stadtbekannte Persönlichkeit. Sein soziales und politisches Engagement und das hohe Ansehen, das er in der Stadt genoß, müssen als Indiz für eine erfolg-

Wie die meisten Geschäftsleute der Gründergeneration, siedelte sich Josua B. Stein um 1870 zunächst in der Langen Straße an, in Crailsheims alter Mitte. In seiner bescheidenen Wohn- und Geschäftshaushälfte (ganz rechts) wuchs eine große Kinderschar heran. Fünf Söhne bauten nach 1900 - wie der Vater vor ihnen - insgesamt vier neue Geschäfte auf, darunter zwei in der attraktiven Wilhelmstraße. Jedoch wurde das Eigentum der zweiten Generation schon ab 1934 „arisiert", d. h. durch Zwangsverkauf vernichtet.

reiche jüdische Assimilation gesehen werden. David Stein wurde 1872 in Crailsheim geboren. 1902 heiratete er die Crailsheimerin Klothilde Mezger. Aus dieser Ehe gingen die Kinder Mina, Berthold und Wilhelm (dieser erhielt seinen Namen, weil er am Geburtstag des württembergischen Königs zur Welt kam) hervor. Bereits 1922 verstarb die Ehefrau.

Zusammen mit seinem Schwager Nathan Mezger war David Stein Inhaber der Wein- und Landesproduktenhandlung „Mezger und Stein OHG" in der Kapellengasse 6, neben der Liebfrauenkapelle. In diesem Gebäude befand sich auch die Wohnung der Familie David Stein.

Neben seiner erfolgreichen Betätigung als Kaufmann war David Stein im öffentlichen Leben der Stadt Crailsheim äußerst aktiv. Er war ebenso Mitglied der „Deutschen Demokratischen Partei" wie der Crailsheimer Bürgermeister Friedrich Fröhlich. 1923 wurde David Stein erstmals in den Gemeinderat gewählt, 1928 erreichte er bei seiner Wiederwahl eine der höchsten Stimmenzahlen. Bis 1931 war er zusätzlich Abgeordneter der Amtsversammlung (= Kreistag). Aber auch im sozialen Bereich engagierte sich David Stein. So war er stellvertretender Kolonnenführer der Freiwilligen Sanitätskolonne und Schriftführer der freiwilligen Feuerwehr. Verbunden fühlte sich David Stein auch mit der israelitischen Gemeinde.

Er war Vorsteher des Israelitischen Wohltätigkeits- und Krankenpflegevereins. Außerdem war Stein Ausschußmitglied des Crailsheimer Altertums- und Heimatvereins. Es ist kaum zu glauben, wie vielschichtig sich David Stein am öffentlichen Leben beteiligte; er ging geradezu in seiner Heimatstadt auf. Seine tiefe Verbundenheit zu seiner Heimat zeigte David Stein bereits während des Ersten Weltkrieges, als er an der Ostfront eingesetzt war.

Ab dem Jahre 1933 begann für David Stein eine Welt einzustürzen, und es war charakteristisch für ihn, daß er dies bis zuletzt nicht wahrhaben wollte. 1933 wurden ihm seine Ämter entrissen, statt Anerkennung fand er sich in zunehmendem Maße Hohn und Spott ausgesetzt; vergessen war sein aufopferungsvolles Arbeiten zum Wohle der Stadt. 1936 mußte er den Landesproduktenhandel einstellen und das Geschäft verkaufen.

Im November 1936 zog er mit seiner Tochter Mina nach Cannstatt. Eine Emigration zu seinen Söhnen in die USA, wozu er die Möglichkeit besessen hatte, lehnte er ab. Er konnte sich nicht vorstellen, daß auch er ein Opfer des nationalsozialistischen Rassenwahnes werden könnte. Seine Tochter blieb bei ihm. 1942 wurde David Stein im KZ Maly Trostinec ermordet. Auch seine Tochter kam im KZ ums Leben.

Albert Stein

Albert Stein, 1879 in Crailsheim geboren, gehörte zu den führenden Geschäftsleuten der Stadt. Er besaß in der Wilhelmstraße 15 (heute „Eisen-Seegerer") eine Eisenwarenhandlung. Das Geschäft galt als überaus modern. Es besaß große, über die gesamte Hausbreite verlaufende Schaufenster und im Innern reichten die Regale bis zur Decke.

Verheiratet war Albert Stein mit der aus Oedheim stammenden Hedwig Kaufmann. Zur Familie gehörten außerdem die Söhne Paul, Theodor und Arthur. Nach ihrer Ausbildung arbeiteten Paul und Theodor in der väterlichen Eisenwarenhandlung. Da die Eisenwarenhandlung auch Haushaltsartikel und Farben führte, verkaufte Albert Stein dieselben Waren wie seine Brüder Adolf und Samuel in der Langen Straße. An diese „brüderliche Konkurrenz" erinnert sich eine Crailsheimerin wie folgt: Hin und wieder sei ein Lehrling von Albert Stein hinauf in die Lange Straße geschickt worden, um die Preisschilder im Schaufenster zu notieren. Je nachdem habe dann Albert Stein seine Preise verändert.

Albert Stein war in Crailsheim ein angesehener Geschäftsmann. 1929 erhielt er das Feuerwehrverdienstehrenzeichen. Auch er war, wie viele jüdische Mitbürger, Soldat im Ersten Weltkrieg gewesen. Dabei hatte er sich eine schwere Nierenkrankheit zugezogen. Ebenso wie seine Glaubensgenossen traf Albert Stein das Aufkommen und Durchsetzen der nationalsozialistischen Bewegung schwer. Zum einen auf persönlicher Ebene, da er gesellschaftlich ausgegrenzt und geächtet wurde, zum anderen auf wirtschaftlicher Ebene, da der Boykott von 1933 und die weiteren antisemitischen Maßnahmen nicht ohne Wirkung blieben. 1935 mußte Albert Stein das Wohn- und Geschäftshaus in der Wilhelmstraße verkaufen. 1936 zog er mit seiner Frau und Sohn Arthur nach Stuttgart. Dort arbeitete er als Bauarbeiter, wobei er mithelfen mußte, die Stuttgarter Synagoge abzubrechen.

Paul Stein schulte zum Maler um und wanderte 1935 nach Palästina aus. Begleitet wurde er von seiner späteren Frau Else Oppenheim, die 1934 in der Nähe von Gunzenhausen beinahe von Nazis ertränkt worden wäre. Paul Stein starb 1984 in Israel. Theodor Stein geriet 1937 ins Visier der Polizei, als er sich über Göhring lustig gemacht hatte. Ohne einen möglichen Prozeß abzuwarten, flüchtete er über Basel nach Argentinien, wo er ein eigenes Elektronik-Geschäft aufbaute. Arthur Stein emigrierte 1938 nach Palästina, wo er 1958 starb. Mitten im Krieg, 1941, gelang es Theodor Stein, die Eltern mit Hilfe amerikanischer Verwandter nach Argentinien ausreisen zu lassen. Dort starb Albert Stein im Jahre 1958, seine Frau Hedwig 1965.

Quellenhinweis:

1: Siehe Stammtafel der Familie Stein Seite 30.

2: *G. Technau:* Sie lebten unter uns - Juden in Crailsheim, in: Sonderbeilage des Hohenloher Tagblattes „Gedenke der Tage der Welt", Dokumentation zur 600jährigen Geschichte der Juden im Raum Crailsheim, Gerabronn/Crailsheim, 19.5.1987 (Nr. 114).

3: *G. Technau:* Crailsheim zwischen 1933 und 1938. Vortrag vom 9.11.1988. Veröffentlicht in: Hohenloher Tagblatt, Gerabronn/Crailsheim, Serien-Teil 2, 11.11.1988.

Die ehemalige Synagoge in der Küfergasse 9

(heute Adam-Weiß-Straße)

Von Markus Lang

Sozialer und kultureller Mittelpunkt einer jüdischen Gemeinde ist die Synagoge (griech. *Zusammenkunft, Versammlungsort*). Als Ort des Gebets, der Thoralesung und der religiösen Unterweisung kommt ihr eine große Bedeutung zu.[1] Aber auch anderweitige Zusammenkünfte und Feste finden in der Synagoge statt.

Im Unterschied zur geweihten christlichen Kirche erhält die Synagoge ihre Heiligkeit nur im Rahmen des Gottesdienstes. Findet kein Gottesdienst statt, so wird die Synagoge nach jüdischem Selbstverständnis zum gewöhnlichen Gebäude. Der jüdische Gottesdienst erfordert folglich keine geweihte, heilige Stätte, sondern kann grundsätzlich in jedem Raum stattfinden, sofern mindestens zehn religionsmündige Männer anwesend sind. Die geschichtlichen Wurzeln der Synagoge reichen vermutlich bis in die Zeit des babylonischen Exils (587-538 v.d.Z.), als neue Gottesdienstformen unabhängig vom Jerusalemer Tempel gefunden werden mußten.

Der Synagogengottesdienst wird im allgemeinen vom jeweiligen Vorsänger bzw. Vorbeter gestaltet, der die Texte der Thora vorträgt. Dagegen besitzt der Rabbiner ursprünglich kein Synagogenamt. Sein Zuständigkeitsgebiet liegt in der internen Rechtsprechung und in Fragen bezüglich der Thoraauslegung.

Baulich paßten sich die Synagogen dem jeweiligen Geschmack der Umgebung an. Meist sind Bereiche für Männer und Frauen voneinander getrennt, so daß der Gottesdienst frei von ablenkenden weltlichen Versuchungen ablaufen kann.

Frühere Synagoge

In der Küfergasse befand sich die letzte Crailsheimer Synagoge. Vermutlich existierte bereits im 17. Jahrhundert ein Raum für jüdische Gottesdienste. Jedoch läßt sich nicht rekonstruieren, in welchem Gebäude, das mit Sicherheit ein Wohnhaus war, sich dieser Raum befand. Belegt ist dagegen ein Betsaal für das Jahr 1738. Im sogenannten „Horland-Plan" wird dieser sogar als Synagoge bezeichnet. Es handelt sich dabei um das Gebäude in der Ringgasse 1, das unmittelbar an der Stadtmauer lag. Das Gebäude wurde 1945 zerstört.

Ringgasse 1: In diesem Gebäude befand sich der jüdische Betsaal, der im Horland-Plan 1738 dokumentiert ist (das Gebäude steht heute nicht mehr).

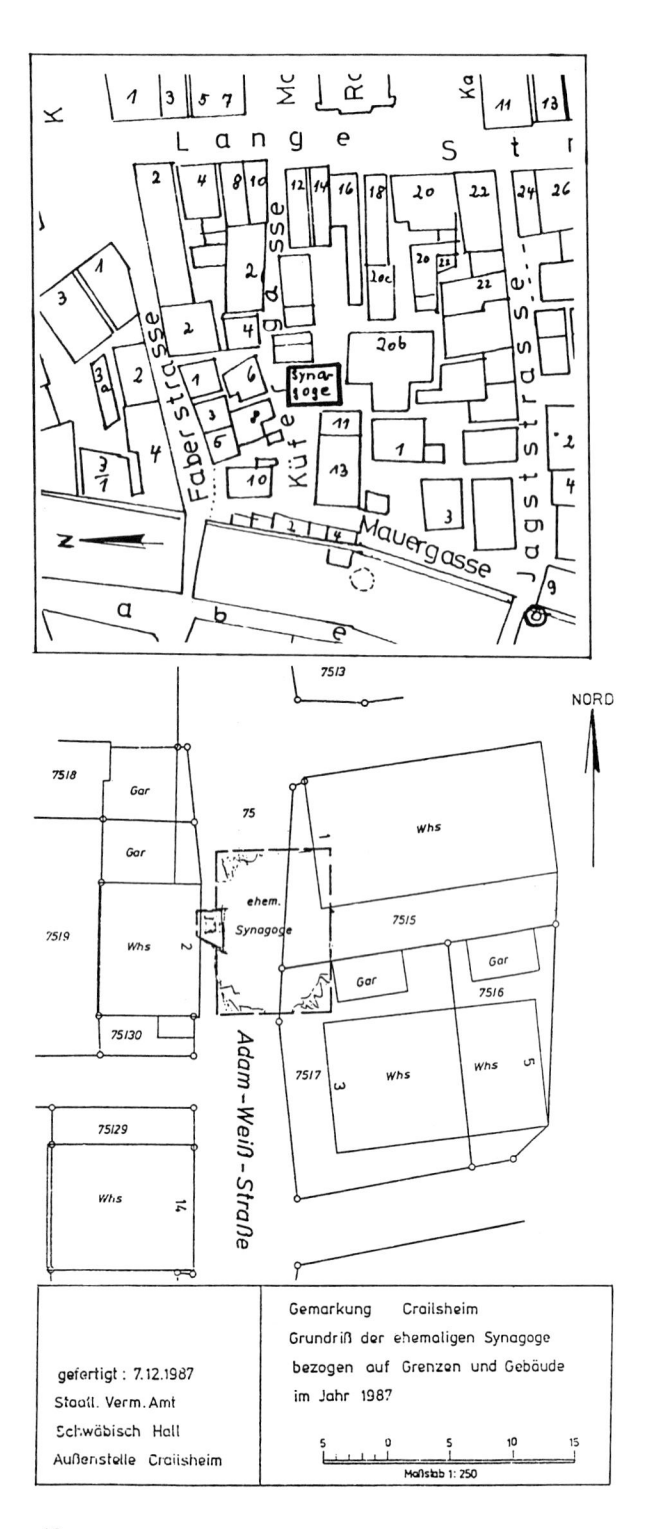

Neubau

Durch das starke Anwachsen der Judengemeinde wurde ein Neubau notwendig. 1783 entstand die Synagoge in der Küfergasse. Aufgrund von Ähnlichkeiten in der Bauweise wird ein Ansbacher Baumeister, der das Crailsheimer Dekanatsgebäude errichtete, als Erbauer der Synagoge vermutet. 1863 wurde die Synagoge umgebaut und mit einem Festakt eingeweiht.

Die Synagoge wurde folgendermaßen beschrieben: starke Quader als Eckpfeiler, Wände aus Brockenmauerwerk und Fachwerk, doppeltes Walmdach mit großem Oberlicht, hohe Rundbogenfenster.[2] Leider ist nur sehr wenig über die Gestaltung des Synagogeninnenraumes bekannt. Um Männer und Frauen während des Gottesdienstes voneinander zu trennen, war eine Frauenempore vorhanden. Interessant ist die Tatsache, daß in der Synagoge eine Orgel stand. Daran läßt sich erkennen, daß sich die Crailsheimer Judengemeinde zum Reformjudentum bekannte, da in orthodoxen Judengemeinden keine Orgel aufgestellt werden durfte.

Auch das Nachbarhaus der Synagoge in der Küfergasse 7 gehörte der jüdischen Gemeinde und wurde als Gemeindehaus genutzt.

Es herrscht Unklarheit darüber, was sich in Crailsheim während der sogenannten „Reichskristallnacht" am 9. November 1938 abspielte. Der genaue Vorgang ist verschleiert, das Ergebnis jedoch ist bekannt:

Ein Anzünden der Synagoge war wegen der Nähe zu umliegenden Wohnhäusern nicht möglich, so blieb es bei der Schändung der Synagoge. Der Innenraum wurde verwüstet, die Kultgegenstände wurden auf die Straße geworfen.

Danach stand die Synagoge einige Zeit leer. Im Mai 1940 beschloß der Gemeinderat, das Gebäude abreißen zu lassen, da angeblich die Synagoge ein Fremdkörper im Straßenbild der Küfergasse sei.[3] Die Vermutung liegt nahe, daß mit dem Abbruch jegliche Erinnerung an jüdische Kultur ausradiert werden sollte. 1941 entschloß sich die Stadt, die Synagoge, das Gemeindehaus und das Gelände des jüdischen Friedhofes zu erwerben. Der Bitte der jüdischen Gemeinde, das Gemeindehaus behalten zu dürfen, entgegnete die Stadtverwaltung lapidar, daß den wenigen in Crailsheim verbliebenen Juden kein Bedürfnis hierfür zuerkannt werden könne.⁴ 1942 wechselten die Gebäude und Grundstücke für insgesamt 3 000 Reichsmark den Besitzer.

Die Abrißpläne wurden verworfen, statt dessen wurde die Synagoge zur Gefangenenunterkunft umgebaut. Das Gemeindehaus wurde für die Unterkunft der Wachleute bestimmt. Der jüdische Friedhof sollte einer Umgehungsstraße weichen (dieser Plan konnte jedoch nicht realisiert werden). 1944 wurden die Synagoge und das Gemeindehaus an eine Crailsheimer Baufirma vermietet. Zeitweise waren 46 polnische Zwangsarbeiter, die für die Heilbronner Reichsbahn Aufräumungsarbeiten erledigen mußten, in der Synagoge untergebracht.⁵

1945 kam die endgültige Zerstörung der Crailsheimer Synagoge.

Quellenhinweis:

1: *L. Trepp:* Die Juden, Volk, Geschichte, Religion, überarb. Neuausg., Reinbeck bei Hamburg 1987, S. 176 ff.

J. Maier u. P. Schäfer: Kleines Lexikon des Judentums, Stuttgart² 1987, S. 286 f.

2: Crailsheimer Heimatpost, Nr.1/1960 (9. Jahrgang), S. 3.

3: *G. Technau:* Crailsheim zwischen 1933 und 1938, Vortrag vom 9.11.1988, veröffentlicht in: Hohenloher Tagblatt Gerabronn/Crailsheim als Serie im November 1988.

4: StadtA Crailsheim: Gemeinderatsprotokoll vom 18.12.1941.

5: StadtA Crailsheim: Rechnungen der Stadtpflege 1944.

Ein bislang unveröffentlichtes Bild zeigt die Stellung der Synagoge in der ehemaligen Küfergasse in der Altstadt. Von der Grabenstraße aus gesehen paßt sich das Gebäude durchaus harmonisch in die Dachlandschaft ein - anders, als es die Ratsherren im Mai 1940 gesehen hatten, als sie den Abbruch beschlossen. Ihre Begründung war, dadurch würde „der Küfergasse ihr einheitliches Gesicht wieder gegeben . . . (und) eine nützliche Straßenerweiterung geschaffen, die mit geringen Mitteln zu einem Spielplatz . . . ausgestaltet werden könnte". Die Synagoge bildete im übrigen vom Erdboden bis zum Dachfirst einen einzigen hohlen Raum, wie ein Ratsprotokoll vom Februar 1941 ausweist.

Eine Stadtansicht, wie sie sich aus dem Zusammenschnitt zweier Postkarten ergibt: Links die Jagstbrücke mit Beginn der Wilhelmstraße, rechts

„Das war der Dank für alles, was ich geleistet habe."

Vom Handeln und Leiden jüdischer Bürger im Geschäfts- und Gewerbeviertel der ehemaligen Haller Vorstadt

Von Giselher Technau

Anläßlich der zahlreichen Gedenkveranstaltungen und Veröffentlichungen zum 50. Jahrestag der Zerstörung Crailsheims 1945 sind die erschreckenden Vorgänge der letzten Kriegswochen eingehend dargestellt worden. Gleichzeitig war auch das Bemühen erkennbar nachzuweisen, daß den damaligen Einwohnern keine Schuld an der Vernichtung der alten Stadt anzulasten sei.[1] So ist der Gedanke naheliegend, die Gelegenheit zu nutzen, endlich einen Schlußstrich unter einen Geschichtsabschnitt zu ziehen, der in Crailsheim am 21. März 1933 mit dem Terrorakt der sogenannten Judenauspeitschung begann und zwölf Jahre später erst endete, nachdem die Stadt in Schutt und Asche gelegt worden war. Diese Vorstellung erweist sich freilich als trügerisch. Der brutale Bruch mit der bis

...lick über die Jagst auf die Haller Vorstadt; im Hintergrund rechts der Rathausturm.

dahin überwiegend friedfertigen Geschichte Crailsheims, die monströse Behandlung seit Jahrzehnten geachteter Mitbürger, schließlich die eilfertige Verdrängung der Untaten des Dritten Reiches - alles das fordert die jüngere Generation geradezu heraus, immer wieder nachzufragen: Wie spielte sich das Leben in der Stadt in den „normalen" Zeiten ab? Welche Verluste wurden der Stadt bereits vor ihrer äußeren Zerstörung zugefügt? Was ist geschehen, um das begangene Unrecht an den jüdischen ehemaligen Bürgern nach 1945 wiedergutzumachen?

Der Versuch, einen zeitlich und örtlich eingegrenzten Blick auf das Handeln und Leiden jüdischer Bürger zu werfen, soll im folgenden unternommen werden. Man kann feststellen, daß sich ein gewissermaßen emanzipiertes jüdisches Leben in Crailsheim innerhalb von zwei Generationen abspielte - von 1870 bis 1930. Vor 1870 war es den Juden in Crailsheim nur erlaubt, am Rande der Gesellschaft unter Vorbehalten Geschäfte zu betreiben, nach 1930 begann die Zeit der rigorosen wirtschaftlichen Aussperrung. Sucht man nach den örtlichen Spuren des Daseins der jüdischen ehemaligen Bürger, so gelangt man in Crailsheim bald in den Stadtbezirk, der in der Tat wie kein anderer geprägt ist von der Zeit zwischen 1870 - dem Aufschwung der Wirtschaft durch Eisenbahnbau und Reichsgründung - und 1930 - dem Stillstand durch die Weltwirtschaftskrise: in die Haller Vorstadt, den Bereich zwischen Altstadt und Bahnhof.

„... den hiesigen Capital-Besitz in sich zu vereinigen":
Der Ausbau der Haller Vorstadt

Als im Jahre 1738 Joh. Christoph Horland den „Plan von der Hoch-Fürstlich-Brandenburg-Onolzbachischen Ober-Amts-Statt CRAILSHEIM" zeichnete, gab es außerhalb der drei Stadttore bereits kleinere Ansiedlungen.[2] Aber nur die Häuserzeilen vor dem „Spitaltor" bildeten eine „Vorstatt", nicht dagegen die wenigen Häuser vor dem „Ziegeltor" und dem „Unteren Tor", obwohl hier unter anderem eine Fayence-Manufaktur und eine Bierbrauerei betrieben wurden. 1772 ließ Bürgermeister Stock mit der Errichtung der Haller Vorstadt beginnen.[3] Als heute noch erhaltenes Kennzeichen der künftigen Geschäftsstraße entstand 1776 das „Hochfürstlich privilegierte Billard- und Kaffeehaus", wie auf dem steinernen Schild zu lesen ist. „Das Reinhardtsche Haus (heute Adler-Apotheke) stammt aus dem Jahre 1783, das Grünsfelderische (heute Eisen-Seegerer) aus dem Jahre 1800."[4] Daß die Haller Vorstadt schneller wuchs als die anderen Vorstädte, zeigte sich daran, daß das „Untere Tor" schon 1825 abgerissen wurde, während die anderen Tore erst 1835 bzw. 1842 beseitigt wurden. Einem zügigen Ausbau der Haller Vorstadt stand allerdings die ständige Gefahr einer Jagstauen-Überschwemmung entgegen.

Mit dem Amtsantritt von Stadtschultheiß Leonhard Sachs[5] am 4. Oktober 1867 läßt sich ein Zeitpunkt benennen, an dem der Übergang Crailsheims von einem Landstädtchen zu einem Handelsmittelpunkt festzumachen ist. Denn eine der ersten Amtshandlungen des neuen Stadtvorstehers war die Teilnahme an der offiziellen Einweihung der Bahnlinie Crailsheim-Schwäbisch Hall am 10. Dezember 1867. Damit war die Stadt verkehrstechnisch enger an den Kernbereich Württembergs angebunden; mit gleichem Datum wurde der Bahn-Betrieb „in das neu erbaute Verwaltungs-Gebäude" verlegt, so daß „der Zugang auf den Bahnhof ... von diesem Tage an nur noch auf der neuen Zufahrtsstraße gestattet" war. Diese Anordnung bedeutete, daß der Verbindungsweg zwischen Bahnhof und Haller Vorstadt aufgewertet wurde, die „Bahnhofstraße", wie sie seit 1876 offiziell hieß, war entstanden.

Der Ausbau dieser Straße zog sich freilich noch über viele Jahre hin. 1872 zum Beispiel stellte ein „kritischer Spaziergänger" durch Crailsheim fest, daß „die Brücke über die Jagst seit Jahren verbesserungsbedürftig sei".[6] Dank des Einsatzes von Schultheiß Sachs war schon am 17. Januar 1874 die Verbreiterung der alten Jagstbrücke fertiggestellt, und am gleichen Tag wurde auch das städtische Gaswerk feierlich eröffnet, das bezeichnenderweise in der Jagstaue zwischen Haller Vorstadt und Bahnhofsgelände errichtet wurde. Dennoch blieb der Zustand der ungepflasterten Vorstadtstraßen weiterhin beanstandenswert. So klagte ein Leserbriefschreiber 1874 über den „kolossalen Morast, der hüben wie drüben vor der neuen Jagstbrücke lagert". Er forderte die „Anlegung eines Trottoirs", damit „der Weg, welcher über unsere schöne Brücke zum Bahnhof führt, für das Publikum wandelbar hergestellt wird".[7]

Trotz der angeführten Mißstände im einzelnen sprach der erwähnte „kritische Spaziergänger" bereits 1872 die Überzeugung aus, daß die Haller Vorstadt „später eine Zierde der Stadt zu werden und den hiesigen Capital-Besitz in sich zu vereinigen verspricht".[8] Das müssen sich auch die städtischen Kollegien gedacht haben, als sie 1876 der Haller Vorstadt zwischen dem ehemaligen „Unteren Tor" und der Jagstbrücke den Namen „Wilhelmstraße" gaben, „zu Ehren des Mitschöpfers der Reichseinheit Kaiser Wilhelm I".[9] Diese Benennung enthielt auch den Anspruch, daß die künftige Straße sich mit den beiden vornehmsten Altstadtstraßen, der Langen Straße und der Karlstraße, gleichsetzen wollte. Nicht ohne Grund: denn durch die Reichsgründung 1871 war der Schritt zur Vergrößerung und Dynamisierung des deutschen Wirtschaftsraumes vollzogen; gleichzeitig hatte die Reichsverfassung von 1871 die uneingeschränkte Gleichstellung der Juden im ganzen Reichsgebiet mit sich gebracht.

Als unermüdlicher Motor der Entwicklung Crailsheims erwies sich Stadtschultheiß Sachs, der am 13. Dezember 1876 von der Wählerschaft der Stadt und des Oberamts in den Stuttgarter Landtag gewählt wurde. In einer Danksagung versprach er der Einwohnerschaft, „die Interessen unseres theuren Vaterlandes und unseres Bezirks zu fördern"[10] - wobei offen bleibt, ob Sachs unter „Vaterland" noch Württemberg oder schon Deutschland verstand. Seine Tätigkeit im Landtag brachte es mit sich, daß er häufig nach Stuttgart fahren mußte, so daß ihm der verbesserungsbedürftige Zustand der zum Bahnhof führenden Straßen nicht verborgen blieb. 1890 konnte er es endlich durchsetzen, daß eine vom Staat hoch bezuschußte Jagstkorrektur begonnen wurde, die 1894 abgeschlossen war. Nunmehr war die Jagst „größtenteils begradigt und damit ihre Gefährlichkeit stark gemildert".[11] Jetzt mußte auch die noch vorhandene Scheune vor der Jagstbrücke dem Neubau des Postamtes weichen, so daß die Wilhelmstraße einen würdigen Abschluß oder - vom Bahnhof her gesehen - einen beeindruckenden Auftakt erhielt. Stadtschultheiß Sachs konnte das neue Postgebäude als eine seiner letzten größeren Amtshandlungen 1898 seiner Bestimmung übergeben. Schon am 24. Juli 1899 starb er, „wie es stets sein Wunsch war, mitten aus der Arbeit des Lebens heraus".[12]

Mit Leonhard Sachs verlor die Stadt eine der Gründergestalten des modernen Crailsheim. Sein Nachfolger, Hugo Sachs, konnte in seiner nur zehnjährigen Amtszeit, er starb 1910, nicht annähernd soviel bewirken wie sein großer Vorgänger, auch wenn er sich auf sein Amt als Stadtvorsteher beschränkte. Mit Leonhard Sachs am ehesten zu vergleichen sind in ihrer Unermüdlichkeit die Geschäftsleute und Gewerbetreibenden der Zeit um die Jahrhundertwende, von denen eine ganze Anzahl besonders im Bereich der Bahnhofstraße und der Wilhelmstraße tätig gewesen ist.

„Aller greifbare Besitz ... kann über Nacht verlorengehen": Die Bewohner der „Villa Johanna"

Im Jahre 1900 ließ ein Mitglied der jüdischen Familie Rosenfeld, Dr. med. Adolf Rosenfeld, ein prächtiges Jugendstilhaus in der Bahnhofstraße errichten.[13] Die Rosenfelds waren eine alteingesessene Crailsheimer Familie gewesen; ihr Ahnherr war Moses Abraham Rosenfeld, geboren 1781 in Crailsheim.[14] Dr. Adolf Rosenfeld, geboren 1858 in Crailsheim, sein Enkel, war der erste jüdische Bürger der Stadt, der es zu akademischen Ehren gebracht hatte. Sein Haus, das Praxis und Wohnung enthielt, dokumentierte damit auch den Aufstieg der einstmals verachteten jüdischen Bevölkerungsgruppe. Noch heute ist der Name „Villa Johanna" in Stein gehauen über dem größten Fenster des Vorder-Erkers zu sehen. Selbst das Dritte Reich, als die Kreisleitung der NSDAP das Haus für ihre Zwecke umfunktionierte, überstand die Inschrift. Allerdings konnte sich Johanna Rosenfeld damals nicht lange an dem schön eingerichteten Neubau erfreuen; sie starb bereits 1904 im Alter von 40 Jahren und hinterließ drei unmündige Kinder.

Im März 1908 wurde Dr. Adolf Rosenfeld als Nachfolger von Dr. Drachter Oberamtswundarzt.[15] Im gleichen Jahr hielt er im Gewerbeverein einen Vortrag mit Lichtbildern, welche der Crailsheimer Photograph Ehmert vorführte, über seine Mittelmeerreise im Jahr 1906. Im voll besetzten Saal des Gasthauses zum Falken kam es am Schluß des Vortrags zu einer besonderen Ehrung des Referenten: „Der Aufforderung des Vorstands des Gewerbevereins, Kaufmann Schulz, sich zum Zeichen des Dankes gegenüber dem Herrn Doktor von den Sitzen zu erheben, wurde von den Anwesenden gerne entsprochen."[16] So brachte ein Crailsheimer Bürger einen Hauch von Welt in die kleine Stadt, was dankbar anerkannt wurde. Im Ersten Weltkrieg gründete und leitete Dr. Rosenfeld die Freiwillige Sanitätskolonne vom Roten Kreuz und wurde wegen seiner Verdienste um die Betreuung der Verwundeten zum Sanitätsrat ernannt.

Als Dr. Rosenfeld 1918 starb, war sein Sohn Hermann, der nach der erzwungenen Emigration in den USA eine Arztpraxis betrieb, noch zu jung, um seinem Vater nachfolgen zu können. Deswegen erwarb der 1886 in Ostpreußen geborene Dr. Max Königsberger die Praxis und kaufte die „Villa Johanna". Dr. Königsberger, praktischer Arzt und Spezialarzt für Chirurgie und Frauenkrankheiten, erfreute sich wegen seiner Tüchtigkeit und seiner oftmals kostenlosen Behandlungen bei der Bevölkerung großer Beliebtheit. Auch in der israelitischen Gemeinde engagierte er sich, so war er seit 1930 Mitglied des Israelitischen Vorsteheramts.

Welchen hohen Stellenwert in dem gutbürgerlichen Haus des Arztes das Familienleben und das Streben nach Wissen und Bildung eingenommen haben, das läßt sich aus einem Brief ersehen, den Hannelore Königsberger, die 1919 in Crailsheim geborene Tochter von Dr. Max Königsberger, anfangs der achtziger Jahre an eine ehemalige Jugendfreundin gerichtet hat. Darin stellte sie fest: „Neben einem guten Elternhaus ist eine gute Schule das größte Privileg, das einem jungen Menschen zuteil werden kann." Ausdrücklich lobte sie den „ausgezeichneten" Unterricht an der Crailsheimer Realschule mit Lateinabteilung, der ihr umfassende Kenntnisse in Latein, Geschichte und deutscher Literatur vermittelt habe.

Aber schon 1934 habe sie die Schule in Crailsheim verlassen und die Chamissoschule in Berlin besuchen müssen. Sie habe während ihrer Emigration in England eine Magisterarbeit über Hölderlin geschrieben und ihn mit seinem englischen Zeitgenossen Shelley verglichen - „man träumte dabei von der Neckar-Landschaft und fragte sich, ob man sie je wiedersehen würde". So wurde geistige Bildung geradezu überlebenswichtig: „Wir alle, die wir im 20. Jahrhundert geboren sind, haben erfahren, daß man nur das wirklich besitzt, was man gelernt hat und was man in sich trägt. Aller greifbare Besitz, sei es ein viele Jahrhunderte altes Familiengut, sei es das Sparkonto einer einzigen Generation, kann über Nacht verlorengehen ..."[17]

1936 erwarb die Stadt Crailsheim das Haus in der Bahnhofstraße von Dr. Königsberger für ca. 40 000 Reichsmark, um darin die Reichsarbeitsdienstgruppe 264 unterzubringen.[18] Mit bürokratischer Sorgfalt werden im Ratsprotokoll die Räume des Hauses aufgezählt und die Einzelheiten der Finanzierung dargestellt. In der Crailsheimer Öffentlichkeit galt Dr. Königsberger als ein wohlhabender Mann, dem trotz Verlust seiner beruflichen Stellung kein wirtschaftlicher Schaden zugefügt worden sei.

Diese das Gewissen beruhigende Annahme widerlegte Dr. Königsberger in einem Schreiben aus dem Jahre 1947, in welchem er den ungenierten Zugriff deutscher Behörden auf das Vermögen jüdischer Auswanderer beschrieb. Sein gesamtes Privatvermögen „von weit über 100 000 M" sei vom Deutschen Reich einbehalten worden, so daß er sein Vaterland mit „3,89 Dollar" verlassen mußte. Besonders schwer habe ihn getroffen, daß „die Gestapo auch

Diese frühe Lithographie-Ansichtskarte von Crailsheim, hergestellt um 1896, vertrieben durch den Buchbinder Eduard Rollwagen in der Langen Straße, zeigt auf der linken Seite noch die Lange Straße und die Johanneskirche. Aber schon sind auch das neue Bahnhofsgebäude und die erweiterte Jagstbrücke, die in die Wilhelmstraße führt, abgebildet. Das Postgebäude von 1898 ist noch nicht errichtet, an dessen Stelle steht eine alte Scheune. Dahinter erhebt sich das Haus von Meier Rosenfeld. Die Ansichtskarte hat am 18. März 1898 der junge Berthold Stein an einen Bekannten in Goslar verschickt. Den Empfänger grüßt Berthold Stein als Mitglied des Radfahrervereins Crailsheim mit dem Radfahrergruß: „All - Heil!". Vierzig Jahre später wird Berthold Stein in Dachau ermordet.

meinen Lift (= Gepäck für die Überfahrt nach den USA) mit allen meinen persönlichen Belangen hat auctionieren (= versteigern) lassen". Sein Einsatz für Deutschland im Ersten Weltkrieg, „wofür ich das E. K. (= Eiserne Kreuz) und den Bayerischen Militärverdienstorden erhielt", habe nichts mehr gegolten.

Die letzten Dienstjahre in Crailsheim - er durfte noch bis 1935 ohne Kassenzulassung praktizieren, weil er Frontkämpfer gewesen war - behielt Dr. Königsberger in schlechter Erinnerung: „Wenn die Ärzte der N.S.D.A.P. - ich brauche keine Namen zu nennen - zu faul und zu bequem waren, des Nachts die Patienten zu besuchen", sei er „10-15 Kilometer in die Umgebung" hinausgefahren. Schließlich habe er in den USA „unter nicht sehr günstigen Umständen" ganz neu anfangen müssen. Die Behandlung, die ihm seit 1933 bis zu seiner Überfahrt zuteil wurde, kommentierte Dr. Königsberger nicht ohne bittere Ironie: „Das war der Dank für alles, was ich geleistet habe, ... und für alles, was ich den Patienten umsonst getan habe".[19]

„.... daß die steuerkräftigsten Juden aus Crailsheim weggezogen sind": Von der Familie Rosenfeld/Dreyfuß

Ähnlich wie die „Villa Johanna" des Dr. Rosenfeld in der Bahnhofstraße seit 1900 hob sich auch das Wohn- und Geschäftshaus von Berthold Rosenfeld in der Wilhelmstraße aus seiner Umgebung hervor. Beide Rosenfelds hatten den gleichen Großvater; jedoch war Berthold, geboren 1869, zehn Jahre jünger als Adolf Rosenfeld. Bertholds Vater, der Landesproduktenhändler Meier, hatte auf historischem Boden seine Getreide- und Wollgroßhandlung eingerichtet. Denn Ende des 18. Jahrhunderts war an der gleichen Stelle die Textilmanufaktur von Johann Friedrich Most gestanden.[20] Entsprechend der Erweiterung des Kundenkreises hatte die Firma Rosenfeld neben den Büros in der Wilhelmstraße noch ein Lagerhaus am Schloßplatz in Gebrauch sowie ein Getreidelager am Güterbahnhof. Meier Rosenfeld war der erste jüdische Bürger, der sich in öffentlichen Ämtern engagieren konnte. So war er dabei, als eine Gruppe von Bürgern im Jahre 1861 den Antrag auf Wiedergründung des Turnvereins Crailsheim stellte. Außerdem gehörte Meier Rosenfeld zu den Mitbegründern der Gewerbebank Crailsheim, was 1905 beim 40jährigen Jubiläum der Bank gebührend gewürdigt wurde.[21]

Berthold Rosenfeld war für seine Bereitschaft bekannt, großzügig für öffentliche Zwecke zu spenden. Eine ältere Crailsheimerin erzählte, sie habe bei Sammelaktionen immer bei Rosenfelds in der Wilhelmstraße angefangen, zum Beispiel als 1928 für das Heimatmuseum die Fayencen der Sammlung Heidland angekauft werden sollten, damit den nachfolgenden Geschäftsleuten ein „Maßstab" gesetzt würde. 1919 heiratete Bertholds Tochter Fanny Frida den 1887 geborenen Ludwig Dreyfuß, den sein Schwiegervater als Gesellschafter in seine Firma aufnahm. Dreyfuß war schwerkriegsbeschädigt und wegen seiner außergewöhnlichen Tapferkeit als einer der wenigen deutschen Juden zum Offizier befördert worden. Wie Augenzeugen berichten, war es deswegen selbst für manchen hartgesottenen Nationalsozialisten ein beschämender Anblick, als dieser altgediente Soldat am 21. März 1933 von SA-Leuten durch die Stadt getrieben wurde, um auf dem Schloß verhöhnt zu werden. Wegen der Boykott-Maßnahmen im Dritten Reich mußte die Firma 1936 schließen, obwohl das alteingeführte Geschäft genügend Aufträge gehabt hätte. Eine ehemalige Nachbarin überlieferte, wie schwer es dem „alten" Rosenfeld gefallen sei, seine Vaterstadt zu verlassen: „Er wollte und wollte nicht gehen!" Seine Heimatstadt sah Berthold Rosenfeld niemals wieder. Er starb - ein gebrochener Mann - im Jahre 1938 in Stuttgart.

So wie die vornehme „Villa Johanna" in der Bahnhofstraße zunächst vom Reichsarbeitsdienst und dann von der Kreisleitung der NSDAP in Beschlag genommen wurde, so nistete sich auch im stattlichsten Gebäude der Wilhelmstraße - dem nunmehr „arisierten" Haus der Familie Rosenfeld/Dreyfuß - eine zentrale Behörde des Unrechtsstaats ein: das Erbgesundheitsamt. Dessen Zweck war es, die Zwangsmaßnahmen der NS-Rassenbiologie zu verwirklichen. Das hieß: „Ausmerzung" der sogenannten Volksschädlinge, in der Hauptsache Menschen, denen der Stempel „Asoziale" bzw. „Erbkranke" aufgedrückt wurde, und „Aufnordung" des deutschen Volkskörpers durch Verbesserung der „Volksgesundheit" und der „Rassereinheit". Unter anderem trug das Erbgesundheitsamt zur Vorbereitung der Zwangssterilisierungen, der Euthanasie und der Vernichtung der „Minderwertigen" im Crailsheimer Bezirk entscheidend bei. Daß die Gehilfen des Terrors sich gerade in den Häusern prominenter ehemaliger jüdischer Mitbürger ausbreiteten, zeigte auch, wie ungeniert sich der Staat die Ergebnisse des Handels- und Gewerbefleißes der vertriebenen früheren Bewohner aneignete. Da das Haus in der Wilhelmstraße die letzten Kriegswochen unbeschädigt überstanden hatte, mußten die zwangsweise zu Aufräumungsarbeiten eingeteilten ehemaligen „Parteigenossen" 1945 lastwagenweise verrottete Akten aller Art aus den Kellerräumen abtransportieren. Als die amerikanische Militärregierung in dem geräumten Gebäude ihr Domizil bezog, da hatte die Wilhelmstraße tatsächlich - wenn auch unter höchst tragischen Umständen - ihre zerbombten Konkurrenten, die Lange Straße und die Karlstraße, in der Bedeutung überrundet.

Nachdem im gleichen Jahr, 1936, die Israelitische Religionsgemeinde Crailsheim nicht nur Berthold Rosenfeld, sondern auch schon Dr. Max Königsberger als Mitglied verloren hatte, geriet sie in große finanzielle Bedrängnis. Weil der Staat den Religionsgemeinden die rechtliche Selbständigkeit aberkannt hatte, wandte sich die Crailsheimer jüdische Gemeinde an das Oberamt mit der Bitte um Genehmigung einer Steuererhöhung. Im Antwortschreiben vom April 1937 wurde anerkannt, „daß die steuerkräftigsten Juden aus Crailsheim weggezogen sind".[22] Eine Erhöhung der israelitischen Ortskirchensteuer wollte das Oberamt aber nicht erlauben. Dagegen war das angerufene Kultusministerium großzügiger, es gestand am 10. Mai 1937 die Steuererhöhung zu, zumal „die Zentralkasse (in Stuttgart, Anm. d. Vfs.) der Gemeinde wegen ihrer bedrängten Lage erstmals eine Beihilfe (650 RM) gewährt hat". Die finanzielle Notlage der in Crailsheim wirtschaftlich ausgegrenzten Juden wurde somit zu einem rein bürokratischen Vorgang degradiert. Es darf nicht übersehen werden, daß auch die dienstfertigen Verwaltungsbehörden ihren Teil zur Vernichtung der Juden beigesteuert haben.

„Leider ... kommen ... immer wieder Ausfälle gegen die jüdische Bevölkerung vor": Der Versuch des Widerstands

Der Sohn von Berthold Rosenfeld, der 1897 in Crailsheim geborene David Theodor Rosenfeld, war ein herausragender Vertreter der letzten jüdischen Generation, die sich noch in ihrer Geburtsstadt entfalten konnte. Durch seine rege Teilnahme am Crailsheimer Vereinsleben und sein öffentlichkeitswirksames Auftreten leistete er einen wesentlichen persönlichen Beitrag zur „Modernisierung" der Stadt nach dem Ersten Weltkrieg. 1923 gründete er gemeinsam mit 23 Kraftfahrern den Motorverein Crailsheim (M.V.C.), der sich später dem ADAC anschloß.[23] Als Theodor Rosenfeld 1930 Crailsheim verließ, wurde er „in Anerkennung seiner unvergeßlichen Verdienste" zum Ehrenvorsitzenden ernannt. Besonders wurden seine Leistungen als „Organisator der Schwerkriegsbeschädigtenfahrten" hervorgehoben. In der Abschiedsrede würdigte Postinspektor a. D. Mohr, als Mundartdichter unter dem Namen „Tobias der Ältere" bekannt, „den Scheidenden nach der rein menschlichen Seite" mit einem Goethe-Zitat: „Edel sei der Mensch, hilfreich und gut. ... hilfreich war er in allen Fällen, die seine Sportsfreunde und andere Bedrängte betrafen; ... Was er zugunsten des Fremdenverkehrs gearbeitet habe, sei bekannt. Jedenfalls werde er viele Freunde in Crailsheim zurücklassen, die nur den Wunsch haben, trotz der Trennung in Freundschaft mit ihm verbunden bleiben zu dürfen. Möge es ihm auch in Stuttgart gut gehen. Auf Wiedersehen (Beifall)."

In einer Beziehung allerdings machte sich Theodor Rosenfeld in Crailsheim Feinde auf Dauer: er war ein unerbittlicher Gegner des Rechtsradikalismus in jeder Form. Vor der Reichstagswahl im Mai 1924 trat er gemeinsam mit seinem Schwager Ludwig Dreyfuß in einer Wahlversammlung des „Vaterländisch-völkischen Rechtsblocks" als Diskussionsredner auf, wobei beide „die Ausführungen des Vorredners über die Juden entrüstet zurückwiesen".[24] Vor der Reichstagswahl im Dezember 1924 besuchte Rosenfeld eine Veranstaltung der „Nationalsozialistischen Freiheitsbewegung Großdeutschlands" und „wehrte sich gegen die Vorwürfe des Referenten gegen das Judentum".[25] Nach der Reichstagswahl von 1928 beklagte sich ein Crailsheimer Nationalsozialist bei seinem „Gauleiter" Murr, in Crailsheim sei bei geplanten nationalsozialistischen Aktivitäten „von Seiten der Judenschaft mit den größten Schwierigkeiten zu rechnen, besonders von Seiten der Firma Rosenfeld und Comp. Wolle und Getreide".[26] Noch 1986 erzählte ein führender ehemaliger NS-Funktionär im Ton der Empörung, Theodor Rosenfeld habe ihm 1929 gedroht, er dürfe nicht mehr im Reit- und Fahrverein mitwirken, weil er Nazi sei: „Was bildet sich dieser Kerl eigentlich ein, mir Vorschriften zu machen?"

Wer so entschieden gegen rechtspopuläre Ansichten auftrat, der schwamm gegen den Strom und mußte bei einem Sieg der Nationalsozialisten das Schlimmste befürchten. Wohl in Vorahnung dieser Entwicklung entschloß sich Theodor Rosenfeld 1930, seine Vaterstadt zu verlassen und in Stuttgart eine eigene Getreidegroßhandlung zu gründen. Doch seine Warnungen vor dem Rechtsradikalismus gab er nicht auf. Im Januar 1932 verwahrte er sich in mehreren Schreiben an den Turnverein energisch dagegen, daß die neu erbaute Vereinshalle, an deren Finanzierung er wesentlichen Anteil gehabt hatte, für Wahlveranstaltungen der NSDAP vermietet worden war. Dies sei ein Verstoß gegen die Abmachungen zur Zeit des Hallenbaus 1925, und unter diesen Umständen wolle er seine Geldspende von damals an den Verein nicht mehr aufrechterhalten.[26a] Der Vertreter des Turnvereins bedauerte gegenüber Theodor Rosenfeld, daß in Crailsheim der Antisemitismus öffentlich geäußert werde und konstatierte - bereits ein Jahr vor der sogenannten Machtergreifung -, daß die Anhängerschaft der Rechtsradikalen zunehme: „Leider ... kommen von einzelnen Rednern der N.S.D.A.P. immer wieder Ausfälle gegen die jüdische Bevölkerung vor ... Als wir die Turnhalle bauten, gab es in Crailsheim diese Partei noch nicht, aber heute ist es außer Zweifel, daß eine ganze Anzahl Mitglieder des T.V.C. (= Turnverein Crailsheim) wohl sich dieser Partei angeschlossen haben."

Sicher war ein weiterer Grund für Theodor Rosenfelds Wegzug auch das Zerwürfnis mit seinem Schwager Ludwig Dreyfuß gewesen, der in Crailsheim verblieb und dort ab 1933 die Demütigungen durch die Crailsheimer Nazis ertragen mußte. Zwar konnte Theodor Rosenfeld der Rache der kleinstädtischen Rechtsradikalen 1933 ausweichen, doch der wirtschaftliche Niedergang seines Geschäftes in Stuttgart war vorprogrammiert. Wenigstens sein Leben und das seiner Familie konnte er durch die rechtzeitige Emigration nach Argentinien retten. Theodor Rosenfeld hatte dem aufkommenden Nationalsozialismus gegenüber konsequent Widerstand geleistet. Diese Haltung war in Crailsheim nicht weit verbreitet gewesen. Daß Theodor Rosenfeld bei seinen Besuchen in seiner Geburtsstadt nach 1945 nicht bereit war, die Untaten des Dritten Reiches im nachhinein schnell zu vergessen, ließ ihn in den Augen vieler seiner ehemaligen Mitbürger, die nicht willens waren, sich zu rechtfertigen, zum unwillkommenen Störenfried werden. So kommt es, daß einem Mann, der die Einhaltung der Menschenrechte höher bewertete als schulterklopfende Kameraderie, bis heute von der Stadt die Anerkennung versagt wird, während viele Täter und Mitläufer des Unrechtssystems auch in der Gegenwart hoch im Ansehen stehen, wie etwa ein Blick auf die Straßenschilder in den Neubauvierteln verrät.

„Freundschaft, Kameradschaft und Heimatliebe": Von der Familie Stein

Einer anderen bedeutenden jüdischen Familie, der Familie Stein, entstammten zwei weitere Geschäftsleute in der Wilhelmstraße, die beiden Brüder J. Bertold und Albert Stein. Ihr Großvater, der in Ingersheim lebte, hatte mit der beginnenden Emanzipation den Namen „Marx" gegen „Stein" eingetauscht. Sein 1844 in Crailsheim geborener Sohn Josua Stein gründete in der Langen Straße einen Eisenwarenhandel, den er seit den siebziger Jahren Schritt für Schritt ausbaute. Um 1900 hatte er auch in der Wilhelmstraße ein Haus erworben, das er für Lagerzwecke benutzte. Seine zahlreiche Kinderschar erzog er glaubenstreu, sparsam und zugleich sozial engagiert. J. B. Stein sen., wie er in der Zeitung betitelt wurde, ging selbst mit gutem Beispiel voran. So übte er jahrelang das Amt des Vorsitzenden des Aufsichtsrats der Gewerbebank aus, eines „genossenschaftlichen Instituts", die „dahin strebt, für seine Mitglieder in jeder Weise segensreich zu wirken".[27]

Auch in der Crailsheimer Kommunalpolitik wurde er aktiv: Er beteiligte sich an der Gründung des „Bürgervereins" im Jahre 1905, der seine Aufgabe darin sah, das Verhältnis zwischen Stadtverwaltung, Gemeinderat und Bürgerschaft transparenter zu gestalten. Konkret sollten für die Wahlen zum Gemeinderat „geeignete Persönlichkeiten" gefunden werden. „Dabei werde völlig unparteiisch, ohne Rücksicht auf Politik, Konfession oder Verwandtschaften verfahren werden."[28] Als Wählervereinigung stellte der „Bürgerverein" bis zur gewaltsamen Auflösung 1933 stets die Mehrheit im Gemeinderat. Durch diese Zusammenarbeit des Bürgertums war es möglich, daß auch die jüdischen Bürger einen Vertreter im Gemeinderat erhielten, wobei schon 1905 J. B. Stein sen. als Nachfolger von Hofrat Blezinger gewählt wurde. Als J. B. Stein sen. 1932 hochbetagt starb, stand auch das Crailsheimer Judentum kurz vor seinem Untergang. Er hatte beinahe 60 Jahre lang den wirtschaftlichen Aufschwung Crailsheims mitgestaltet, doch blieb ihm glücklicherweise der Leidensweg seiner Familie nach 1933 erspart.

Ganz anders verlief die Lebenskurve seines ältesten Sohnes J. Bertold Stein, der 1871 in Crailsheim geboren wurde, in seinem sechzigsten Lebensjahr 1931 auf dem Höhepunkt seines beruflichen und gesellschaftlichen Wirkens stand und 1938 in Dachau ermordet wurde. Als junger Mann war er im 1893 gegründeten Radfahrverein Crailsheim aktiv gewesen, vor dem Ersten Weltkrieg leitete er den jüdischen Geselligkeitsverein „Einklang"[29] und kandidierte zum Vorsteheramt der jüdischen Gemeinde. Nachdem er 1898 die gebürtige Crailsheimerin Paula Grünsfelder geheiratet hatte, deren Vater als Handelsmann ebenfalls in der Wilhelmstraße wohnte, eröffnete er sein eigenes Geschäft in der Wilhelmstraße, wo die Familie Stein bereits ein Haus besessen hatte. Aus Geschäftsanzeigen ist zu entnehmen, daß er zunächst mit Fahrrädern handelte, aber auch Lebensmittel anbot.[30] Schon in dieser Zeit stieg er in den Handel mit Landmaschinen ein. Noch vor dem Ersten Weltkrieg erweiterte er seine Firma beträchtlich, indem er einen großen Neubau in der Jagstaue errichten ließ, worin Landmaschinen hergestellt bzw. nachgebaut wurden. Auf drei Etagen waren jeweils die Metallarbeiter, die Schreiner und die Maler tätig. Das hohe Gebäude der Maschinenfabrik stellte für jeden vom Bahnhof kommenden Besucher der Stadt einen Blickfang dar. Auf dem Dachfirst montiert, war in großen Lettern die Bezeichnung „J. Bertold Stein" zu lesen. Die Aufschrift war gleichsam ein Markenzeichen für das neue Unternehmertum, das die Stadt seit der Jahrhundertwende belebte.

Nach dem Ende des Ersten Weltkriegs erreichten die Ausläufer der Revolution auch die Eisenbahnerstadt Crailsheim. J. Bertold Stein begeisterte sich für demokratische Ideale und wurde Vorsitzender des „Bürger- und Bauernrats" des Bezirks Crailsheim. Vehement forderte er - ganz in der Tradition seines Vaters, aber ungeduldiger - die Mitwirkung der Bürger und Bauern an den Beschlüssen der Amtsversammlung und die Kontrolle der Oberamtsverwaltung.[31] Da der revolutionäre Schwung bereits im Frühjahr 1919 abflachte, blieben die Versuche einer Reform von unten auch in Crailsheim eine Episode. In den nächsten Jahren baute J. Bertold Stein sein Geschäft weiter aus. Nicht nur auf dem Fränkischen Volksfest, sondern auch auf den württembergischen Landwirtschaftsausstellungen wurden seine Maschinen angeboten, wie erhaltene Fotografien belegen. 1924 wurde in Anpassung an die Entwicklung des Kraftwagenverkehrs dem Unternehmen eine Autowerkstätte angegliedert.[32] Hierfür ließ der Unternehmer neben dem Fabrikgebäude eigens eine große Halle in Holzbauweise errichten, in der die Auto-, Motorrad- und Fahrradreparaturen ausgeführt wurden. Auf dem Gehweg der Wilhelmstraße vor dem Geschäftshaus wurde eine Benzin-Zapfsäule aufgestellt. 1925 übernahm J. Bertold Stein das Gebäude der Maschinenfabrik Stecher in der Bahnhofstraße, die aufgehört hatte zu bestehen, als Lagerraum.

Die beiden 1901 und 1903 geborenen Söhne Max und Siegfried, der gleichen Generation wie Theodor Rosenfeld angehörend, arbeiteten im Geschäft des Vaters mit; Max leitete als Ingenieur die Autowerkstätte und bildete Fahrschüler aus, Siegfried war im kaufmännischen Bereich tätig. Siegfried war daneben ehrenamtlicher Vorstand des Israelitischen Jugendvereins Crailsheim.[33]

1924 wurde J. Bertold Stein Mitglied, 1930 schließlich Vorsitzender des israelitischen Vorsteheramts.[34] Als wohlhabender Fabrikant, als ausgewiesener Demokrat, als gläubiger Jude stand er Ende der zwanziger Jahre auf dem Höhepunkt seines Ansehens. Wie sehr J. Bertold Stein auch in den Zusammenhang der Crailsheimer Gesellschaft eingebettet schien, läßt sich aus dem Bericht über die Fünfziger-Feier im Hotel Faber im Jahr 1928 ersehen, an der er als Begleiter seiner 1878 geborenen Frau Paula teilnahm. In einem kurzen Redebeitrag lobte er dieses „Fest der Freundschaft, Kameradschaft und Heimatliebe", das ihn dazu anrege, „an verschiedene Originale unserer Stadt" zu erinnern. Besonders dankte er „dem Vorsitzenden, Herrn Apotheker Dr. Blezinger, für seine viele Mühe um das Gelingen der Feier". Die Zeitung beendete ihre ausführliche Berichterstattung nach einer atmosphärischen Schilderung mit einer bemerkenswert doppelsinnigen Aussage: „Ein warmer, inniger, herzlicher Ton beherrschte das Beisammensein und machte das Scheiden aus dem lieben Kreise der Altersgenossen schwer. Auf frohes Wiedersehen nach weiteren 10 Jahren - so Gott will!"[35]

Freilich sollte die hier heraufbeschworene Harmonie nicht überbewertet werden. Unter den Teilnehmern der Feier im Hotel Faber befanden sich überwiegend Vertreter der konservativ-abwartenden Bürgerschicht, die bis 1930 auch im „Bürgerverein" den Ton angab. Weitere bekannte „Fünfziger" waren - neben Dr. Blezinger - der Kaufmann Emil Fach, der Gärtnereibesitzer Otto Thurner und der Photograph Otto Schlossar. Schließlich war das Hotel Faber das erste Haus am Platze, in welchem auch der jüdische Verein „Einklang" alljährlich seine von der Bevölkerung bestaunten Faschingsbälle abhielt. Außerdem ist zu bedenken, daß die jüdische Minderheit selbst keine in sich geschlossene Gemeinschaft darstellte.

Eine Crailsheimer Bürgerin, die selbst jahrelang als Kindermädchen in einer jüdischen Familie beschäftigt war, berichtete, daß es wenigstens zwei Schichten gegeben habe, die wirtschaftlich und gesellschaftlich deutlich voneinander getrennt gewesen seien. Diese Feststellung bezog sich z. B. sowohl auf das Verhalten bei der Sabbatfeier in der Synagoge als auch auf die Gaststätten, die samstags aufgesucht wurden.

Crailsheimer Kinder jüdischen Glaubens feiern um 1930 das Purimfest, das am ehesten mit dem Faschingsfest der Christen vergleichbar ist. Das Originalfoto wurde vom Fotogeschäft Rudolf Täschner, Crailsheim, hergestellt, denn noch herrschten „normale" Geschäftsbeziehungen zwischen den Bürgern der Stadt. Vorne in der Mitte sitzt Hannelore Königsberger, rechts von ihr Gretel Dreyfuß, die Tochter von Ludwig Dreyfuß. Links neben Hannelore Königsberger ist als Clown verkleidet Martin Kohn zu sehen, dessen Vater in der Wilhelmstraße einen Tabakwarengroßhandel betrieb. Ganz links außen steht Hans Landauer. Alle elf Kinder überlebten das Dritte Reich. Aber 1987 statteten nur fünf von ihnen der Stadt ihrer Kindheit einen Besuch ab: Hans Landauer und Gretel Dreyfuß sowie Marianne Heinsfurter und Werner Friedmann (in der hinteren Reihe die ersten beiden Kinder von links), außerdem Irmgard Heinemann (in der hinteren Reihe die vierte von links). Die übrigen waren entweder verstorben oder wollten das Besuchsangebot der Stadt nicht mehr annehmen.

Die jüdischen Bürger hatten wie alle Menschen ihre Vorzüge und Schwächen; sie konnten aufgrund wirtschaftlicher Erfolge hoch steigen, zu gesellschaftlichem Ansehen gelangen, von den christlichen Mitbürgern akzeptiert werden - aber eines unterschied sie von den Nichtjuden: ihr Absturz war jäher, die Abwendung ihrer christlichen Mitbürger war unerbittlich und gnadenlos, wenn das Blatt sich wandte. Während der Weltwirtschaftskrise 1931 mußte zunächst die Motorenfabrik Keidel in der Schillerstraße schließen. Die Firma von J. Bertold Stein geriet ebenfalls in Turbulenzen, und der Inhaber hoffte, durch Wechsel, ausgestellt auf den Namen von Kunden, liquide zu bleiben. Im Herbst 1932 flog der Täuschungsversuch auf. Die Folgen waren in der damaligen politisch angespannten Situation verheerend. Zwar gelang es, durch die vereinten Anstrengungen der jüdischen Glaubensbrüder den finanziellen Schaden wieder auszugleichen, doch viele Bürger sahen sich in ihren Vorurteilen gegenüber den Juden bestätigt. Ein Crailsheimer, der damals Schüler gewesen ist, berichtete, im „Stürmer"-Kasten in der Karlstraße sei der Vorgang um den „Juden Stein" genüßlich ausgebreitet worden. Bertold und Siegfried Stein wurden im Januar 1934 vom Landgericht Ellwangen bzw. nach Verwerfung der Revision vom Reichsgericht in Leipzig „wegen gemeinschaftlicher Blankettfälschung und Betruges zu einem Jahr acht Monaten bzw. einem Jahr verurteilt".[36] Bereits am 9. Juni 1933 fand ein „Konkursverkauf" statt, in dem Teile der persönlichen Habe und der Ausstattung der Fabrik zwangsversteigert wurden.[37]

Im Jahre 1934 vermietete J. Bertold Stein seine Gewerberäume, unter anderem auch an den Kaufmann Nathan Landauer, der „ein Lager für gesalzene Tierfelle, das auch zum Einsalzen ungegerbter Tierfelle dient," einrichtete.[38] Stein selbst besann sich auf seine Anfänge, betrieb ein kleines Lebensmittelgeschäft und einen Versandhandel. Noch 1937 will ihn ein ehemaliger Bekannter in der Warteschlange auf der Hauptpost mit versandfertigen Paketen gesehen und ihn gewarnt haben, er solle doch Crailsheim zu seiner eigenen Sicherheit verlassen. Aber Stein schien seine Lage falsch einzuschätzen und blieb. Im Juni 1938 wurden aufgrund einer „Asozialen-Aktion" der Reichsregierung alle Juden erneut verhaftet, die „vorbestraft" waren. J. Bertold Stein wurde nach Dachau deportiert, wo er schon wenige Tage danach erschossen wurde. Der Sarg, der nach Crailsheim geschickt wurde, durfte nicht mehr geöffnet werden. Siegfried Stein war bereits 1937 nach Stuttgart verzogen, er konnte, wie sein Bruder Max, noch rechtzeitig emigrieren. Der Immobilien-Besitz der Firma Stein wurde an zwei Crailsheimer Geschäftsleute verkauft. Die öffentliche Versteigerung, der Abtransport, die Ermordung, auch die „Arisierung" - das alles geschah schon eine geraume Zeit vor der sogenannten Reichskristallnacht in aller Öffentlichkeit. In diesem Fall ist die Unverhältnismäßigkeit zwischen Vergehen und „Bestrafung" noch deutlich erkennbar, obwohl der Schein des Rechts gewahrt werden sollte. Vier Jahre später, als die letzten noch verbliebenen Juden aus der Stadt „deportiert" wurden, bedurfte es irgendeiner Rechtsfassade nicht mehr.

„Also diese Stadt sieht unheimlich aus": Von der Familie Landauer

Im Zeitraum von 1910 bis 1933 hat sich die Anzahl der in Crailsheim lebenden Juden von 325 auf 160 halbiert.[39] Besonders nach dem Ersten Weltkrieg wanderten viele jüdische Bürger ab, sei es in die Großstädte, sei es nach Übersee. Trotzdem ist ein sich ausbreitender Antisemitismus festzustellen, wie er etwa im „Verkehrsbeamtenverein" Crailsheim, der hauptsächlich von Eisenbahnbeamten gebildet wurde, sich äußerte. Auf den geselligen Veranstaltungen wurden „Original-Couplets" gesungen, die die Crailsheimer Juden namentlich verunglimpften. Der Refrain eines vierstrophigen Liedes mit dem Titel „Die koschere Nation" wurde auf Crailsheimer Verhältnisse umgedichtet.[40] Das klang dann auszugsweise so:

„Königsberger Löw und Bär
Elkan Adler Schlessinger
Dreyfuß Levi Stein und Cohn
Rosenfeld mit seinem Sohn
Eppstein Heinsfurter und Geß
Essinger und Jeiteles
Bimmel, bammel, bimmel, bammel
Bimmel, bammel, bau!"

Von fünfzehn identifizierbaren Namen betrafen sieben Familien, die in der Bahnhofstraße und in der Wilhelmstraße wohnten. Was als „Salon-Antisemitismus" noch spöttisch-harmlos klingen mochte, bereitete in der Realität die künftige Ausgrenzung der jüdischen Minderheit vor. Denn wer sich über seine Mitbürger gezielt lustig machte, der würde auch keinen ernsthaften Widerstand leisten, wenn der „Radau-Antisemitismus" der SA mit der tatsächlichen Judenverfolgung in aller Öffentlichkeit beginnt.

Entgegen dem Trend zur Abwanderung ließen sich im Jahre 1925 ein jüdischer Unternehmer und seine Familie aus dem Oberamt Gerabronn in Crailsheim nieder. Es waren der 1877 in Michelbach/Lücke geborene Nathan Landauer, seine Frau Friedericke und ihre drei Kinder. Nathan Landauer war in Michelbach/Lücke ein erfolgreicher und angesehener Geschäftsmann gewesen. Zeitweilig saß er im Gemeinderat des Dorfes.[41] Alle Geschwister Nathan Landauers hatten bereits vor ihm Michelbach/Lücke verlassen.[42] Eine seiner Schwestern war mit Max Stern in Niederstetten verheiratet, der neben seinem Beruf als Fell- und Lederhändler zahlreiche Ehrenämter ausübte und auch für den „Vaterlandsfreund", Gerabronn, als „Lokal-Berichterstatter" tätig war. In einer Anzeige vom 20. Januar 1933 bezeichnete er sich selbst als „Treuhänder und Rechtsagent".[43] Sein Sohn Bruno Stern, also der Neffe Nathan Landauers, verfaßte seine Erinnerungen, denen auch interessante Details über das Leben der Familie Landauer in Crailsheim zu entnehmen sind.⁴⁴ In Crailsheim erwarb die Familie ein Wohnhaus in der Kronprinzstraße. In der Unteren Ludwigstraße, im Haus des ehemaligen Gerbermeisters Karl Leiberich, betrieb Nathan Landauer einen Großhandel mit Häuten, Fellen und Leder.

Nathan Landauer war mit einer bemerkenswerten inneren Ruhe ausgestattet, die ihn auch zu Anfang der Naziherrschaft 1933 nicht verließ, als jeder Tag zu neuen Ängsten Anlaß gab. Allerdings blieb er am 21. März 1933, an dem jüdische Bürger auf dem Schloß ausgepeitscht wurden, verschont. Sein Schwager Max Stern, der ihn zur gleichen Zeit besuchte, erfuhr in Crailsheim nichts Genaues: „Von Schlägereien war da die Rede, von Mißhandlungen bis hin zur Folter. Es war alles so unglaublich, daß wir nicht sicher waren, ob die Leute tatsächlich die Wahrheit sagten oder nicht vielleicht reichlich übertrieben."⁴⁵

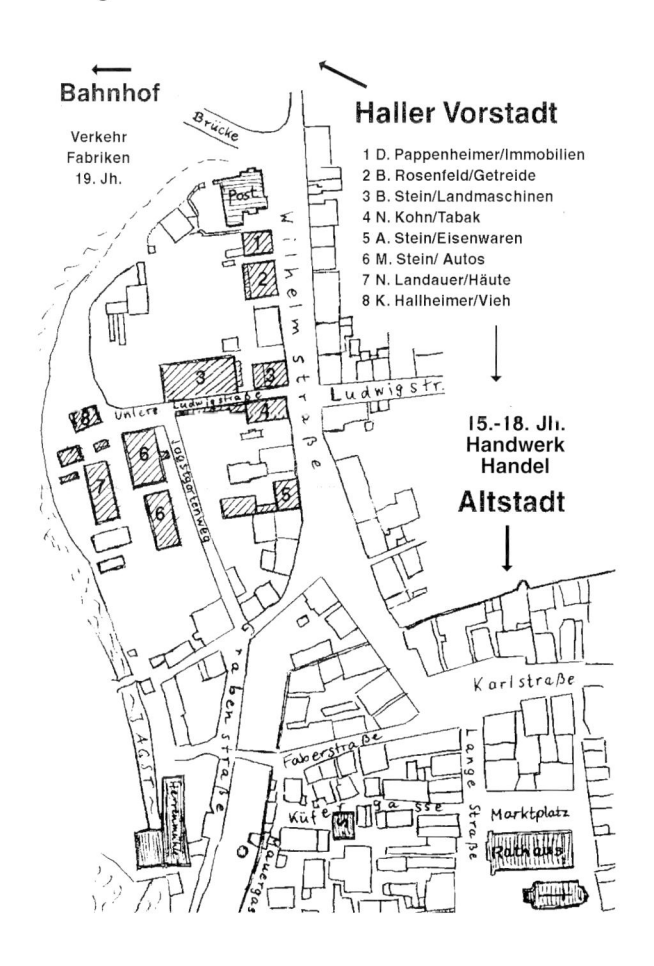

Als kurz danach, am 25. März 1933, Max Stern in Niederstetten von SA-Leuten verprügelt wurde, „überfiel ihn immer wieder die Angst. So beschlossen wir, über ein Wochenende zu unseren Verwandten nach Crailsheim zu fahren und namentlich Nathan Landauer ... zu besuchen".⁴⁶

Im Frühjahr 1934 wurde Nathan Landauer von einer nicht namentlich genannten Frau denunziert. Sein Neffe schreibt: „Der Onkel kannte die Gerber der ganzen Umgebung persönlich. Er besuchte sie häufig, verkaufte Felle und Häute und kaufte ihnen Leder ab. Eines Tages behauptete eine Frau, sie hätte gehört, wie Onkel Nathan zu einem Gerber sagte: ‚Die Katholiken sind heutzutage Bürger zweiter Klasse ...' Da eine solche Aussage einer Staatsverleumdung gleichkam, meldete die NS-Polizei den Bericht der Anklägerin der zuständigen Behörde in der Landeshauptstadt Stuttgart." Es kam zum gefürchteten Prozeß. Aber „Onkel Nathan wurde freigesprochen ... Wir hatten ... nicht gewagt, daran zu glauben, daß man einen Juden wirklich freisprechen würde. Seltsamerweise war der einzige, den diese Sorge nicht so sehr beunruhigt hatte, mein Onkel Nathan selbst".⁴⁷ Dieser Erfolg vor Gericht mochte Nathan Landauer in seiner Meinung bekräftigt haben, die Zeit des Dritten Reiches durchstehen zu können. Jedenfalls weitete er im Juli 1934 sein Geschäft aus und mietete von seinem Nachbarn J. Bertold Stein einen Teil von dessen stillgelegter Fabrik an. Freilich war „sein christlicher Buchhalter ... Geschäftspartner geworden", so daß Nathan Landauer nach außen hin nicht in Erscheinung treten mußte.

Am 1. Juli 1938 mußte Nathan Landauer seinen Geschäftsanteil vollends an seinen Partner verkaufen. Die erhalten gebliebenen Rechnungen verschiedener Gerbereien und Lederfabriken⁴⁸ aus den wenigen Monaten der Zeit bis zum Kriegsbeginn vermitteln einen Eindruck von dem Umfang der Geschäftsbeziehungen, die Nathan Landauer aufgebaut hatte. So liegen aus der Zeit vom 19. August bis 19. September 1938 etwa Rechnungen folgender Firmen vor: F. G. Schneider, Backnang; Gotthold Rieger, Backnang; Jakob Ruoff, Backnang; Aug. Merk, Obersiggingen; Hans Mayer, Langenau; Leonhard Stützel, Aalen; Georg Bazlen, Metzingen; Lorenz Steiger, Thannhausen; A. Semle, Langenau; Chr. Leiberich, Crailsheim; Albert Kraut, Künzelsau; W. & J. Butsch, Backnang; Jakob Kriener, Illertissen. Da die Felle und Häute fast ausschließlich mit der Bahn angeliefert worden waren, ist auch erklärbar, warum Nathan Landauer nach Crailsheim umgezogen war; der Vorteil, den Crailsheim durch den Eisenbahnbau hatte, wird an diesem Beispiel ersichtlich. Aber die Zeiten der freien Entfaltung der Wirtschaft waren längst vorbei. Während der sogenannten Reichskristallnacht wurde Nathan Landauer verhaftet und nach Dachau verbracht. Dort wurde ihm bei seiner Entlassung angedroht, ein zweites Mal werde er nicht mehr freikommen. Am 31. Dezember 1938 verkaufte Nathan Landauer die restliche ihm verbliebene Ware, um seine Ausreise vorzubereiten. Am 15. Mai 1939 verließen die Eheleute Landauer als letzte jüdische ehemalige Bürger, die ihr nacktes Leben retten konnten, die Stadt. Ihre Kinder Senta, Beatrice und Hans waren bereits 1936, 1937 und 1938 ausgewandert, wobei ihnen zugute kam, daß sie Verwandte in den USA hatten.

Hans Landauer, der 1920 in Michelbach/Lücke geborene Sohn Nathan und Friedericke Landauers, wurde während des Weltkrieges eingezogen und gelangte als amerikanischer Soldat 1945 in seine alte Heimat zurück. In einem Brief an seine Eltern schilderte er im Juli 1945 seinen Eindruck von Crailsheim: „Also diese Stadt sieht unheimlich aus, im Stadtinnern steht überhaupt kein Haus mehr. Auch in der Wilhelmstraße ist alles kaputt, nur Dreyfußens Haus steht beinahe noch unversehrt, die amerikanische Militärregierung hat ihren Sitz drinnen ... Die Jagstbrücke ist natürlich gesprengt, aber die Armee baute eine neue. Dann wollte ich zur Kronprinzstr. Also ich kam bis zum Gaswerk, und hier hörte die Straße auf."[49] In einem weiteren Brief weiß er auch Erfreuliches zu berichten: „Ich ... besuchte den Friedhof (= Judenfriedhof) in Crailsheim. Ich war freudig erstaunt, wie ich etwa 30 Mann dort arbeiten sah; die Steine sind wieder beinahe alle in guter Ordnung, die Wege sind gemacht, und es scheint, daß der neue Bürgermeister, ein gewisser Gebhardt, alles gut machen läßt."[50] Es scheint in der Tat so, als ob der erste Nachkriegsbürgermeister Wilhelm Gebhardt (1945/46 und 1948-1962) trotz der ungeheuren Zerstörung der Stadt auch dafür Sorge tragen wollte, einen Teil des Unrechts an den Juden wiedergutzumachen. Aber gepflegt wurden nur die Gräber der toten Juden; auf den Gedanken, die lebenden zurückzurufen, kam niemand.

„Gleichbehandlung aller ohne Ansehen der Person": Das Scheitern der Emanzipation

Während der Amtszeiten der beiden Stadtschultheißen Leonhard Sachs (1867-1899) und Hugo Sachs (1900 bis 1910) waren beinahe jedes Jahr Fortschritte im Ausbau Crailsheims festzustellen; die jüdischen Bürger wuchsen in eine geachtete und akzeptierte Stellung hinein - nicht zuletzt dank der Geschäftsleute und Gewerbetreibenden in der Bahnhofstraße und der Wilhelmstraße. Aber unter ihrem Nachfolger, dem Stadtschultheiß und späteren Bürgermeister Friedrich Fröhlich (1911-1945), vollzog sich gegen Ende von dessen Amtszeit der völlige Untergang der Crailsheimer Juden. Haben sich die Ortsvorsteher unterschiedlich gegenüber den Juden verhalten? Zumindest läßt sich bei der näheren Betrachtung der Wahl Friedrich Fröhlichs zum Stadtoberhaupt im Jahre 1911 feststellen, wie leicht die scheinbare Harmonie im Verhältnis von Christen und Juden zu gefährden war. Am 30. Januar 1911 ging Friedrich Fröhlich bei einer Wahlbeteiligung von 95 Prozent mit nur 23 Stimmen Vorsprung gegenüber seinem schärfsten Rivalen, Ratsschreiber Wahl aus Aalen, zunächst als Sieger hervor.[51] Von den „64 israelitischen Wahlberechtigten" hatten nach der Abstimmungsliste 56 teilgenommen. Da über den Kandidaten Wahl das Gerücht ausgestreut worden war, er „sei Antisemit", „er könne keinen Juden schmecken", „er gehöre einem antisemitischen Verein an"[52], war anzunehmen, daß die jüdischen Wähler zugunsten Fröhlichs gestimmt hatten. Deswegen erklärte die Königliche Regierung des Jagstkreises in Ellwangen als Aufsichtsbehörde die Wahl am 14. März 1911 für ungültig, da eine „gesetzwidrige" Wahlbeeinflussung vorgelegen habe. Diese Entscheidung hob das Ministerium des Innern am 10. Juni 1911 wieder auf, da nach schriftlicher bzw. mündlicher Erklärung „bei mindestens 48 von den 55 (!) israelitischen Wahlberechtigten als festgestellt anzunehmen ist, daß sie unbeeinflußt durch jenes Gerücht ihre Stimme abgegeben haben".[53] Nunmehr konnte Friedrich Fröhlich als neuer Stadtschultheiß eingesetzt werden.

Somit hatte es Friedrich Fröhlich den Crailsheimer Juden zu verdanken, daß er die Wahl knapp gewonnen hatte; denn zunächst waren sie bereit, für ihn zu stimmen, dann erklärten sie öffentlich, daß sie dies nicht deswegen getan hätten, weil dem Gegenkandidaten antisemitische Äußerungen unterstellt worden waren. Die Crailsheimer jüdischen Bürger hatten also das bedenkliche Gerangel um ihre wahlentscheidenden Stimmen mit einigem Anstand hinter sich gebracht. Ihnen war aber auch klargeworden, daß sie anscheinend als gleichberechtigte Bürger anerkannt wurden. Friedrich Fröhlich wurde 1921 und 1931 jeweils in seinem Amt bestätigt. Aber als im Frühjahr 1933 nun ihrerseits die jüdischen Bürger seine Solidarität einforderten, da versagte er sich ihnen. Letztlich zählten für ihn Überlegungen, wie er durch rechtzeitige Anpassung an die NSDAP seine Machtposition erhalten könne, mehr als Vernunft und Mitmenschlichkeit. Dieses opportunistische Verhalten einerseits und der Untergang der Juden andererseits veranlaßten Friedrich Fröhlich auch nach 1945 nicht zum Überdenken seiner Position. 1948 kandidierte er erneut als Bürgermeister, „weil er 35 Jahre, die beste Zeit seines Lebens und die volle verfügbare Manneskraft für Crailsheim eingesetzt habe".[54] Er erklärte, der zu wählende Bürgermeister müsse sich auszeichnen durch „absolute Gerechtigkeit, die ... den Mut hat, ein Unrecht bei seinem Namen zu nennen, ferner durch Gleichbehandlung aller ohne Ansehen der Person sowie durch vorbildliche Pflichterfüllung und absolute Unbestechlichkeit".

Wie sich dieser anspruchsvolle Tugendkatalog vereinbaren läßt mit der menschenverachtenden Behandlung der jüdischen Mitbürger im Dritten Reich, das bleibt erklärungsbedürftig. Für die Generation des Altbürgermeisters waren schließlich die Grundrechte des Menschen auf Leben, Freiheit und Eigentum Fremdwörter geblieben, statt dessen dominierte die rassenbiologische Sicht auf den Menschen - mit allen ihren unmenschlichen Folgen. Allerdings muß auch die unbelastete jüngere Generation zur Kenntnis nehmen, daß die Geschichte einer Stadt unteilbar ist, daß gute und schlechte Seiten der Vergangenheit zusammengehören. Vor uns liegt noch die schwere Aufgabe, einen Konsens darüber herzustellen, was unter der historisch gewachsenen Identität der Stadt, in der wir leben, zu verstehen ist.

Rauchende Schornsteine über der Haller Vorstadt, dem historischen Gewerbegebiet.

Anmerkungen:

1: z. B. *Ziegler:* 20. April 1945. Eine zeitgeschichtliche Betrachtung, Crailsheim 1996, S. 7.
2: *F. Baier:* Plan der Stadt Crailsheim von Joh. Christoph Horland 1738. Historischer Atlas von Baden-Württemberg I, 9.
3: Hohenloher Tagblatt (= HT), 18.4.1970.
4: HT, 11.9.1963.
5: Die Bedeutung von Leonhard Sachs für die Stadt Crailsheim. Wissenschaftliche Arbeit. Unveröffentlicht. 1982.
6: HT, 11.9.1963.
7: HT, 10.9.1963.
8: HT, 11.9.1963.
9: Adreß- und Geschäfts-Handbuch für die Oberamtsstadt Crailsheim. 1931, S. 112.
10: *Baur:* (wie Anm. 5) S. 25.
11: *Baur:* (wie Anm. 5) S. 76.
12: *Baur:* (wie Anm. 5) S. 92 (Todesanzeige).
13: Fränkischer Grenzbote (= FG), 14.6.1900.
14: Vgl. Crailsheimer Heimatpost. Die Brücke zwischen daheim und draußen, Mai 1969.
15: FG, 20.1.1908.
16: FG, 30.3.1908.
17: Albert-Schweitzer-Gymnasium (= ASG) 1956 bis 1983. Fortsetzung und Ergänzung zur Festschrift des ASG Crailsheim 1956: „Vermächtnis und Aufgabe", S. 104 f.
18: Ratsprotokoll vom 7.2.1936.
19: Brief von Dr. Königsberger, Endicott, May 18, 1947 (Privatbesitz).
20: *W. Schneider:* Die Wirtschaftsgeschichte der Stadt Crailsheim, Crailsheim an der Jagst 1990, S. 86.
21: FG, 17.3.1905.
22: HStA Stuttgart, E 201c Bü 66.
23: FG, 28.10.1930.
24: FG, 1.5.1924.
25: FG, 5.12.1924.
26: *K. Fastnacht:* Crailsheim im Dritten Reich. Unveröffentlicht, S. 16 f.
26a: Briefwechsel im Privatbesitz.
27: FG, 3.3.1905 und 9.3.1908.
28: FG, 6.12.1905.
29: Adreß- und Geschäfts-Handbuch für die Stadt Crailsheim. 1914, S. 63.
30: z. B. FG, 21.4.05, 12.8.05.
31: FG, 13.2.1919.
32: *J. Schumm* (Hrsg.): Heimatbuch Crailsheim. Crailsheim 1928, S. 655.
33: Adreßbuch 1931, S. 156.
34: Adreßbuch 1931, S. 148.
35: FG, 4.7.1928.
36: FG, 19.11.1934.
37: Vaterlandsfreund (= VF), 7.6.1933.
38: FG, 13.7.1934.
39: *M. Lang:* Spuren jüdischen Lebens in Crailsheim - Entwurf für eine zeitgeschichtliche Exkursion mit Schülern der Hauptschule: Dokument 9. Unveröffentlicht.
40: Privatbesitz.
41: *P. Sauer:* Die jüdischen Gemeinden in Württemberg und Hohenzollern. Denkmale, Geschichte, Schicksale. Stuttgart 1966, S. 127.
42: *O. Ströbel:* Michelbach a. d. Lücke. Geschichte einer Dorfgemeinschaft zwischen Christen und Juden. Crailsheim, S. 124.
43: VF, 20.1.1933.
44: *B. Stern:* So war es. Leben und Schicksal eines jüdischen Emigranten. Eine Autobiographie. Sigmaringen 1985.
45: *Stern* (wie Anm. 44) S. 45.
46: *Stern* (wie Anm. 44) S. 51.
47: *Stern* (wie Anm. 44) S. 77 f.
48: Die Auswertung ist derzeit noch nicht abgeschlossen.
49: Brief vom 7. Juli 1945 (Privatbesitz).
50: Brief vom 28. August 1945 (Privatbesitz).
51: FG, 31.1.1911.
52: FG, 29.3.1911.
53: FG, 12.6.1911.
54: Das Zeit-Echo, 6.3.1948.

Wilhelmstraße um 1895 (links); Wilhelmstraße um 1930 (unten) - deutlich ist zu erkennen, wie Straße und Bürgersteig geteert bzw. gepflastert worden sind.

Stärke der Hitlerjugend am 1. Mai 1935.

Schule, Gemeinde, Kreis *Realschule mit Lateinabteilung Crailsheim*

a) Knaben

Staatsjugendtagpflichtige Klassen.

Gesamtzahl der Knaben	Davon im DJ.			Mitglieder anderer Jugendorganisat.			Nicht organisiert		
	Zahl	Hundertsatz	Hundertsatz der letzten Meldung	Zahl	Hundertsatz	Hundertsatz der letzten Meldung	Zahl	Hundertsatz	Hundertsatz der letzten Meldung
109	105	96,3	89,5	2	1,8	6,9	2	1,8	3,6

Nicht mehr staatsjugendtagpflichtige Klassen.

Gesamtzahl der Knaben	Davon in der HJ.			Mitglieder anderer Jugendorganisat.			Nicht organisiert		
	Zahl	Hundertsatz	Hundertsatz der letzten Meldung	Zahl	Hundertsatz	Hundertsatz der letzten Meldung	Zahl	Hundertsatz	Hundertsatz der letzten Meldung
46	41	89,1	97,2	5	10,8	2,7	0	0	0

b) Mädchen

Staatsjugendtagpflichtige Klassen.

Gesamtzahl der Mädchen	Davon in der JM.			Mitglieder anderer Jugendorganisat.			Nicht organisiert		
	Zahl	Hundertsatz	Hundertsatz der letzten Meldung	Zahl	Hundertsatz	Hundertsatz der letzten Meldung	Zahl	Hundertsatz	Hundertsatz der letzten Meldung
36	29	80,6	76,3	3	8,3	7,9	4	11,1	15,8

Nicht mehr staatsjugendtagpflichtige Klassen.

Gesamtzahl der Mädchen	Davon im BDM.			Mitglieder anderer Jugendorganisat.			Nicht organisiert		
	Zahl	Hundertsatz	Hundertsatz der letzten Meldung	Zahl	Hundertsatz	Hundertsatz der letzten Meldung	Zahl	Hundertsatz	Hundertsatz der letzten Meldung
10	10	100	100	0	0	0	0	0	0

Bemerkungen: Die 10 Mitglieder anderer Jugendorganisationen sind Juden, die dem Bund „Deutsch-jüdischer Jugend" (?) angehören. Die beiden nicht organisierten Knaben u. 1 Mädchen sind Adventisten.

Auch die Jugend wurde ausgegrenzt

Von Knut Siewert

Der Staatsjugendtag gab den Nationalsozialisten ein vermeintlich hervorragendes Instrument an die Hand, die deutsche Jugend beim Jungvolk und in der HJ sowie bei den Jungmädel und beim BDM komplett unter ihre Fittiche zu nehmen und gleichzeitig unliebsame Elemente (Juden und Asoziale) auszugrenzen. Nur wer zur staatsjugendtagpflichtigen Jugend gezählt wurde, mußte samstags nicht zum Unterricht erscheinen. Da die Überwachung der so „sortierten" Jugend vor allem in den großen Städten Probleme bereitete, wurde die Staatsjugendtagpflicht bereits 1938 wieder aufgehoben, zumal ab 1. Dezember 1939 das Hitlerjugendgesetz galt.

In Crailsheim nun zeigte sich, daß sich die Judenkinder keineswegs außerhalb der Gesellschaft stehend sahen. Es ist dokumentiert und aus ihren eigenen Berichten belegt, daß sie sich - ähnlich wie der deutsche Nachwuchs - organisierten. Die „Deutsch-Jüdische Jugend" war ihre „Heimat". Das geht aus den Statistiken der Oberschule für Jungen hervor, die im Archiv des Albert-Schweitzer-Gymnasiums aufbewahrt wird.

Im Mai 1935 wurde die Gesamtzahl der Knaben im staatsjugendtagpflichtigen Alter zwischen zehn und 18 Jahren mit 109 angegeben; außerdem wurden 36 Mädchen gezählt. Es gab weitere 46 ältere, nicht mehr staatsjugendtagverpflichtete Knaben und zehn Mädchen an den Schulen. In diesem Jahr führte diese Statistik noch insgesamt zehn Judenkinder. Schon ein Jahr später und dann auch 1937 wurde nur noch ein jüdisches Mädchen erfaßt. Judenkinderfrei war Crailsheim ausweislich der Statistik am 1. Juni 1938.

Interessantes erzählt die Statistik für das Jahr 1935 aber auch über den Organisationsgrad: Praktisch alle deutschen Jungen waren im Jungvolk und in der HJ, die Judenbuben und -mädchen in der „Deutsch-Jüdischen Jugend". Unter den sechs nicht organisierten Kindern und Jugendlichen waren drei Adventisten. 1937 konnte 100prozentig „der gewünschte Erfolg" nach oben weitergemeldet werden: Alle, bis auf das eine jüdische Mädchen, waren in Naziorganisationen (das Gesetz erlaubte auch andere als HJ und BDM).

Stärke der Hitlerjugend am 1.6.38

Oberschule für Jungen
Crailsheim
(Gemeinde, Kreis)

		Gesamtzahl	Mitglieder der Hitlerjugend			Mitglieder anderer nationalsoz. Organisationen			Mitglieder anderer Jugendorganisationen			Nicht organisiert		
			Zahl	%	% am 1.6.37	Zahl	%	% am 1.6.37	Zahl	%	% am 1.6.37	Zahl	%	% am 1.6.37
Jungen	Schüler der Klassen V-VIII der höheren Schulen, der Gewerbe-, Handels- und Fortbildungsschulen	34	34	100	100	0		0	0	0		0	0	0
	Schüler der Klassen I-IV der höheren Schulen und des 5.-8. Schuljahres der Volksschulen	109	109	100	100	0		0	0	0		0	0	0
Mädchen	Schülerinnen der Klassen V-VIII der höheren Schulen, der Gewerbe-, Handels-, Frauenarbeits- und Fortbildungsschulen	8	8	100	100	0		0	0	0		0	0	0
	Schülerinnen der Klassen I-IV der höheren Schulen und des 5.-8. Schuljahres der Volksschulen	34	34	100	96	0		0	0	0		4		

Oft verlieren sich die Spuren im Nichts

Sie lebten als zum Teil hochgeachtete Bürgerinnen und Bürger unter uns. Dann, eines Tages, wurden sie gezwungen, Haus und Heimat aufzugeben. Sie wurden, nachdem sie zunächst zu „Unpersonen" erklärt wurden, verschleppt. Oft verlieren sich ihre Spuren, die Liesel Beck in mühevoller Recherche aufgenommen hat, im Nichts.

Adler, Salomon, geb. 17.9.1882, nach Dachau 1938 und Buchenwald sowie zurück nach Dachau, dort gest. 1.1.1941

Elkan, Cilly (Zilli), geb. 29.1.1877, gest. 28.12.1942 Theresienstadt

Eppstein, Moses, geb. 8.12.1861, nach Würzburg am 16.5.1938, von dort deportiert nach Theresienstadt

Eppstein, Zerline, geb. 18.6.1868, nach Würzburg am 16.5.1938, von dort deportiert nach Theresienstadt

Essinger, Alice, geb. 7.10.1908, nach Polen 1942, Theresienstadt, gest. 31.3.1942 in Riga

Essinger, Betty, geborene Pappenheimer, geb. 23.11.1899, von Nürnberg im November 1941 nach Riga-Jungfernhof, verschiedene KZ bzw. Zwangsarbeitsstellen, 1945 befreit in Lettland, Rückkehr nach Nürnberg, mit Ehemann 1960 nach Luzern in die Schweiz ausgewandert, gest. 6. 11.1992

Essinger, Jakob, geb. 13.12.1850, ins Altersheim Herrlingen 1939 und weiter nach Oberstotzingen, von dort deportiert, gest. 25.11.1942 Theresienstadt

Essinger, Max, geb. 31.10.1880, nach Polen 1942, gest. 31.3.1942 in Riga

Essinger, Selma, geb. 18.2.1883, nach Polen 1942, gest. 31.1.1942 in Riga

Friedmann, Dina, geb. 9.1.1881, nach Polen 1941

Friedmann, Marie (genannt Lina), geb. 24.10.1871, nach Polen 1941

Friedmann, Mina, geb. 15.4.1882, nach Polen 1941

Friedmann, Tonie, geb. 18.4.1907, nach Polen 1941

Goldstein, Lazarus (genannt L.H.), geb. 18.6.1855, in ein jüdisches Altersheim 1942, nach Theresienstadt, dort gest. 10.9.1942

Goldstein, Paula, geb. 29.9.1874, zuerst nach Theresienstadt 1942, dann nach Polen

Grimminger, Jenny, geborene Stern, geb. 26.11.1895, von Stuttgart 1943, gest. 2.12.1943 in Auschwitz

Soldatenspiel: Nicht lange nach dem verlorenen Ersten Weltkrieg begannen die Kinder schon wieder Soldaten zu spielen. Die Aufnahme zeigt jüdische Kinder in Uniformen, ähnlich wie sie auch die deutschen Kinder bei der Hitlerjugend trugen.

Hallheimer, Emma, geb. 30.4.1871, nach Theresienstadt 1942, auf 16.3.1943 für tot erklärt

Hallheimer, Hedwig, geb. 2.3.1896, (?), seit Oktober 1944 in Auschwitz verschollen

Hallheimer, Karl, geb. 13.6.1891, deportiert 1942, gest. 21.4.1944 in Theresienstadt

Hallheimer, Samuel, geb. 6.5.1893, vom Altersheim Herrlingen deportiert, auf 8.5.1945 für tot erklärt

Hilb, Amalie, geb. 19.6.1884, nach Polen 1942

Hilb, Hermann, geb. 17.8.1877, nach Polen 1942

Kohn, Lina, verheiratete Baum, verheiratete Figa, geb. 27.3.1899, mit Ehemann Baum (in Auschwitz umgekommen) deportiert (?), in Mauthausen befreit, 1950 ausgewandert in die USA, dort verheiratete Figa, gest. 20.2.1991

Levi, Fritz, geb. 16.12.1901, für tot erklärt auf 19.7.1942

Levi, Heinrich (genannt Hugo), geb. 29.4.1887, von Öhringen 1941 nach Theresienstadt

Levi, Jenny, geb. 15.5.1871, nach Theresienstadt 1942 und dann nach Polen, auf 29.9.1942 für tot erklärt

Levi, Sara, geb. 6.11.1860, nach Öhringen 1934 gezogen, von dort deportiert, gest. 2.9.1942 in Theresienstadt

Mezger, Beate, geb. 22.9.1920, nach Polen 1941

Mezger, Lina, geb. 23.3.1883, von Rinteln 1942 ins jüdische Ghetto Warschau

Mezger, Louis, geb. 5.9.1885, nach Polen 1941

Mezger, Luise, geb. 31.1.1900, nach Polen 1941

Meyer, Senta, geborene Stern, geb. 25.1.1903, von Stuttgart 1941 nach Riga, gest. in einem KZ

Oppenheim, Jakob, geb. 28.2.1881, nach Theresienstadt 1942, später nach Auschwitz

Pappenheimer, David, geb. 25.2.1864, nach Nürnberg 1936, von dort 1942 deportiert, umgekommen in Theresienstadt

Rosenfeld, Bonna, geb. 9.1.1907, von Stuttgart im August 1942 nach Theresienstadt, weiter nach Auschwitz Januar 1943, dort umgekommen

Rosenfeld, Max, geb. 11.1.1908, nach Polen 1941 (wurde dort von einem Crailsheimer Eisenbahner gesehen)

Rosenfeld, Rolf, geb. 21.1.1929, ins jüdische Waisenhaus Esslingen 1939, von dort deportiert

Rosenfeld, Sofie, geb. 14.5.1904, nach Polen 1941

Rosenheimer, Julie, geb. 13.1.1876, auf 31.12.1945 für tot erklärt

Rosenthal, Moses, geb. 6.1.1878, nach Polen 1942

Rosenthal, Rosa, geb. 13.5.1875, nach Polen 1942

Stein, Adolf, geb. 22.7.1880, nach Stuttgart 1934, später deportiert und auf 31.7.1942 für tot erklärt

Stein, Berthold, geb. 26.4.1871, nach Dachau 1938, gest. 28.6.1938 in Prittlbach bei Dachau, beigesetzt in Crailsheim

Stein, David, geb. 9.12.1872, nach Bad Cannstatt im November 1936, von dort deportiert nach Maly Trostinec, gest. 1942

Stein, Mathilde, geb. 2.4.1883, nach Polen 1941, gest. 14.2.1942 in Jungfernhof bei Riga/Lettland

Stein, Mina, geb. 13.2.1904, nach Bad Cannstatt im November 1936, von dort deportiert und auf 8.5.1945 für tot erklärt

Stein, Selma, geb. 21.5.1884, nach Stuttgart 1934, später deportiert und auf 31.7.1942 für tot erklärt

Steiner, Julius, geb. 6.6.1882, nach Dachau 1938, gest. 12.12.1938 in Prittlbach bei Dachau, beigesetzt in Crailsheim

Strauß, Zerline, geb. 18.11.1887, nach Theresienstadt 1942 und weiter nach Polen

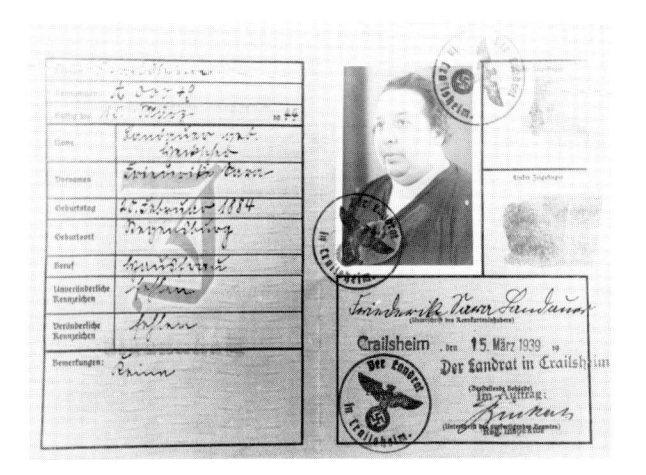

Die Nationalsozialisten kennzeichneten Juden in den Ausweisdokumenten mit dem Zusatznamen Sara für Frauen bzw. Israel für Männer. Laut Stuttgarter Erklärungsbibel heißt Sara „Fürstin" und Israel „Gott kämpft, nämlich für sein Volk".

Erinnerung und Begegnung

Von Knut Siewert

Über 50 Jahre nach der Schändung der Synagoge in der Reichspogromnacht des Jahres 1938 und drei Jahre nach der Einladung und dem Besuch der vertriebenen und ausgewanderten Crailsheimer Juden wird in der Adam-Weiß-Straße ein Gedenkstein aufgestellt, „damit die Existenz einer jüdischen Gemeinde in Crailsheim und ihre Auslöschung nicht in Vergessenheit geraten", so Hannes Hartleitner als Sprecher des Arbeitskreises „Erinnerung und Begegnung" bei der Einweihung.

Die schlichte Feier findet am 11. November 1990 statt. Am 12. November 1938 war Julius Steiner (in sogenannte Schutzhaft genommen) nach Dachau verschleppt und dort genau einen Monat später ermordet worden. Die Inschriften der Stele des Crailsheimer Steinmetzen Karl-Heinz Mietz unterscheiden, anders als die Gedenktafel aus den 60er Jahren, klar zwischen Schändung durch Hitler-Anhänger und der kriegsbedingten Zerstörung 1945.

Die Rolle der Kirchen, die damals geschwiegen haben, spricht Stadtpfarrer Dietrich Schubert (Johanneskirche) an, und Landesrabbiner Joel Berger verdeutlicht, was Menschen empfinden, die ihre Heimat verlassen müssen: „Man vergißt vielleicht zunächst einmal das Land. Dann vielleicht den Geburtsort. Aber das Elternhaus nie. So sind auch unzählige Crailsheimer, die von hier aus deportiert wurden, mit dem Bild ihres Elternhauses in den Tod gegangen."

Oberbürgermeister Karl Reu ist von der Notwendigkeit überzeugt, daß die Stele Erinnerung und Begegnung lebendig halten soll.

Hannes Hartleitner: „Vielleicht bietet sich eines Tages doch an, diese Stelle hier als ‚Synagogenplatz' zu bezeichnen." Nur die mit Spendengeldern errichtete Stele aus Muschelkalk und die Straßenpflasterung deuten derzeit den alten Standort der Synagoge in der ebenfalls nicht mehr existenten Küfergasse an.

Diese Stele wurde 1990 in der Adam-Weiß-Straße aufgestellt.

Beim Besuch alte Brücken wieder aufgebaut
14. bis 21. Mai 1987

Von Knut Siewert

Ein bewegendes Ereignis wurde der Besuch von jüdischen Menschen, deren Wiege einst in Crailsheim stand. „Trotz des kalten Wetters wurde uns ein warmer Empfang bereitet, der uns sehr zu Herzen ging." Das sagte am 17. Mai 1987 Theodoro Stein aus Argentinien im Namen seiner aus aller Welt zusammengekommenen Glaubensgenossen beim Empfang durch Oberbürgermeister Karl Reu im Crailsheimer Rathaus. Die älteste Teilnehmerin, die 88jährige Bella Betty Essinger, die grausame Jahre in Konzentrationslagern der Nazis überlebt hatte, erlebte besonders intensiv, daß bei diesem Besuch in der Heimat alte Brücken wieder aufgebaut worden waren.

Der Arbeitskreis Juden (der sich später dann „Erinnerung und Begegnung" nannte) hatte mit einem Fundamente legenden Einstimmungsprogramm in den Wochen vor dem ersten offiziellen Besuch der in Crailsheim geborenen Juden mit Angehörigen eine wichtige Vorarbeit geleistet. Manche der Eingeladenen waren zwar nicht das erste Mal nach ihrer Vertreibung bzw. Emigration in die Stadt ihrer Väter zurückgekehrt, aber alle empfanden die offizielle Einladung durch die Stadt als „Umkehrung einer Odyssee, die vor mehr als 50 Jahren begann - unter Bedingungen, die einen veranlassen können, Spuren zu verwischen und Brücken hinter sich abzubrechen", so Karl Reu. Daß der Besuch der Juden vom 14. bis 21. Mai für alle Beteiligten heiter und ungezwungen ausklingen konnte, zeigte, daß sich in den Tagen der Begegnung atmosphärisch und inhaltlich einiges bewegt hatte: „Es war ein großer Gewinn, daß Sie dagewesen sind," betonte denn auch der Oberbürgermeister.

Im Rahmen des Wochenprogramms war viel Raum für persönliche Kontakte gegeben - nicht nur im privaten Rahmen. Den Auftakt bildete die Feier am Vorsabbatabend im evangelischen Johannesgemeindehaus, nachdem Richard Lindenmeyer mit dem modernen Crailsheim bekannt gemacht und der Blick von der Villa einen ersten Überblick verschafft hatte. Die Vorsabbatfeier öffnete die Herzen, brach die letzten „Eisschollen".

„Juden und Christen im Gespräch" (im katholischen Roncallihaus auf dem Sauerbrunnen) und die „Begegnung in Schulen" waren wichtige Erlebnisse für Gegenwart und Zukunft. Die schlichte, aber tief bewegende Gedenkfeier im jüdischen Friedhof und der „Heimatgeschichtliche Abend" im Rathaussaal frischten die Erinnerungen an das Crailsheim der Vergangenheit ebenso auf wie ein Klassentreffen. Ein Ausflug führte ins Hohenloher Land und auch zur Gedenkstätte in der Synagoge in Michelbach an der Lücke. Zum Rahmenprogramm gehörte auch eine Aufführung der Dreigroschenoper in der Jahnhalle. Begeisternder Abschluß war dann der gemeinsame Abend im Berufsschulzentrum, der auch die Jugend einschloß. Auch beim Abschied, der eigentlich zugleich eine Einladung zum Wiederkommen war, zeigte sich, daß die Crailsheimer Juden weder Gäste noch Besucher in ihrer alten Heimat waren, sondern auch in der Fremde Crailsheimer geblieben sind.

Im Gespräch: Wilhelm Stein (links) mit Lydia Eichberg.

Ehemalige jüdische Mitbürger kamen zu Besuch

	angereist aus	frühere Wohnung		angereist aus	frühere Wohnung
Adler, Manfred Dr.	USA	Karlstraße 9	Falk, Ursula geborene Adler	USA	Karlstraße 9
Adler, Ruth	Alaska	Karlstraße 9	Friedmann, Werner	USA	Lange Straße 23
Altmann, Flora geborene Levy	Südafrika	Fronbergstraße 14	Gottfried, Beatrice geborene Landauer	USA	Kronprinzstraße 29
Berglas, Gretel geborene Dreyfuß	USA	Wilhelmstraße 25	Goddard, Hedy geborene Rosenfeld	Kalifornien	Marktplatz 7
Essinger, Betty geborene Pappenheimer	Schweiz	Wilhelmstraße 27	Halpern, Marianne geborene Heinsfurter	USA	Wilhelmstraße 3/1
			Laird, Freda früher Hallheimer, Friedel	Schottland	Seitengasse 5
			Landauer, Henry	USA	Kronprinzstraße 29
			Levy, Erwin	Südafrika	Fronbergstraße 14
			Meyerhof, Judith früher Heinemann, Irmgard	Israel	Karlstraße 17
			Pariser, Liesl geborene Schlesinger	USA	Wilhelmstraße 2
			Rosenblatt, Berti geborene Heinemann	USA	Karlstraße 17
			Rosenfeld, Albert	Frankreich	Marktplatz 7
			Rosenfeld, Manfred	Großbritannien	Marktplatz 7
			Rothschild, Clara geborene Mezger	USA	Hirschstraße 7
			Schlachter, Rosl geborene Rosenfeld	USA	Marktplatz 7
			Stein, Berthold (Firma Mezger + Stein)	USA	Kapellengasse 6
			Stein, Teodoro	Argentinien	Wilhelmstraße 15
			Stein, Senta geborene Landauer	USA	Kronprinzstraße 29
			Stein, William (Firma Mezger + Stein)	USA	Kapellengasse 6
			Weil, Ilse geborene Rosenthal	Südafrika	Schweinemarktplatz 1
			Wohlmuth, Ruth geborene Rosenfeld	Mexico	Schloßstraße 2

Ein symbolträchtiges Foto vom 17. Mai 1987.

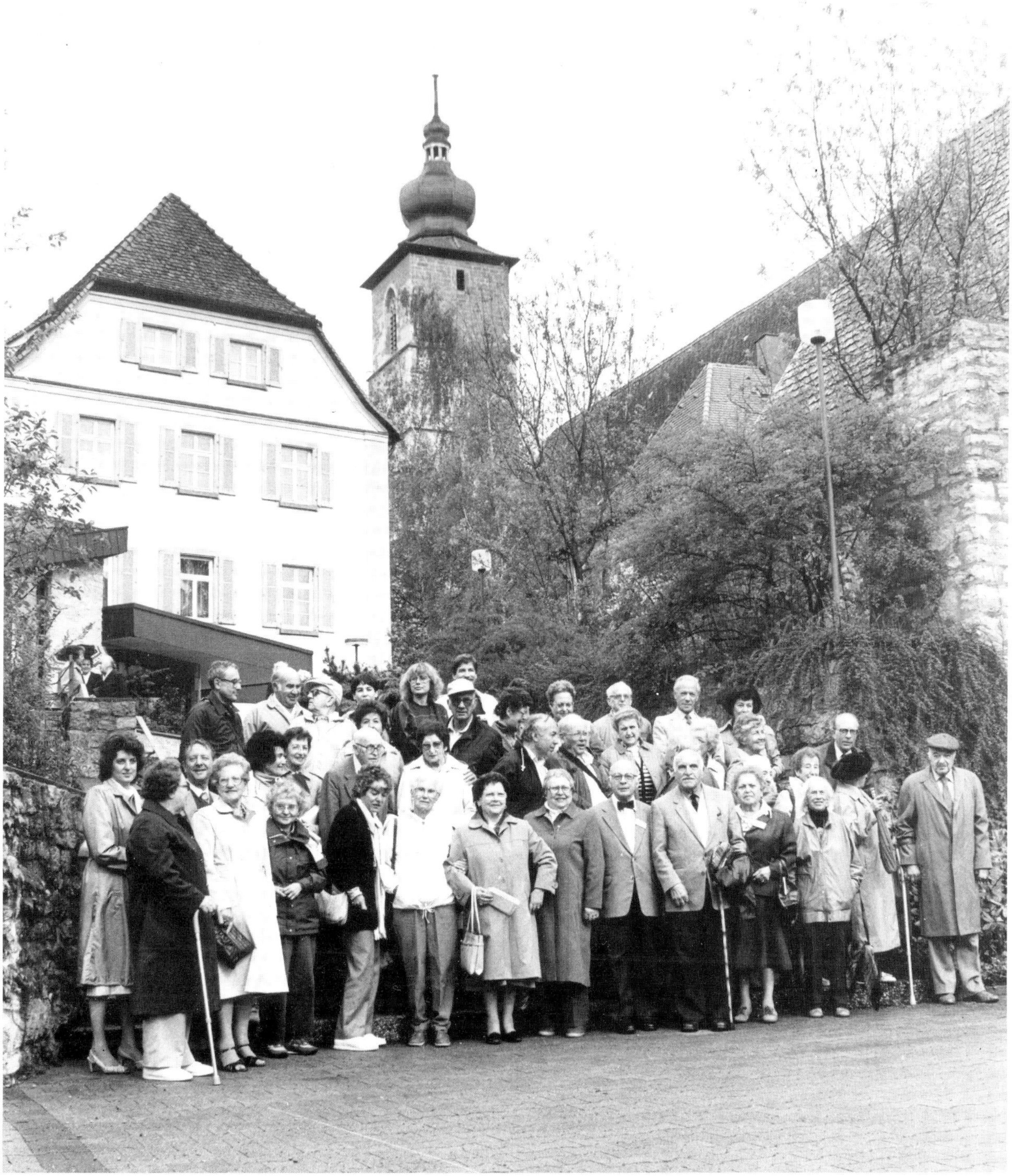

Der jüdische Friedhof

Crailsheim von der Wilhelmshöhe gesehen.

Der jüdische Friedhof

Von Karl W. Schubsky

Die folgenden Ausführungen treffen auf den jüdischen Friedhof allgemein zu und nicht speziell auf den Crailsheimer. Für jüdische Friedhöfe gibt es gewisse Richtlinien, die überall eingehalten werden. Zwar gibt es regional bedingte Besonderheiten und Abweichungen, im großen und ganzen aber gelten die Vorschriften für alle jüdischen Begräbnisplätze in Mitteleuropa, da sie in der *Halacha*, dem jüdischen Religionsgesetz, zusammengefaßt sind.

Für jeden Menschen kommt der Augenblick, in dem er das irdische Dasein verlassen muß und einer letzten Heimat bedarf. Juden benötigen dafür einen besonderen Ort, an dem ihre sterbliche Hülle bis zum Kommen des Messias ihre ewige Ruhe findet. Es ist daher im Judentum ein religiöses Gebot, eine Mitzwa, einen Verstorbenen an einen Ort geweihter Erde zu bringen, der diese Voraussetzung, die Gewährleistung ewiger Todesruhe, erfüllen kann.

Um diesen besonderen Aspekt hervorzuheben, wird ein jüdischer Friedhof *Bet Hahayim* (Haus des ewigen Lebens) oder *Bet Olam* (Ewiges Haus) genannt. Weitere geläufige Bezeichnungen sind *Bet Hakwarot* (Haus der Gräber) oder „Guter Ort".

Den Begriff „Friedhof" gibt es bei den Juden nicht. Diese Bezeichnung diente eigentlich im Mittelalter für den umfriedeten Bereich um eine Kirche, in dem Asyl gewährt werden konnte.

Ein Verstorbener muß mit Respekt behandelt werden, und es ist untersagt, seinen Körper zu schänden bzw. zu mißachten. Daher wurde er auch während der Zeit der Aufbahrung von der *schmira* (Leichenwache) beschützt.

Die Bestattung soll aber baldmöglichst erfolgen, damit der Tote nicht über eine längere Zeit aufgebahrt bleibt, da ein unnötiges „Übernachten" als Mißachtung gewertet wird *(... sondern am selben Tage noch sollst du ihn begraben; 5. Moses 21, 23)*. Der Sinn, der hinter einer sofortigen Beisetzung steht, wird gerade im Orient wegen der dort drohenden Seuchengefahr, bedingt durch die herrschenden klimatischen Verhältnisse, verständlich. So wurde nach jüdischer Tradition jeder Verstorbene binnen 24 Stunden begraben, wobei das Stoppen der Herz- und Lungentätigkeit als Eintritt des Todes galt. Sofern eine staatliche Vorschrift einen anderen Zeitpunkt angibt, richtet man sich danach.

Weiterhin besagt das Religionsgesetz, daß weder am Schabbat noch an Feiertagen Beerdigungen stattfinden dürfen, so wie auch nicht getrauert werden darf.

Der Gute Ort

Für die Juden in der Diaspora war es oft kein einfaches Unternehmen, für ihre Verstorbenen einen geeigneten Begräbnisplatz zu finden, der die Voraussetzung der ewigen Todesruhe erfüllte. Schwierigkeiten verursachte über Jahrhunderte hindurch die Tatsache, daß Juden keinen Grundbesitz haben durften. Hatte man ein Gelände, bestand aber stets die Gefahr der Vertreibung von diesem, bzw. es wurde als Druckmittel genutzt, um aus einer jüdischen Gemeinde - mit der Androhung der Wegnahme des Begräbnisplatzes - zusätzliche Zahlungen herauszupressen. Darum wählte man von den Wohnstätten oft weit entfernte Plätze aus, die für andere Zwecke, wie z.B. landwirtschaftliche Nutzung, ungeeignet waren.

Damit erfüllte man gleichzeitig auch religiöse Reinheitsgebote, denn die Nähe von Leichen verunreinigt die Lebenden. So entstanden die vielerorts noch vorhandenen, abseits in Wald und Flur gelegenen jüdischen Begräbnisplätze, die auf den heutigen Menschen so romantisch wirken. Aber wieviel Mühen verursachte in alter Zeit der Transport zu diesen schwierig zugänglichen Plätzen, der zu jeder Jahreszeit und bei Wind und Wetter durchgeführt werden mußte, dazu meistens auf vorgeschriebenen Routen. Und auch nicht jeder Territorialherr gestattete die Einrichtung eines Begräbnisplatzes in seinen Landesgrenzen, bzw. die einzelnen Territorialgebiete lagen oft weit auseinander, so daß die Leichen oft durch mehrere andere „Staaten" hindurch transportiert und an den jeweiligen Grenzen wie Waren verzollt werden mußten.

Die jüdischen Gemeinden eines Territoriums schlossen sich oft zu einem Begräbnisverband zusammen, um sich das Gelände für einen Friedhof leisten zu können. So mußten ja auch die Crailsheimer Juden in früheren Zeiten zum Friedhof in Schopfloch überführt werden.

Und um den Besitz des Begräbnisplatzes erhalten zu können, mußten Gemeinden oft auch ihren kostbarsten Besitz verkaufen, die *Torarollen.*

Wurde eine jüdische Gemeinde vertrieben oder ausgelöscht, wie es im Mittelalter so oft geschehen ist, blieben die Begräbnisplätze schutzlos zurück. Bald schon verschwanden die Grabsteine und die Einfriedung, die jeder Friedhof haben muß, und fanden als willkommene Baumaterialien andere Verwendung. So tauchen alte *Mazzeboth* (hebräische Bezeichnung für Grabsteine) immer wieder als Spolien beim Abbruch alter Bauten auf. Auch während des Dritten Reiches wurden wertvolle jüdische Grabsteine - oder Metallteile - von jüdischen Friedhöfen „entfernt" und entweder umgearbeitet oder eingeschmolzen.

Begräbnis und Trauer

In jeder jüdischen Gemeinde gibt es - nach Geschlechtern getrennt - eine Begräbnis-Vereinigung, *Chewra Kaddischa,* die für die ordnungsgemäße Durchführung der Bestattungen zuständig ist. Wenn die *Chewra* beim Ableben nicht dabei ist, dann wird sie sofort verständigt. Sie besorgt die Überführung auf den Friedhof und die *Tahara* (Waschung) der Toten.

Nach der Waschung wird die Leiche in einen schlichten und schmucklosen Sarg gelegt, fast eine Kiste, bekleidet mit einem einfachen Hemd, dem *Sargenen.* Die Beisetzung ist immer eine Erdbestattung, damit *Toten eins werden mit der Natur.* In Genesis 3,19 heißt es dazu: *„Von Staub bist du, zu Staub kehrst du zurück."*

Die Teilnahme am Trauergeleit ist eine religiöse Pflicht. Am Grab wird dann vom nächsten männlichen Verwandten das *Kaddisch*-Gebet, ein Lob auf Gott, gesprochen.

Beim Verlassen des Friedhofes nimmt man dann einen anderen Weg als den, welcher zusammen mit dem Verstorbenen gegangen wurde. Deshalb haben die meisten jüdischen Friedhöfe mehrere Eingänge. Vor dem Verlassen werden die Hände gewaschen, um wieder rein zu werden. Ein Brauch ist auch, einen Büschel Gras über die Schulter zu werfen, um damit an die Vergänglichkeit des Seins zu erinnern.

Sofort nach der Beisetzung beginnt für die nächsten Familienangehörigen die *Schiwa,* die siebentägige Trauerwoche. Während dieser Zeit ist es Pflicht, die Trauernden zu Hause, wo sie auf niedrigen Hockern oder auf dem Fußboden sitzen, zu besuchen und sie zu trösten. Danach beginnen die *Schloschim,* der 30tägige Trauermonat. Nach den Schloschim endet für die Verwandten, außer den Eltern, die Trauer. Während des ganzen Trauerjahres, vom Beerdigungstag an gerechnet, geht man täglich in die Synagoge, um dort Kaddisch zu sagen. Nach Ablauf des Trauerjahres wird an jedem folgenden Todestag, *Jahrzeit,* in der Synagoge und am Grab Kaddisch gesagt.

Der Grabstein soll vor dem Ablauf des Trauerjahres, bis zur Wiederkehr des Begräbnistages, gesetzt worden sein *(Askara).*

Das Grab

Bereits zu biblischen Zeiten wurden die Körper der Verstorbenen beigesetzt und nicht - wie es bei anderen antiken Kulturen häufig der Fall gewesen ist - verbrannt. So kaufte Abraham in Hebron ein geeignetes Feld, damit er seine Frau Sara beisetzen konnte. In späteren Zeiten werden öffentliche Begräbnisplätze und Familiengrüfte erwähnt. Auch die Existenz von Katakomben ist bekannt.

Das sichtbare Zeichen für das Vorhandensein eines Grabes ist der Grabstein (auch Holzzeichen waren möglich), der meistens nach Osten ausgerichtet ist, damit der Tote in Richtung Jerusalem blickt (das ist auch die Richtung, in die die Gebete in der Synagoge und daheim gesprochen werden - *Misrach = Osten*).

Grabsteine können verschwinden, etwa im weichen Untergrund einsinken oder durch natürlichen Zerfall, weiterhin auch gestohlen werden. Holzstelen wurden als Brennholz benutzt. Damit hört ein Grab aber weder auf zu existieren, noch wird es wieder belegt.

Da jedes Grab nur ein einziges Mal belegt wird, geht es in den Besitz des Toten über. Somit gibt es auch keine Umlagezeiten, wie das von christlichen Friedhöfen her bekannt ist. Exhumiert wird auf einem jüdischen Friedhof nur dann, wenn der Tote in ein Grab in Israel überführt werden soll.

Das Judentum kennt auch keine spezielle Grabpflege, da der Tote mit der Natur eins werden soll. Blumen und Kränze sind ebenfalls nicht vorgesehen. Statt Blumen werden (normalerweise) Steine auf das Grab gelegt. Dieser Brauch geht wohl auf die Zeit der Wüstenbestattungen zurück, als Gräber mit Steinen gegen Raubtiere gesichert wurden *(Blumen für Lebende, Steine für die Toten).*

Seit altersher wurden die Gräber in Reihen angeordnet. Der Abstand zwischen zwei Gräbern soll mindestens 14 Zentimeter betragen.

Der Grabstein

„Seit den ersten Jahrhunderten unserer Zeitrechnung fand die Form der Stele Verwendung, in der seit dem Mittelalter die allermeisten Grabsteine gefertigt werden: ein Stein im Hochformat, oben rechteckig, mit einem Halbbogen oder Giebel abschließend. Über Jahrhunderte versuchte man so, dem religiösen Ideal der Schlichtheit und der äußerlichen sichtbaren Gleichheit aller durch den Tod zu entsprechen. Es wäre aber verfehlt zu meinen, der Zeitgeschmack, alle Umwelteinflüsse und -moden sogar hätten erst in der Neuzeit ihren Einfluß ausgeübt."
(Michael Brocke u. a., Eingebunden in das Bündel des Lebens. Jüdische Friedhöfe. Ein Leitfaden. Duisburg 1986, S. 14)

Die ältesten noch erhaltenen jüdischen Grabsteine haben eine kaum geglättete Oberfläche und wirken wuchtig. Später wurden sie mehr und mehr bearbeitet und gestaltet. Heute sind am häufigsten noch die vom Klassizismus geprägten Grabmale des späten 18. und des 19. Jahrhunderts erhalten. Aber die schmucklosen und schlichten Grabsteine existieren noch immer.

Im Laufe der Zeit paßte man sich aber in der Gestaltung der Grabsteine seiner bürgerlich-christlichen Umgebung an, und so sind, gerade seit dem 19. Jahrhundert, Obelisken, Säulen, Tempelchen, ägyptische Scheintüren, Kenographen usw. auch auf jüdischen Friedhöfen auszumachen. Auch das verwendete Steinmaterial veränderte sich. Hinzu kamen Metallteile, und auch Inschriftenplatten aus weißem Marmor wurden populär, die entweder eingelassen oder aufgesetzt wurden. Hölzerne Stelen verschwanden.

Mit der Anfertigung der Grabmale wurden oft berühmte Bildhauer beauftragt, so daß viele von ihnen als Kunstwerke bezeichnet werden können. Damit wird zwar gegen das Gleichheitsprinzip im Tode verstoßen, gleichzeitig soll aber der jeweiligen Persönlichkeit gewissermaßen Rechnung getragen werden. Je religiöser aber ein Verstorbener war, um so schlichter war auch die Gestaltung seines Grabsteines. Seine Würdigung erfuhr er nicht durch die Äußerlichkeiten des Steines, sondern durch die Grabinschrift. Ein wesentlicher Unterschied zu den Grabsteinen christlicher Friedhöfe ist auf den jüdischen das Fehlen jeder figürlichen Darstellung.

Die Grabinschriften

Seit dem frühen Mittelalter erhielten jüdische Grabsteine in Deutschland hebräische Inschriften. Im Laufe der Zeit wurden die Texte ausführlicher und umfangreicher. Seit dem 19. Jahrhundert treten zunehmend auch deutschsprachige Angaben auf. Zuerst war es lediglich der Name, später waren es auch weitere Angaben, wie die Lebensdaten, die nach dem „bürgerlichen" Kalender angegeben wurden.

Das führte sogar so weit, daß mit zunehmender Emanzipation und Assimilation der deutschen Juden die hebräischen Texte ganz verschwinden konnten und das Hebräische nur in Formeln bzw. Abkürzungen überlebte. In traditionellen oder neoorthodoxen Gemeinden hielt man an der hebräischen Inschrift fest, und der deutschen Sprache überließ man nur Namen und Daten.

Verstärkt tauchen seit dem 19. Jahrhundert auch Texte in poetischer Form oder Gedichte in deutscher Sprache auf, die zusätzlich zur Inschrift erscheinen. Diese geben unter anderem die Lebensumstände der Verstorbenen wieder, drücken die Schmerzen der Hinterbliebenen über den Verlust aus.

Bei Steinen mit hebräischen Inschriften gibt es ein einheitliches Grundschema. Die hebräische Inschrift beginnt meist mit einer der beiden folgenden Abkürzungen für:

פ״ט = *poh tamun* (hier liegt bzw. ist verborgen) oder פ״נ = *poh nitman* (hier ruht).

Im Anschluß daran folgt ein kürzerer oder längerer Text mit einem Lob auf den Verstorbenen. Es folgen Namen und Abstammung, Familienverhältnisse, Herkunftsort, eventuell Stellung innerhalb der Gemeinde (Ämter), Beruf, Sterbedatum und Begräbnisdatum. Das Schema kann variiert bzw. umgestellt, Ergänzungen im Text aufgenommen werden. Männer und Frauen haben unterschiedliche Epitheta (bezeichnende Beiworte).

Mit der Abkürzung der Eulogie (Segensspruch) ת.נ.צ.ב.ה. = *thei nischmato (nischmata) zrura bizror hachaiiim* (möge seine/ihre Seele eingebunden sein im Bündel des Lebens) endet die Inschrift.

Symbole auf Grabsteinen – Übersicht

Halbkreisform: Abbild des Himmelsgewölbes
Obelisk: Sinnbild für feste Gesinnung
Gebrochener Baumstamm: früh beendetes Leben
Gebrochene Säule: frühes Ende aussterbenden Lebens
Muschel: Die Teilnahme Gottes kommt vom Himmel auf die Erde
Weintraube: Sinnbild des fruchtbaren Israel
Segnende Hände der Priester, Priesterabkommen, Kohanim, Kohn, Kahn.
Kanne und Schale: Symbole für rituelle Reinheit, Levit, Tempeldiener
Öllampe: Ein Licht des Herrn ist die Seele des Menschen (Sprüche 20.27)
Schabbat- und Festtagslicht, gute Hausfrau
Rose, Strauß: für Rosenfeld, Rosenthal
Geknickte Rose: Kindergrab
Gesetzestafeln: Name „Moses"
Offenes Buch: Symbol der Weisheit und des Wissens
Schofarhorn: Schofarbläser im Gottesdienst
Harfe oder Lyra: Musiker, Kantor

Gefüllter Korb: Erinnerung an die Darbringung des Erstlingsopfers (5. M. 26.2)
Beschneidegeräte: Mohel = Beschneider
Nach unten zeigende Fackel: Zeichen erlöschenden Lebens
Krone: Sinnbild für guten Namen (Sprüche 4.17)
Davidsschild, Hexagramm: altes magisches Symbol, nicht religiös
Menorah: Ner Tamid – das ewige Licht – Fortleben der Seele
Löwe: Symbol des Stammes Juda (1. Mose 49.9)
Hirsch: Symbol des Stammes Naftali
Mohn: Vorstellung vom Tod als Schlaf

Blüten aller Art: Symbole des Lebens
Schmetterling: Symbol für die Flüchtigkeit des Lebens (Kindergrab)

Sanduhr: Vergänglichkeit alles Seins.

Jüdisches Lexikon Psck. 1–5
Zusammengestellt von Heinz Illich

Symbole auf Grabsteinen

Der herrschende Grundgedanke auf dem „*Guten Ort*" ist die Gleichheit aller Verstorbenen. Trotzdem können die Grabsteine die unterschiedlichsten Gestaltungsmerkmale aufweisen. Gleichzeitig soll erkenntlich werden, für wen der Stein gestellt wurde.

Zahlreiche auf Grabsteinen auftauchende Bildsymbole geben darum Auskünfte über Zugehörigkeiten, Berufe, Ehrenämter innerhalb der Gemeinschaft, Namen und besondere Eigenschaften. Sie alle dienen - neben den Inschriften - der Charakterisierung. Oft genügt bereits ein Blick, um über den Verstorbenen Auskünfte zu erhalten, ohne daß man die Texte der Inschriften verstehen muß.

Im Folgenden sind die wichtigsten Symbole aufgezählt, unabhängig davon, ob sie in Crailsheim vorhanden sind oder nicht.

1. Die segnenden Hände der *Kohanim*

Oft wird von Christen *Rabbiner* mit *Priester* gleichgesetzt, was aber nicht zutreffend ist, denn das *Priestertum* ist im Judentum erblich. Als Priester wird man geboren, und es geht vom Vater auf den Sohn weiter. Alle Söhne eines *Kohens* sind wiederum Priester. Ihre Abstammung können alle *Kohanim* bis auf Aaron, den Bruder Moses, zurückführen. Aaron war der erste Hohe Priester des Volkes Israel. Bis zur Zerstörung des Tempels in Jerusalem im Jahre 70 durch die Römer waren die Kohanim dort die Priester. Heute haben sich ihre Aufgaben im Gottesdienst reduziert. Dazu gehört die Erteilung des *aronitischen Segens* im Gottesdienst, der mit erhobenen Händen über die versammelte Gemeinde erteilt wird.

Als Erkennungssymbol für Priestergräber dienen die *segnenden Hände,* die auf den Steinen abgebildet sind. Sie weisen auf die Erteilung des Segens hin. Es gibt verschiedene Variationen in der Darstellung dieses Symbols. Namen wie *Kohen, Kohn, Katz* (auch mit „C" geschrieben), *Kahn, Kahan* etc. geben Auskunft über die Abstammung. In der hebräischen Inschrift wird als Namensbestandteil auch der Titel הכהן = *Hakohen* geführt.

Die Priester besitzen auf vielen Friedhöfen eigene Grabreihen, die entweder in der Nähe eines Einganges oder an den Einfriedungsmauern liegen. Auch eigene Gräberfelder sind möglich, die besonders breite Wege besitzen. Für Kohanim ist das Betreten des Friedhofes nur im Trauerfall gestattet.

2. Die Kanne der *Leviten*

Wie die Priester, so waren auch die *Leviten* mit Funktionen beim Tempeldienst betraut. So begleiteten sie z. B. mit ihren Gesängen den Opferdienst.

Die Symbole der Leviten sind *Kanne, Krug* oder *Schüssel.* Sie weisen auf ihre Funktion hin, die sie auch heute noch im Rahmen des Gottesdienstes ausüben. Bevor der Kohen die Gemeinde segnet, wäscht er sich die Hände, um rein zu sein. Das Wasser und die Waschschüssel bringt ihm der Levite. Deshalb erinnern die genannten Gegenstände auf den Steinen der Levitengräber an diese Aufgabe.

Die Formen der Kanne und des Waschbeckens sind vielfältig, ihre Stellung auf den Grabsteinen kann sehr unterschiedlich sein. Bei den Leviten wie auch bei den *Kohanim* sind die Symbole ihrer Zugehörigkeit auf Frauengrabsteinen nur sehr selten abgebildet.

In der hebräischen Inschrift wird durch den Namenszusatz הלוי = *Halevi* auf die Abstammung aus dem Stamme *Levi* hingewiesen. Auch als Levite wird man geboren, und der Titel wird an die männlichen Nachkommen weitergegeben.

3. Die Menorah

Die Menorah, der Kerzenleuchter aus dem Heiligtum, dem Tempel, wurde zum wichtigsten Symbol des Judentums und des jüdischen Volkes. Man findet sie auf alten jüdischen Gräbern, auf Mosaikfußböden in den Synagogen, und sie wurde in römischer Zeit auf jüdischen Münzen als Symbol der Unabhängigkeit abgebildet.

Die Tempelmenorah besaß sieben Arme und war aus getriebenem Gold. Aus einem doppelten Untersatz erhob sich, nach oben sich stets verjüngend, der Mittelschaft, von dem auf jeder Seite drei Seitenarme ausgingen, die zusammen mit dem Mittelschaft, mit dessen Spitze sie auf gleicher Ebene lagen, Lampen trugen. Werden die Lichter angezündet, brennen sieben Lichtflammen in einer geraden Linie.

Das Licht strahlt bis zu Gott empor, und in ihm strahlen alle anderen Lichter entgegen, um in ihm aufzugehen, mit ihm zu einer Einheit zu verschmelzen.

In der Stiftshütte und später auch im Tempel stand dieser goldene Leuchter in dem Teil, der als das *Heilige* bezeichnet wurde.

Die Menorah auf Grabsteinen mag u.a. auf das Fortleben der Seele des Menschen anspielen, denn in den „Sprüchen" (20, 27) heißt es: „Eine Leuchte Gottes ist die Seele des Menschen."

4. Der dreiarmige Leuchter

Dieser Leuchtertypus symbolisiert die Pflicht, den Eingang des Schabbats und der Festtage mit Licht zu verschönen. Es ist die Aufgabe der jüdischen Frau, dies zu tun.

Als Symbol auf einem Grabstein ist es ein Lob auf die gute Hausfrau, die ihren religiösen Pflichten zu Lebzeiten nachgekommen ist und mit dem Anzünden des Leuchters den Beginn des Festtages angezeigt hat.

5. Der Davidstern

Der Davidstern, hebräisch *Magen David = das Schild Davids*, wird wie kein anderes für das *jüdische* Symbol gehalten - und das gerade von der nichtjüdischen Öffentlichkeit. Er ist es aber nicht! Er ist kein religiöses jüdisches Symbol, obwohl er auf den allermeisten neueren jüdischen Grabsteinen abgebildet ist. Ende des 19. und im 20. Jahrhundert wurde dieses Symbol zum weitverbreitetsten Symbol für das Judentum. Sucht man unter den jüdischen Symbolen der Antike den „Stern Davids", so wird man ihn nicht finden. Der sechszackige Stern, als das sogenannte *Hexagramm,* besteht aus zwei ineinandergeschobenen gleichseitigen Dreiecken als Sinnbild der Durchdringung der sichtbaren und der unsichtbaren Welt. Die sechs kleinen Dreiecke symbolisieren die sechs Wochentage, die sich um den heiligen Schabbat herum gruppieren.

6. Der Schofar

Der Schofar, das *Widderhorn,* ist ein altes, aber denkbar einfaches Instrument. Es ist aus einem Horn des Widders hergestellt, dessen Spitze abgeschnitten wird. So läßt sich aus dem ausgehöhlten Horn eine Reihe von Tönen hervorbringen. Da lediglich die Öffnung der abgeschnittenen Spitze als Mundstück dient, ist das Hervorbringen der Töne nicht einfach und bedarf vieler Übung.

Der Schofar wird als rituelles Instrument im Synagogengottesdienst verwendet und dient der Vorbereitung auf das jüdische Neujahrsfest und den Versöhnungstag.

Das Schofarblasen ist ein Ehrenamt und gilt als Auszeichnung, da der Bläser in hohem Ansehen innerhalb der Gemeinde stehen muß. Der Schofar als Abbildung auf einem Grabstein symbolisiert ein frommes und angesehenes Leben.

7. Harfe und Leier

Nach der Bibel fällt die Erfindung der Musikinstrumente bereits in die Anfangsgeschichte der Menschheit (Genesis 4, 21). Die Harfe befindet sich bereits als Abbildung auf historischen Darstellungen. Auf Münzen Bar Kochbas ist auch die Leier abgebildet.

Als Instrument ist die Harfe bereits seit den Zeiten König Davids bekannt, der mit seinem Saitenspiel Saul erfreute und sich auch selbst begleitete. Auf Grabsteinen ist sie das Symbol für einen Musiker bzw. eines Vorsängers in der Synagoge. Für den Kantor ist die Harfe das Sinnbild seiner Tätigkeit.

8. Das Messer

Ein weiteres religiöses Amt innerhalb einer jüdischen Gemeinde ist das des *Mohels.* Er hat die Aufgabe, die kleinen neugeborenen Buben am achten Tag nach der Geburt zu beschneiden. Damit werden sie in den *Bund Abrahams* aufgenommen. Dieser Vorgang, auf hebräisch *Brith milah,* ist eine kleine Operation. So muß der Mohel eine entsprechende Ausbildung besitzen. Meistens ist er auch ein Arzt.

Die Darstellung eines Messers auf einem Grabstein, meistens in Verbindung mit einem Teller, einem Weinbecher und einer Salbenbüchse, symbolisiert das Amt des Mohels.

9. Die Krone

Eine auf dem Grabstein abgebildete Krone ist als *Krone des guten Namens* zu deuten. In den *Sprüchen der Väter* heißt es dazu:

„Es gibt drei Kronen, die den Menschen zieren: die Krone der Tora (der Gelehrsamkeit), die Krone des Priestertums und die Krone des Königtums. Über allen aber ragt die Krone des guten Namens." Auf dem Grabstein bedeutet die Krone eine Auszeichnung für einen guten Ruf und Leumund des Verstorbenen.

10. Die abgebrochene Säule

Abgebrochene Säulen stellen eine besondere Gestaltungsform des jüdischen Grabsteines dar. Der Bruch ist sichtbar und symbolisiert in der gerade aufstrebenden Säule das abrupte, unerwartete Ende einer geraden Linie, das heißt des Lebens.

Abgebrochene Säulen stehen auf den Gräbern von im jugendlichen oder mittleren Alter Verstorbenen.

11. Baum und Rose

Der umgeknickte Baum, aber auch die abgeknickte Blume sind Zeichen für ein unerwartetes Sterben in einem frühen Alter, wie auch die abgebrochene Säule.

12. Das Buch

Das Buch hat innerhalb des Judentums eine große Bedeutung, und die Juden werden ja auch das *Volk des Buches* genannt. So genießen auch Gelehrte und Buchautoren ein hohes Ansehen, und ihre besondere Gelehrsamkeit und ihre schreiberische Tätigkeit haben sich oft als Symbol in Form eines Buches auf Grabsteinen niedergeschlagen.

13. Die Sanduhr

Sie ist ein Symbol für die Vergänglichkeit allen Seins. Der verrinnende Sand erinnert an die Lebenszeit des Menschen, die ebenfalls dahinrinnt.

14. Tiersymbole

Ab und zu finden sich auch Tierzeichen als Symbole auf jüdischen Grabsteinen. Dann gehören diese mit zu den sogenannten *erzählenden Grabsteinen,* da etwas über die Beigesetzten ausgesagt wird, wie dies ja auch die anderen schon aufgezählten Symbole tun.

Tiersymbole können verschiedene Aussagen machen. Da ist z. B. der *Löwe* als Sinnbild des Stammes *Juda:* „Ein junger Löwe ist Juda" (1. Mose 49, 9).

Er kann auch als Symbol für den Vornamen *Leib* oder *Löw* stehen. Löw ist auch ein Familienname.

Weitere Tiersymbole sind z. B. der *Bär* oder auch der *Hirsch.* Der *Adler* ist nach jüdischer Überlieferung das Kennzeichen des Stammes *Dan.* Als Herold diente er in der jüdischen Mystik, der den Wesen zukünftige Ereignisse voraussagte.

Weitere Symbole sind **Trauben,** hier als das Sinnbild der Fruchtbarkeit Israels, **Blumen** und **Rosetten,** die oft nur der Ausschmückung dienen.

Geschichte des jüdischen Friedhofes in Crailsheim

Von Heinz Illich

Die ersten Nachrichten über Juden in Crailsheim liegen aus der Zeit der Pestepidemie 1348/49 vor. Bis 1631 stieg die Zahl der in Crailsheim wohnenden jüdischen Familien auf acht an mit insgesamt 46 Personen. 1692 waren es 19 Familien. Im Jahr 1791 lebten hier 130 Juden. 1869 waren es 210. Der Höchststand mit 325 jüdischen Bürgern war 1910 erreicht.

Wo die Juden in alter Zeit ihre Toten begraben haben, ist nicht bekannt.[1] In der Oberamtsbeschreibung von 1884 wird auf Markung Waldtann (ca. acht Kilometer östlich von Crailsheim) ein „Judenstein" genannt, wo ein „Judenkirchhof" gewesen sein soll.[2] Der Stein ist längst verschwunden. Andere Zeugnisse über einen dortigen Friedhof liegen nicht vor.

In Schopfloch/Mittelfranken wurde im Jahr 1612 ein jüdischer Friedhof angelegt, der 1802 auf ca.14 000 Quadratmeter erweitert wurde. Dort bestatteten dann die Crailsheimer Juden ihre Toten wie viele andere kleine jüdischen Gemeinden auch.[3] Mit dem Wachstum dieser Gemeinden hat man allmählich bei den einzelnen Orten eigene jüdische Friedhöfe angelegt. In Crailsheim geschah dies im Jahre 1841.

Als letzte Beisetzung in Schopfloch ist im Crailsheimer Sterberegister Veis Moses Löw Bamberg genannt, der im 83. Lebensjahr am 4.12.1840 gestorben war und am 6.12.1840 begraben wurde.[4]

Der jüdische Friedhof in Crailsheim liegt am Südhang des Karlsberges, der damals noch Galgenberg genannt wurde, neben der Straße nach Beuerlbach. Die Entfernung von der alten, ummauerten Stadt beträgt etwa 800 Meter. Der Friedhof ist von einer - heute sehr lückenhaften - Hecke umgeben. Den Eingang bildet ein abschließbares Tor.

Vom Eingang her, der in einer Höhe von 421 m ü. NN liegt, steigt das Friedhofsgelände in seiner Länge von 100 Metern um knapp drei Meter nordwärts an. Am Eingang ist er etwa 17 Meter breit, am oberen Ende etwa 25 Meter. Die Fläche des Friedhofes beträgt demnach rund 21 Ar, laut Grundbucheintrag aber nur 15,13 Ar.[5] Nachforschungen haben ergeben, daß sich diese Fläche auf den ursprünglichen Friedhof bezieht. Für die Reihen 8 und 9 mußte der Friedhof an seiner Westseite erweitert werden. Dafür wurde wohl im Jahr 1910 ein Streifen des Nachbargrundstücks von ca. sechs Metern Breite in den Friedhof einbezogen. Eine Vermessung mit Grundbucheintrag hat nicht stattgefunden[6]. Mit der Stadt Crailsheim als Eignerin dieses Grundstücks wurde wahrscheinlich ein Gestattungsvertrag erstellt, der heute aber nicht mehr auffindbar ist (vermutlich im Krieg verbrannt).

Die Belegung des Friedhofes wurde zunächst in sieben Reihen vollzogen. Dabei wurden die Reihen 1 und 2 für Kindergräber, die Reihen 3 bis 7 für Erwachsenengräber vorgesehen. Die erste Bestattung fand am 5.11.1841 mit dem am 3.11. verstorbenen Lämlein Hirsch in Reihe 7 statt[7]. Diese Reihe wurde bis 1845 belegt, wovon heute noch zwölf Grabsteine zeugen. Dann wurde bis 1851 die Reihe 6 belegt mit heute noch 15 vorhandenen Grabsteinen.

Reihe 5 folgte bis 1857 (heute noch 15 Grabsteine), Reihe 4 von 1857 bis 1861 (heute noch 17 Grabsteine) und endlich Reihe 3 von 1860 bis 1865 (heute ebenfalls noch 17 vorhandene Grabsteine).

Da die Grabnumerierung im Bestattungsregister später umgeändert wurde, verläuft die Numerierung auf der Rückseite der Grabsteine von Reihe 7, Nr. 1; Reihe 6, Nr. 2; Reihe 5, Nr. 3; Reihe 4, Nr. 4; Reihe 3, Nr. 5; Reihe 7, Nr. 6; Reihe 6, Nr. 7 usw. Die Umnumerierung geht im Bestattungsregister bis zum Jahre 1882.

Im Jahre 1865 wurde dann in Reihe 7 wieder bestattet - bis 1920. Reihe 6 wurde parallel dazu von 1872 bis 1910 belegt, Reihe 5 von 1875 bis 1905 und Reihe 4 von 1876 bis 1902. In Reihe 3 wurden ab 1883 bis 1916 **(ab Grab 18, Nr. 95)** die weiteren Kindergräber angelegt. Da die

Kindergräber der Reihen 1 und 2 ebenfalls ab Nr. 1 numeriert wurden, kommen diese auf den Rückseiten eingehauenen Nummern demnach doppelt vor.

Als die Reihe 7 im Jahre 1910 mit 65 Gräbern belegt war, wurde noch im selben Jahr die Reihe 8 und im Jahr 1911 die Reihe 9 begonnen, die weiterhin wechselweise hangabwärts belegt wurden. Im letzten Grab der Reihe 7 wurden 1920 und 1933 noch zwei Familienangehörige bestattet.

Die Reihe 8 endet mit einer Bestattung im Jahr 1942; Reihe 9 endet zunächst ebenfalls im Jahr 1942. Hier fanden aber 1961 und 1968 nochmals zwei Begräbnisse statt.

Die Belegung des Friedhofes ist damit beendet. Ob hier jemals noch eine Bestattung durchgeführt wird, kann nicht gesagt werden. Allgemein werden verstorbene jüdische Bürger heute in Stuttgart-Bad Cannstatt auf dem jüdischen Friedhof Steinhaldenfeld bestattet.

Während der Arbeiten an der Dokumentation ergab sich die Frage, wo die Verstorbenen gewaschen und zur Bestattung hergerichtet wurden. Nach Aussage mehrerer Crailsheimer Bürger hat diese Prozedur im Hause des Verstorbenen stattgefunden. Im Friedhof gab es kein Gebäude dafür. Das auf alten Fotos sichtbare Gebäude ist nach Aussagen und laut Eintrag im Grundbuch eine Geschirrhütte für den Friedhof gewesen, die heute nicht mehr steht. Sie diente um 1960 einem Kleinlandwirt als Gerätehütte. Der Mietvertrag wurde zum 1.3.1961 gekündigt. Wegen Baufälligkeit hat die Israelitische Kultusgemeinde Stuttgart (IKG; die heutige Israelitische Religionsgemeinschaft Württembergs) die Erlaubnis zum Abbruch der Hütte erteilt.[8]

Der Friedhof wird von der Stadt Crailsheim gepflegt. Notwendige Maßnahmen an Grabsteinen werden in Abstimmung mit dem Landesrabbiner von einer Crailsheimer Steinmetzfirma ausgeführt. Immer wieder kommt es zu mutwilligen Zerstörungen an Grabdenkmalen. Schon 1951 hat die Stadtpolizei der Stadtverwaltung mitgeteilt, daß an einem Grabstein die Metallbuchstaben entfernt worden seien. Der Verursacher konnte nicht ermittelt werden. Die Polizei weist aber darauf hin, daß auch schon im Dritten Reich Metallbuchstaben entfernt worden seien.[9]

Der Zahn der Zeit nagt sehr an den Grabdenkmalen, insbesondere an den Sandsteinen. Saurer Regen und Frostsprengung zerstören die Steine unwiederbringlich.[10] Deshalb war die Erstellung einer Dokumentation über diesen Friedhof äußerst dringlich!

Anmerkungen:

1: *H.-J. König:* Die Crailsheimer Juden und ihr Schicksal in sechs Jahrhunderten; in: Mitteilungsblätter des Historischen Vereins Crailsheim 1987, Heft 4.

2: Beschreibung des Oberamts Crailsheim 1884, Seite 481.

3: *I. Schwierz:* Steinerne Zeugnisse jüdischen Lebens in Bayern, München 1992, S. 192.

4: Sterberegister RSA 588.

5: Grundbuch Crailsheim Nr. 253, wiederhergestellt am 13.10.1947.

6: Festgestellt durch Vergleich der Flurkarte mit dem Friedhofsplan.

7: Bestattungsregister RSA 592.

8: Schriftverkehr zwischen Stadt Crailsheim und IKG vom 6.4.1961 und 12.7.1961.

9: Mitteilung der Stadtpolizei an Bürgermeisteramt Crailsheim vom 7.6.1951.

10: Wesentliche witterungsbedingte Zerstörungen (Frostsprengung) wurden im Winter 1994/95 beobachtet.

Friedhofs-Dokumentation

Amtsgerichtsbezirk *Crailsheim.*

Grundbuchamt *Crailsheim.*

Grundbuchheft

Nr. *253.*

Eigentümer: *Reichsvereinigung der Juden in Deutschland, Sitz Berlin*
Eingetragen am 21. November 1942.
An Stelle des zerstörten Grundbuch wiederhergestellt am 13. Oktober 1947.

Jewish Restitution Successor Organisation Rechtsnachfolger
in New-York
Den 12. September 1949. Rechtsnachfolger
Israelitische Kultusvereinigung Württemberg und
Hohenzollern in Stuttgart.
Am 6. Dezember 1960 wurde
Israelitische Religionsgemeinschaft Württembergs, Sitz in Stuttgart.
Den 23. Mai 1967. Schwarz

Infolge Umschreibung nach Blatt 8050 geschlossen
am 13. Mai 1987.

Zahl der Seiten: *Zwölf*
Den *13. Oktober 1947.*

Abdruck genehmigt

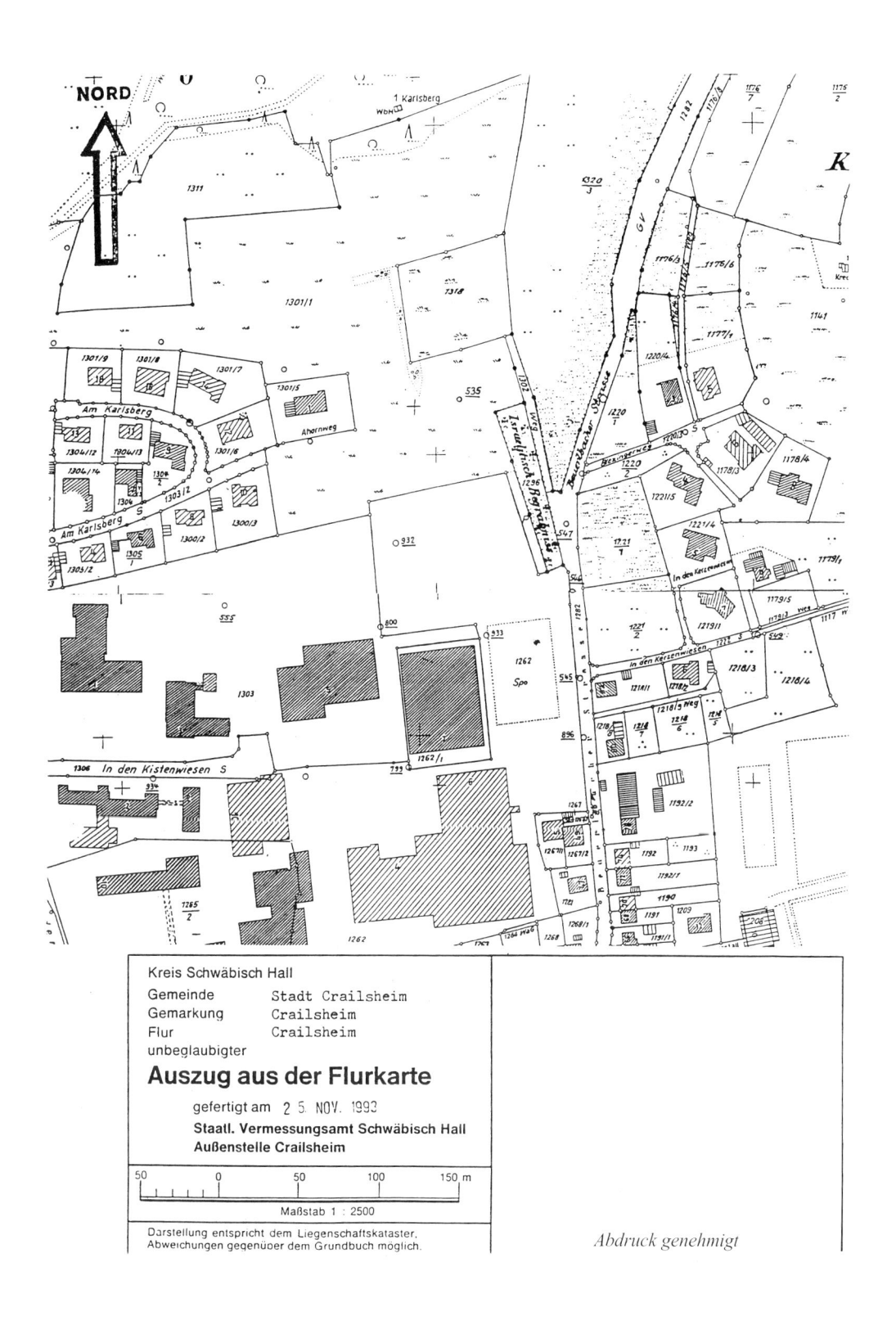

Kreis Schwäbisch Hall
Gemeinde   Stadt Crailsheim
Gemarkung   Crailsheim
Flur   Crailsheim
unbeglaubigter

Auszug aus der Flurkarte

gefertigt am 2 5. NOV. 1993
Staatl. Vermessungsamt Schwäbisch Hall
Außenstelle Crailsheim

Maßstab 1 : 2500

Darstellung entspricht dem Liegenschaftskataster,
Abweichungen gegenüber dem Grundbuch möglich.

Abdruck genehmigt

Erläuterungen zum Friedhofsplan und zu den Belegungslisten

Von Heinz Illich

Beim Betrachten des Friedhofsplanes fallen in allen Reihen Lücken auf. Nach Durchsicht der Bestattungsregister wird deutlich, daß manche Gräber nie einen Grabstein hatten (Reihe 3.10; 4.39, 70; 5.41, 64; 6.101; 7.108).[1] Die übrigen Gräber hatten ursprünglich einen Grabstein. Demnach müssen die heute fehlenden Steine verschwunden sein. Da dies besonders umfangreich in den Reihen 1 und 2 bei den Kindergräbern auffällt, ist anzunehmen, daß die Grabsteine - wohl alle aus Sandstein - verwittert und zerfallen und daß die Bruchstücke abgeräumt worden sind. Steinfragmente, die in der Umfassungshecke gefunden wurden, erhärten diese Vermutung.

Die Belegungslisten wurden zunächst erstellt nach den Gegebenheiten im Friedhof, das heißt nach den noch vorhandenen Grabsteinen.

Unter Zuhilfenahme der Sterbe- und Bestattungsregister wurden die weiteren Namen ermittelt und die Daten ergänzt. Als weitere Hilfsmittel dienten Geburts- und Familienregister.[2]

An dieser Stelle ist der Israelitischen Kultusgemeinde Stuttgart und dem Landesdenkmalamt für die Bereitstellung der Register zu danken. Die Originale der Register sind nicht mehr greifbar. Die Kopien weisen leider Lücken auf, so daß einzelne Angaben nicht mehr ermittelt werden konnten.

Fehlende Geburtsdaten konnten teilweise auch deshalb nicht ermittelt werden, weil die betreffenden Personen nach Crailsheim zugezogen waren und die Geburtsorte oft nicht bekannt sind.

Wo Gräber ohne Grabstein angelegt sind, ist dies eingeordnet in den Belegungslisten vermerkt: „(ohne Grabstein)".

Wo Steine verschwunden sind, lautet der Vermerk: „(Grabstein fehlt)".

Für die fehlenden Steine der Reihen 1 und 2 siehe besondere Liste!

Wie an Ort und Stelle, so wie auch auf dem Plan, deutlich sichtbar ist, weisen die Reihen 1 und 2 im oberen Bereich starke Störungen auf. Eine präzise Lokalisierung der verschwundenen Grabsteine ist deshalb nicht möglich. Eine ungefähre Lokalisierung kann deshalb nur nach den vorhandenen Lücken erfolgen.

Anmerkungen:

1: Bestattungsregister RSA 592.
2: Familienregister RSA 590, Geburtsregister RSA 588.

Jüdischer Friedhof Crailsheim

Belegungsliste für die Reihen von Ost nach West (Belegungsfolge)
g = Grabnotierung von oben nach unten (Belegungsfolge)
e = eingemeißelte Nummer (teilweise doppelt vorhanden)

Reihe 1

g	e	Name	Daten
	1.	Stein, Alexander (Stein fehlt)	1839 – 10.11.1841
	2.	Friedmann, Matel (Stein fehlt)	1834 – 30.11.1841
1.	3.	Oppenheimer, Ester	1840 – 08.12.1841
	4.	(Bisher nicht feststellbar, Stein fehlt)	14.04.1842
2.	5.	Rosenthal, Josef	10.10.1839 – 22.04.1842
3.	8.	Reinemann, Jakob	05.03.1842 – 03.10.1842
4.	11.	Hirsch, David	19.10.1841 – 14.12.1842
5.	14.	Oppenheimer, Moses	19.12.1839 – 16.12.1843
6.	18.	Oppenheimer, Pessle Babette	20.03.1844 – 12.03.1845
7.	20.	Mandelbaum, Fratel (Doppelstein)	04.10.1845 – 03.05.1847
8.	21.	Mandelbaum, Esther (Doppelstein)	24.12.1843 – 07.08.1847
9.	67.	Badmann, Chajah (Plazierung vor 10.61 unklar)	30.05.1868 – 01.08.1869
10.	61.	Lippmann, Sigmund	31.03.1866 – 07.10.1866
11.	64.	Freundlich, Louis	18.04.1867 – 15.07.1867
12.	65.	Rosenfeld, Moriz	03.08.1867 – 29.09.1867
13.	68.	Kohn, Moriz Ludwig	16.09.1869 – 19.10.1869
14.	69.	Lippmann, Lazarus	07.01.1870 – 12.02.1870
15.	71.	Friedmann, Fanny	22.07.1868 – 30.10.1871
16.	72.	Goldstein, Rosa	07.05.1872 – 13.11.1872
17.	73.	Mandelbaum, Max	20.12.1873 – 10.04.1874
18.	74.	Königsberger, Hedwig	18.06.1874 – 01.08.1874
19.	75.	Reinemann, Klara	01.05.1874 – 11.08.1874
20.	78.	Mandelbaum, Emma	19.10.1873 – 20.09.1874
21.	79.	Grünsfelder, Rosa	23.02.1874 – 25.01.1875
22.	80.	Kahn, Hermann Naftali	27.12.1869 – 04.08.1875
23.	81.	Grünsfelder, David	01.07.1875 – 08.08.1875
24.	82.	Stein, Natalie	03.08.1875 – 23.09.1875
25.	83.	Goldstein, Amalie	08.11.1869 – 15.02.1876
26.	84.	Essinger, Siegmund	23.07.1876 – 15.12.1876
27.	85.	Mandelbaum, Josef	14.11.1877 – 29.03.1878
28.	86.	Essinger, Hanchen (Hanchen lt. Totenregister, Klara lt. Geburtsregister)	18.10.1877 – 01.04.1878
29.	87.	Grünsfelder, Seligmann Hirsch Sigm.	01.09.1878 – 07.01.1879
30.	88.	Stein, Lina	21.07.1876 – 13.01.1879

31.	89.	Mandelbaum, Emma	23.06.1880 – 08.08.1880
32.	90.	Heinsfurter, David	08.08.1880 – 06.03.1881

Reihe 2

	g	e	
1.	59.	Goldstein, Lazarus (Louis)	03.08.1864 – 05.04.1865

(Unbekannt ist, warum Grabstein e 59 vor e 26 steht; möglicherweise bei Renovierungen falsch plaziert)

2.	26.	Mandelbaum, Jette	22.10.1848 – 23.05.1849
3.	31.	Oppenheimer, Julius	24.09.1849 – 03.04.1850
4.	35.	Oppenheimer, Abraham	25.08.1848 – 02.02.1851
5.	36.	Aal, Moses	29.07.1844 – 28.03.1851
6.	37.	Oppenheimer, Babette	14.08.1852 – 27.09.1852
7.	40.	Oppenheimer, Julie	07.10.1853 – 20.03.1854
8.	41.	Mandelbaum, Babette (Rivqa)	25.11.1852 – 24.03.1854
9.	50.	Mandelbaum, Hermann	22.02.1856 – 25.12.1860
10.	51.	Freundlich, Lina Lene	17.01.1861 – 13.04.1861
11.	52.	Landauer, Hugo	17.03.1861 – 22.07.1861
12.	91.	Falk, Louise Lea	09.07.1880 – 28.10.1881
	92.	Mezger, Samuel (Grabstein fehlt)	30.07.1881 – 06.11.1881
13.	93.	Goldstein, Amalie	19.05.1881 – 21.02.1882
14.	94.	Adler, Therese	09.03.1882 – 01.07.1882
15.	98.	Heinsfurter, Sara Amalie	05.11.1884 – 17.12.1884
16.	100.	Mandelbaum, August	30.10.1883 – 10.02.1885
17.	102.	Stein, Rosalie	22.08.1884 – 09.03.1886
18.	103.	Essinger, Bernhard	27.10.1882 – 10.06.1886
	104.	Falk, Rosa (Stein fehlt)	11.1885 – 17.09.1886
19.	105.	Goldstein, Clodille	24.09.1886 – 26.03.1887
20.	106.	Heinsfurter, Bertha	05.07.1888 – 02.10.1888
21.	108.	Goldstein, Willi	15.01.1888 – 25.04.1889
22.	109.	Goldstein, Hedwig	31.03.1890 – 03.06.1890
23.	110.	Rosenfeld, Mina	18.08.1890 – 22.01.1891
24.	111.	Falk, Lina	23.03.1891 – 26.05.1891
25.	119.	Rosenfeld, Adolf	10.05.1895 – 25.07.1895
26.	121.	Levigard, Julius	02.09.1895 – 30.10.1895
27.	123.	Schönfrank, Alfred Abraham	24.03.1903 – 09.12.1904
28.	125.	Rosenfeld, Hermann	22.05.1910 – 18.04.1911
29.	127.	Kohn, Ruth	24.12.1926 – 19.06.1931

Reihe 3

	g	e	
1.	5.	Heinsfurter, David	09.07.1790 – 14.01.1860
	10.	Seckel, Jonas (Grabstein fehlt)	1861
2.	15.	Maier, Bunle	1786 – 12.04.1861
3.	16.	Heinsfurter, Wolf Binjamin	23.01.1847 – 13.04.1861
4.	19.	Hermann, Breuntele	1779 – 20.04.1861
5.	24.	Bamberger, Fratel	12.03.1780 – 16.06.1861

6.	28.	Hermann, Chava, Eva	1802 – 09.08.1861
	33.	Seligmann, Fanny (Grabstein fehlt)	1798 – 17.08.1861
7.	35.	Goldstein, Josef	26.07.1792 – 16.10.1861
8.	40.	Maier, Josef	01.07.1847 – 06.11.1862
9.	43.	Blumenthal, Mine	1801 – 20.03.1864
	47.	Maier, Maier Löb (Grabstein fehlt)	25.07.1787 – 17.04.1864
10.	51.	Fleischhauer, Mina Rickle	16.02.1783 – 14.09.1864
11.	56.	Wolf, Elias Baer	21.10.1778 – 05.12.1864
12.	61.	Stein, Esther	18.04.1791 – 17.03.1865
13.	66.	Essinger, Klara (Glückle)	1783 – 26.03.1865
14.	71.	Badmann, Ricke	1806 – 20.04.1865
15.	76.	Kohn, Samuel Veis	05.02.1788 – 09.06.1865
16.	81.	Stein, Bernhard Jissachar	1799 – 21.06.1865
17.	86.	Rosenfeld, Gabriel	12.08.1809 – 28.07.1865
18.	95.	Stein, Frida	18.03.1882 – 03.08.1883
19.	96.	Friedmann, Luise Lumed	27.06.1877 – 28.03.1884
20.	97.	Grünsfelder, Ricka (Rosa)	30.03.1881 – 15.12.1884
21.	99.	Essinger, Adolf Abraham	25.09.1884 – 30.01.1885
22.	101.	Hallheimer, Hugo	23.08.1885 – 30.01.1886
23.	107.	Falk, Max	07.11.1883 – 17.01.1889
24.	112.	Grünsfelder, Gustav Gerschon	18.06.1886 – 16.08.1891
	113.	Heinsfurter, Helene (Grabstein fehlt)	1889 – 23.11.1891
25.	114.	Heller, Emil	01.09.1890 – 25.12.1891
26.	115.	Goldstein, Adolf	07.12.1892 – 22.02.1893
27.	116.	Kohn, Rosa	26.01.1893 – 06.07.1893
28.	117.	Rosenfeld, Max	03.01.1886 – 27.02.1894
29.	118.	Falk, Mina	18.04.1892 – 08.04.1895
30.	122.	Goldstein, Serle Sidi	07.09.1901 – 07.03.1902
31.	124.	Schlessinger, Bertha Blümle	17.06.1905 – 07.11.1905
32.	126.	Steiner, Irma Jettle	27.12.1909 – 31.03.1916

zwischen g und e = ein Stein Differenz, Nr. 4 im Plan des Vermessungsamtes CR als beschädigt eingezeichnet. Auf Foto von 1980 vorhanden, bei Aufnahme durch Archiv bereits fehlend (e 10).

Reihe 4

g	e		
1.	4.	Meier, Breundel	1790 – 09.03.1857
2.	9.	Landsberg, Jakob (von Igenhausen)	1828 – 11.07.1857
3.	14.	Bamberger, Adelheid	1803 – 14.08.1857
4.	18.	Hänlein, Gütel	10.10.1780 – 07.10.1857
5.	23.	Stein, Karoline	24.10.1840 – 10.11.1857
6.	27.	Fleischhauer, Babette Peßle	09.1810 – 07.01.1858
7.	32.	Mandelbaum, Mändlein Menachem	05.10.1782 – 13.01.1858
8.	34.	Stein, Löw Aaron (aus Ingersheim)	1790 – 18.04.1858

	39.	Crailsheimer, Hanna (ohne Stein)	1811 – 13.05.1858
9.	42.	Levi, Hendle	12.07.1785 – 24.05.1858
10.	46.	Hallheimer, Sara	1819 – 24.07.1858
11.	50.	Bamberger, Abraham	04.1804 – 04.08.1858
12.	55.	Mayer, Elkan	08.12.1824 – 03.09.1858
13.	60.	Badmann, Kela	06.01.1790 – 10.09.1858
14.	65.	Hallheimer, Babette	14.12.1823 – 04.01.1860
	70.	Crailsheimer, Betty (ohne Stein)	1784 – 16.02.1860
15.	75.	Seligmann, Marx	1795 – 16.04.1860
16.	80.	Berolzheimer, Karoline (von Goldbach)	1805 – 31.10.1860
17.	85.	Mezger, David	1780 – 07.01.1861
18.	87.	Levi, Jakob	21.12.1844 – 27.10.1876
19.	89.	Stein, Eva	1812 – 07.11.1876
20.	91.	Gutmann, Kela	17. . 1790 – 01.10.1877
21.	95.	Friedmann, Pfeiffer	26.01.1807 – 22.02.1878
22.	99.	Reinemann, Mathilde	07.08.1851 – 17.02.1879
23.	103.	Marx, Ernestine	05.03.1821 – 13.05.1879
24.	107.	Oppenheimer, Emma (aus Aufseß, Bayern)	12.04.1867 – 11.07.1879
25.	111.	Maier, Löb	28.05.1823 – 21.06.1880
26.	115.	Marx, Salomo Hirsch Schneur Zwi	18.04.1808 – 30.01.1882
27.	119.	Levi, Jeanette	15.11.1819 – 06.02.1882
28.	123.	Schönmann, Jeanette	1816 – 26.04.1882
29.	127.	Reinemann, Jette / Henriette	10.12.1837 – 15.07.1882
30.	131.	Hermann, Hendle (von Goldbach)	16.11.1813 – 06.06.1883
31.	135.	Aal, Friedericke	03.09.1858 – 01.01.1884
32.	139.	Levi, Mina	23.02.1818 – 12.10.1884
33.	143.	Rosenfeld, Abraham	14.12.1806 – 12.06.1886
34.	146.	Mezger, Moses	20.05.1812 – 08.11.1886
35.	150.	Mezger, Sara geb. Stern	06.09.1815 – 29.12.1891
36.	154.	Stern, Helene	18.07.1858 – 29.03.1888
37.	159.	Falk, Julius Joel	02.06.1809 – 17.08.1889
38.	163.	Falk, Fanny Fradel	16.11.1817 – 13.01.1893
39.	167.	Stern, Nathan	15.01.1842 – 12.01.1891
40.	174.	Stern, Karoline Gitel	25.12.1855 – 30.08.1939
		(im Bestattungsregister 592 unter 171 verzeichnet, lt. Stein 174 !)	
41.	175.	Hermann, Salomon	09.01.1815 – 10.02.1892
42.	179.	Hallheimer, Ferdinand	01.05.1869 – 21.07.1892
43.	183.	Elsässer, Alexander	21.12.1817 – 29.01.1893
44.	187.	Elsässer, Mina Mundel	04.01.1827 – 16.02.1919
45.	191.	Rosenfeld, Jeanette Scheindel	20.07.1832 – 25.08.1893
46.	195.	Heinsfurter, Hirsch Naftali	04.03.1821 – 18.04.1897
47.	199.	Levi, Baruch (a)	05.12.1839 – 22.10.1899
47.	203.	Levi, Sophie (b) geb. Marx	10.02.1838 – 07.07.1921
48.	207.	Goldstein, Fanny Fradel	27.02.1838 – 02.01.1901

49.	211.	Mandelbaum, Wolf Binjamin	28.10.1844 – 26.08.1902		13.	74.	Heinsfurter, Bela	03.1794 – 09.01.1857
Reihe 5					14.	79.	Loser, Salomo	15.05.1785 – 10.01.1857
					15.	84.	Nußbaum, Jette	1780 – 05.02.1857
	g	e			16.	94.	Rosenfeld, Marx	23.07.1811 – 20.06.1875
1.	3.	Hirsch, Mirjam Mina	28.11.1793 – 06.11.1851		17.	98.	Rosenfeld, Amalie	16.11.1836 – 07.09.1875
	8.	Levi, Emmanuel Moses (ohne Stein)	1783 – 04.04.1852		18.	102.	Rosenfeld, Silpa	1800 – 17.03.1879
2.	13.	Mezger, Sara	1789 – 19.12.1852		19.	106.	Friedmann, Samuel	14.02.1805 – 24.01.1876
3.	17.	Maier, Salomon	1782 – 07.02.1853		20.	110.	Löwenthal, Rachel	27.12.1796 – 01.02.1876
4.	22.	Hallheimer, Babette Zippora	16.10.1808 – 23.03.1853		21.	114.	Löser, David Salomon Wolf	29.05.1824 – 18.02.1876
5.	26.	Seligmann, Rachel	1790 – 05.10.1853		22.	118.	Rosenfeld, Hanna	1803 – 06.03.1876
6.	31.	Pollak (Bolak) Abraham (von Wittelsb.)	1796 – 28.02.1854		23.	122.	Liebmann, Mina	06.05.1803 – 28.03.1876
					24.	126.	Stein, Marx	12.08.1803 – 29.05.1876
7.	38.	Löwenthal, Joel	25.12.1789 – 29.03.1854		25.	130.	Strauß, Chajah Chajale (Klara)	05.1790 – 05.08.1876
	41.	Stein, Frammet ? Fanni (ohne Stein)	1789 – 26.04.1854		26.	138.	Stern, Mina Michle	10.10.1820 – 26.05.1884
					27.	142.	Rosenfeld, David	21.11.1815 – 07.02.1886
8.	45.	Löwenthal, Baruch	02.05.1798 – 25.06.1854		28.	156.	Rosenfeld, Moriz Mosche	29.10.1857 – 15.08.1888
9.	49.	Levi, Gütele (aus Ingersheim)	1769 – 05.12.1854		29.	149.	Goldstein, Isaak	15.08.1835 – 02.07.1887
					30.	153	Gundelfinger, Salomo	24.05.1814 – 16.12.1887
10.	54.	Rosenthal, Hanna (von Oberdorf)	1783 – 07.03.1855		31.	158.	Maier, Regine geb. Maier	03.01.1809 – 02.06.1889
11.	59.	Maier, Nathan	08.08.1790 – 23.04.1855		32.	162.	Aal, Ernestine Esther	03.07.1815 – 01.05.1890
	64.	Seligmann, Jakob (ohne Stein)	03.01.1787 – 24.12.1855		33.	166.	Mezger, Moses	16.03.1826 – 04.01.1891
12.	69.	Maier, Breindel (Breuntel)	06.05.1780 – 01.05.1856		34.	170.	Goldstein, Karoline Martel (Clara-Gütel)	03.05.1821 – 01.06.1891

35.	172.	Mezger, Mina Mirjam	25.10.1850 – 23.10.1891		11.	58.	Frank, David	07.09.1768 – 08.07.1850
		(Im Register als 174 eingetragen: siehe dazu R 4.40)			12.	63.	Blumenthal, David	20.12.1801 – 24.07.1850
36.	178.	Rosenfeld, Isaak	02.06.1818 – 07.06.1892			68.	Kohn, Israel Veis (Stein fehlt)	27.02.1786 – 10.12.1850
37.	182.	Rosenfeld, Jette Jettle	18.10.1830 – 25.02.1905		13.	73.	Fleischhauer, Mannases Löb	10.04.1807 – 29.12.1850
38.	186.	Rosenfeld, Ricka (Rivka)	11.05.1812 – 18.08.1895		14.	78.	Wolf, Rös (Rösl)	1781 – 31.12.1850
39.	190.	(nicht feststellbar)	1818 – 17.06.1896		15.	83.	Hallheimer, Israel	22.10.1786 – 03.10.1851
40.	194.	Bär, Löw Jehuda	06.07.1827 – 25.02.1897		16.	93.	Hallheimer, Fratel	28.04.1833 – 10.08.1872
41.	198.	Königsberger, Heinrich Raph. Chaim	28.09.1847 – 05.09.1899		17.	97.	Ball, Betty Babette Bela	01.08.1826 – 18.09.1872
						101.	Kohn, Fradel (Stein fehlt)	1791 – 18.11.1872
42.	202.	Einhorn, Babette Beßle	26.03.1811 – 06.04.1900		18.	105.	Lippmann, Jette	08.02.1813 – 29.11.1872
43.	206.	Heinsfurter, Seligmann Jakob	14.04.1824 – 12.12.1900		19.	109.	Kohn, Jeanette	01.08.1846 – 24.12.1872
44.	210.	Stern, Marie Mirjam	03.05.1828 – 04.02.1902		20.	113.	Gutmann, Abraham	04.09.1801 – 10.03.1873
					21.	117.	Neuburger, Clara, Klara	1797 – 06.06.1873
					22.	121.	Heinsfurter, Therese	30.06.1822 – 20.11.1873

Reihe 6

	g	e						
1.	2.	Baer, Keintle			23.	125.	Einhorn, Menachem	03.07.1803 – 14.05.1874
2.	7.	Crailsheimer, Salomon	19.02.1767 – 09.08.1847		24.	129.	Rosenthal, Bernhard Jissachar	17.08.1809 – 21.07.1874
3.	12.	Levi, Jonas	1780 – 10.12.1847					
4.	21.	Mandelbaum, Herz, Naftalie	26.06.1780 – 16.02.1848		25.	137.	Wolf, Nathan Hirsch	25.03.1819 – 30.04.1884
5.	25.	Goldstein, Amalie	1790 – 1848		26.	136.	Essinger, Amalie	24.01.1829 – 13.01.1884
6.	30.	Marx, Nanette	10.04.1813 – 04.11.1848		27.	141.	Mezger, Adelheid Edel	09.08.1834 – 17.05.1885
7.	37.	Kohn, Babette Breinle	15.02.1788 – 01.12.1848		28.	145.	Hermann, Hanna Fanny	01.03.1808 – 15.09.1886
8.	44.	Rosenfeld, Moses	02.03.1781 – 06.06.1849		29.	148.	Goldstein, Gules	22.09.1814 – 30.06.1887
9.	48.	Mandelbaum, Fanni	24.05.1822 – 08.09.1849		30.	152.	Levi, Salomo Löb Arie	26.12.1808 – 27.11.1887
10.	53.	Hänlein, Simon	05.03.1775 – 13.10.1849					

31.	157.	Nußbaum, Fanni	1793 – 21.03.1889
32.	161.	Goldstein Haenlein Chanoch	11.04.1825 – 10.02.1890
33.	165.	Wolf, Mina	14.11.1820 – 27.06.1890
34.	169.	Grünsfelder, Mina Michle	09.01.1809 – 03.04.1891
35.	173.	Grünsfelder, Salomon Schneur Salm.	18.01.1808 – 19.08.1891
36.	177.	Grünsfelder, Bernhardine Breindel	22.09.1812 – 11.09.1893
37.	181.	Hermann, Hajum (von Goldbach)	1814 – 27.10.1892
38.	185.	Rosenfeld, Rosine	02.07.1814 – 08.03.1894
39.	189.	Baer, Babette Bunle	27.02.1831 – 22.02.1896
40.	193.	Rosenfeld, Heinrich	04.12.1816 – 03.11.1896
41.	197.	Kohn, Adelheid Edel	21.07.1816 – 12.06.1899
42.	201.	Rosenfeld, Regine Rechel	06.12.1818 – 13.05.1902
43.	205.	Goldstein, Jeitel Jehuda	15.07.1823 – 12.10.1900
44.	209.	Badmann, Isaak Eisig Baer	09.10.1819 – 21.10.1901
45.	213.	Mandelbaum, Abraham	05.12.1816 – 27.11.1902
46.	215.	Strauss, Klara	09.05.1836 – 01.06.1903
47.	217.	Mezger, David Schmuel	10.02.1872 – 14.07.1904
48.	221.	Goldstein, Auguste Gitel	03.07.1865 – 01.09.1904
49.	223.	Rosenfeld, Johanna a)	23.01.1864 – 19.11.1904
49.	225.	Rosenfeld, Dr. Adolf b)	19.11.1858 – 10.10.1918
50.	227.	Süssfeld, Hanchen Hendel	12.11.1835 – 27.05.1905
51.	229.	Süssfeld, Rufen Ruven	22.04.1836 – 23.10.1913
52.	231.	Alexander, Moses Aharon	11.12.1859 – 10.11.1905
53.	233.	Heinsfurter, Seligmann Pinchas a)	23.04.1849 – 17.02.1906
53.	235.	Heinsfurter, Mirjam b) leerer Sockel	16.07.1856 – 15.12.1916
54.	237.	Friedmann, Sam Schmuel	02.06.1876 – 15.10.1906
55.	239.	Badmann, Hanna Hanna	24.12.1823 – 20.04.1907
56.	241.	Mayer, Jette Jettle	16.08.1863 – 26.01.1908
57.	243.	Kohn, Siegfried Schmaja	1840 – 29.05.1908
58.	245.	Gutmann, Jette	27.09.1860 – 31.08.1908
59.	249.	Goldstein, Mina Mirjam	27.08.1844 – 20.11.1908
60.	251.	Goldstein, Lazarus Elieser	24.12.1836 – 30.07.1910
61.	253.	Lippmann, Bertha	01.05.1833 – 17.01.1909
62.	255.	Hanauer, Isaak	15.08.1897 – 05.05.1909
63.	257.	Bamberger, Beni	12.02.1846 – 23.02.1910

Reihe 7

g	e		
1.	1.	Hirsch, Lämlein	04.12.1789 – 03.11.1841
2.	6.	Löser Matel, Magdalene	10.09.1766 – 15.01.1842
3.	11.	Berolzheimer, Victor	– 06.10.1842
4.	20.	Levi, Pesle	08.1814 – 02.03.1843
5.	29.	Marx, Telz	1804 – 05.04.1843

6.	36.	Badmann, Koppel	10.11.1786 – 25.12.1843	26.	132.	Badmann, Modechai Marx Hirsch	06.12.1810 – 16.11.1883
7.	52.	Löwenthal, Babette Bela	18.12.1829 – 11.02.1844	27.	140.	Heinsfurter, Sara	31.12.1856 – 03.12.1884
8.	57.	Levi, Maier	07.1780 – 13.11.1844	28.	144.	Rosenfeld, Hirsch Naftali	05.02.1825 – 18.06.1886
9.	62.	Rosenfeld, Mirjam	1806 – 21.11.1844	29.	147.	Stein, Ricke Rivka	01.05.1804 – 25.11.1886
10.	67.	Rosenfeld, Karoline	1817 – 26.11.1845	30.	151.	Grünsfelder, Sara	05.07.1845 – 13.10.1887
11.	72.	Löwenthal, Bertha	1802 – 26.11.1845	31.	155.	Oppenheimer, Jette	27.02.1815 – 25.03.1888
12.	77.	Rindskopf, Fanni	1765 – 04.12.1845	32.	160.	Goldstein Wolf I. Binjamin	10.11.1852 – 29.09.1889
13.	82.	Levi, Sara Kela	06.11.1860 – deportiert	33.	164.	Goldstein, Berta Bila	10.12.1854 – 18.09.1924
14.	88.	Reinemann, Alexander Ari	14.06.1805 – 11.09.1865	34.	168.	Königsberger, Jeanette	16.09.1806 – 03.02.1891
15.	90.	Bär, David	20.06.1780 – 03.03.1866	35.	172.	Kohn, Nathan	19.04.1823 – 12.07.1891
16.	92.	Oppenheimer, Schraga	23.10.1809 – 10.04.1866	36.	176.	Elkan, Hänlein Elchanan	14.12.1814 – 24.03.1892
17.	96.	Hirschmann, Sara	24.09.1797 – 21.05.1868	37.	180.	Freundlich, Judith Jettle	05.12.1830 – 14.10.1892
18.	100.	Nussbaum, Jette (von Goldbach)	1784 – 04.05.1869	38.	184.	Goldstein, Gelle, Jette	17.04.1811 – 31.10.1893
19.	104.	Hallheimer, Julius	24.10.1818 – 18.02.1870	39.	188.	Levi, Hermann Naftali Hirsch	05.10.1851 – 19.12.1895
	108.	Nussbaum, Gütel (von Goldbach) (ohne Stein)	1815 – 19.08.1870	40.	192.	Hermann, Götz Eljakum	20.11.1820 – 21.09.1896
20.	112.	Liebmann, Aaron	04.02.1794 – 12.10.1870	41.	196.	Friedmann, Moses	28.02.1840 – 28.12.1898
21.	116.	Aal, Löb (v. Goldbach)	03.11.1793 – 04.11.1870	42.	200.	Friedmann, Mathilde Medle	25.04.1840 – 15.01.1909
22.	120.	Friedmann, Lena (Helene)	26.09.1801 – 23.11.1871	43.	204.	Rosenfeld, Wilhelm Meir	02.05.1844 – 02.09.1900
23.	124.	Reinemann, Klara Gutele	02.01.1807 – 13.03.1872	44.	208.	Stein, Berta Breindel	12.12.1880 – 03.06.1901
24.	128.	Kohn, Gela	19.07.1793 – 24.04.1872	45.	212.	Stein, Adolf Aharon	02.05.1848 – 09.11.1909
25.	133.	Hallheimer, Hanna Channa	25.07.1859 – 09.12.1883				

46.	214.	Stein, Jette Jettle	11.10.1850 – 25.10.1918
47.	216.	Steiner, Karoline Kila	15.06.1846 – 29.04.1904
48.	220.	Kohn, Salomon Naftali Hirsch a)	18.03.1822 – 30.12.1904
48.	218.	Kohn, Jeanette Schiffle b)	12.09.1832 – 24.08.1904
49.	222.	Friedmann, Mathilde Mottel	22.09.1871 – 14.09.1904
50.	224.	Rosenfeld, Bernhard	08.11.1836 – 07.12.1904
51.	226.	Hallheimer, Karoline	01.04.1826 – 08.02.1905
52.	228.	Friedmann, Babette Bila	15.12.1874 – 17.08.1905
53.	230.	Fuchs, Babette Breindel	03.09.1833 – 26.10.1905
54.	232.	Kohn, Hannah	21.07.1828 – 21.11.1905
55.	234.	Friedmann, Viktor Avigdor	16.04.1838 – 13.07.1906
56.	236.	Friedmann, Mina Meile	25.04.1842 – 11.04.1912
57.	238.	Rosenfeld, Sara genannt Löw a)	02.01.1832 – 02.04.1907
	238.	Schlüsselblum, Bertha geb. Ros. b)	27.03.1862 – deport.1944
58.	240.	Rosenfeld, Maier Meir	22.03.1827 – 22.09.1910
59.	242.	Stein, Fradel	18.03.1826 – 09.03.1908
60.	244.	Mandelbaum, Alexander	01.11.1847 – 11.08.1908
61.	246.	Mandelbaum, Lina Lea	27.07.1850 – 13.01.1919
62.	248.	Schönfrank, Simon	14.06.1868 – 17.09.1908
63.	250.	Hess, Bertha Perl	01.11.1824 – 10.12.1908
64.	252.	Ball, Max	20.03.1826 – 01.01.1909
65.	254.	Reinemann, Adolf a)	14.09.1843 – 01.04.1909
65.	256.	Reinemann, Nanette b)	29.01.1852 – 05.03.1920
	384a.	Koenigsberger, Frida	28.11.1882 – 17.08.1933

Reihe 8

		g e	
1.	274.	Bär, Lazarus Löser	21.08.1823 – 30.03.1910
2.	276.	Wolf, Zilli	19.11.1850 – 11.04.1911
3.	278.	Ball, Sara	06.07.1836 – 24.04.1911
4.	280.	Friedmann, Babette	14.05.1830 – 22.09.1911
5.	282.	Levigard, Leopold	02.10.1859 – 01.11.1911
6.	284.	Braunschweiger, Rosa, Rösle	20.02.1860 – 12.02.1912
7.	286.	Mezger, Mina Mirjam	17.05.1901 – 07.05.1912
8.	288.	Friedmann, Ida Jale	31.07.1845 – 02.05.1913
9.	290.	Levi, Jesaias Jeschaja	17.05.1855 – 20.08.1913
10.	294.	Gundelfinger, Salomon Schlomo	16.12.1860 – 06.06.1914
11.	296.	Gundelfinger, Auguste Gitel	24.11.1867 – 16.04.1931
12.	298.	Mezger, Samuel	12.01.1842 – 05.12.1914
13.	300.	Goldstein, Wolf Binjamin	04.01.1852 – 02.02.1915
14.	302.	Heinsfurter, Berta Perl	02.07.1904 – 04.06.1915
15.	304.	Rosenfeld, Max Meir	07.03.1857 – 25.12.1915
16.	308.	Falk, Meir, Martin	18.07.1904 – 06.12.1916

#	No.	Name	Dates
17.	310.	Heinsfurter, Moritz Mosche	13.01.1864 – 19.05.1917
18.	312.	Goldstein, Hermann Naftali	22.12.1870 – 25.08.1917
19.	316.	Goldstein, Babette a)	05.04.1850 – 02.12.1917
	316.	Goldstein, Salomon b)	04.09.1843 – 28.12.1922
20.	320.	Friedmann, David	20.12.1841 – 17.12.1917
21.	322.	Reinemann, Julie Hendle	26.03.1846 – 20.06.1918
22.	324.	Stern, Jakob	25.09.1862 – 18.07.1918
23.	328.	Rosenfeld, Julie	14.08.1897 – 26.10.1918
24.	330.	Friedmann, Ludwig	27.12.1835 – 11.08.1919
25.	332.	Heinsfurter, Jeanette	06.04.1827 – 28.05.1921
26.	334.	Rosenfeld, Luise Lea	08.12.1875 – 29.04.1922
27.	336.	Stein, Klothilde Gitel	06.11.1877 – 17.11.1922
28.	340.	Straus, Babette Breindel a)	30.10.1857 – 08.02.1923
	342.	Straus, Jakob Dow b)	16.02.1853 – 23.12.1923
29.	344.	Aal, Fanny Vögele	28.03.1850 – 16.03.1923
30.	346.	Künzelsauer, Lippmann Elieser	15.04.1864 – 31.07.1923
31.	348.	Hallheimer, Berta a)	25.12.1861 – 27.10.1923
31.	350.	Hallheimer, Albert b)	03.04.1856 – 20.03.1935
32.	354.	Strauss, Nathan Seligmann	03.09.1874 – 30.04.1933
33.	356.	Eisemann, Hannchen	03.01.1865 – 15.05.1926
34.	358.	Goldstein, Julius Josef	27.02.1867 – 10.12.1926
35.	362.	Bär, David	13.03.1866 – 21.03.1927
36.	364.	Rosenfeld, Betty	02.09.1854 – 15.05.1932
37.	366.	Levi, Ida Jale	12.05.1855 – 01.01.1912
38.	368.	Kohn, Isaak	02.02.1860 – 27.05.1929
39.	372.	Goldstein, Bernhard Benjamin	23.10.1853 – 25.07.1931
40.	374.	Hess, Siegmund	22.01.1858 – 29.02.1932
41.	376.	Hallheimer, Emil Ascher	08.05.1863 – 10.05.1932
42.	382.	Heinsfurter, David	20.02.1862 – 19.10.1932
43.	384.	Rosenfeld, Marie Mirjam a)	01.08.1873 – 02.10.1933
43.	386.	Rosenfeld, Berthold Baruch b)	07.10.1869 – 13.03.1938
44.	388.	Adler, Sophie Sprinz	04.07.1885 – 08.10.1935
45.	390.	Mezger, Nathan	14.10.1881 – 19.02.1936
46.	392.	Mezger, Max Meir	02.03.1873 – 22.12.1936
47.	394.	Stein, Berthold Jissachar	26.04.1871 – 28.06.1938
48.	396.	Steiner, Julius Jakob	06.06.1882 – 11.12.1938
49.	397.	Hess, Louis	07.07.1868 – 26.12.1939
		(397 laut Register, auf Stein ist 397 in R 9)	
50.		Friedmann, Nathan	16.07.1870 – 12.02.1942

Reihe 9

	g	e		
1.		(Levi, Paul) Grab nicht belegt	21.03.1900 –	
2.	279.	Mezger, Wolf Binjamin	28.01.1844 – 01.09.1911	
3.	281.	Mezger, Flora Fradel	26.05.1855 – 05.04.1926	
4.	283.	Stern, Samuel a)	11.11.1856 – 17.11.1911	
4.	285.	Stern, Rosa geb. Stern b)	28.02.1868 – 30.03.1930	
5.	287.	Goldstein, Irwin Jizchak	21.01.1896 – 31.03.1913	
6.	289.	Hanauer, Bella	12.09.1861 – 11.05.1913	
7.	291.	Mezger, David Wolf	16.02.1877 – 17.09.1913	
8.	293.	Goldstein, Fanny Fradel a)	10.07.1840 – 18.09.1913	
8.	295.	Goldstein, Wolf Binjamin b)	08.05.1831 – 20.03.1914	
9.	297.	Kaufmann, Abraham	29.03.1851 – 06.07.1914	
10.	299.	Kaufmann, Emma Esther	04.11.1862 – 21.02.1927	
11.	301.	Goldstein, Fanny Fradel	17.02.1860 – 26.03.1915	
12.	303.	Krämer, David Josef Halevi	25.09.1852 – 05.09.1915	
13.	305.	Essinger, Sophie a)	30.08.1851 – 05.11.1916	
13.	307.	Essinger, Jakob b) Theresienstadt	13.12.1850 – 25.11.1942	
14.		Essinger, Selma a) Riga	18.02.1883 – 31.01.1942	
14.		Essinger, Max b) Riga	31.10.1880 – 31.03.1942	
14.		Essinger, Alice c) Riga	07.10.1908 – 31.03.1942	
15.	309.	Grünsfelder, Moses	18.10.1842 – 05.02.1917	
16.	311.	Schulmann, Lene Lea	11.06.1848 – 24.08.1917	
17.	313.	Grünsfelder, Fanny Fradel a)	22.07.1856 – 23.11.1917	
17.	315.	Grünsfelder, Hermann N.b)	10.09.1845 – 23.07.1918	
18.	317.	Falk, Salomon	14.12.1854 – 14.12.1917	
19.	319.	Falk, Berta Breindel	03.07.1859 – 13.06.1926	
20.	321.	Heinsfurter, Hermann Naftali	23.12.1899 – 26.02.1918	
21.	323.	Steiner, Moses	13.03.1841 – 02.07.1918	
22.	325.	Rosenfeld, Moritz Mosche	08.02.1866 – 18.10.1918	
23.	327.	Rosenfeld, Regine Rachel	29.10.1840 – 23.07.1924	
24.	329.	Bär, Abraham	14.03.1824 – 12.05.1919	
25.	331.	Königsberger, Gertrud Gitel	17.03.1888 – 26.11.1919	
26.	333.	Eichbergh, Heinrich Elchanan	29.01.1853 – 08.06.1921	
27.	335.	Grünsfelder, Jakob a)	29.07.1847 – 05.05.1922	
27.	337.	Grünsfelder, Sidonie Zär b)	06.11.1850 – 14.03.1927	
28.	341.	Cohn, Manuel Menachem a)	03.10.1850 – 04.03.1923	
28.	343.	Cohn, Jeanette Schiffle b)	27.08.1854 – 12.03.1928	
29.	345.	Stein, Karoline Jkra Gitel a)	04.02.1849 – 28.04.1923	
29.	347	Stein, Josua Jischai b)	29.05.1844 – 28.09.1932	

30.	349.	Bär, Samuel	19.05.1862 – 25.06.1925	
31.	353.	Goldstein Julie (Stein zerbr.)	13.02.1863 – 17.04.1926	
32.	357.	Künzelsauer, Pauline	31.10.1861 – 21.09.1926	
33.	359.	Rohrheimer, Lina Zerle	03.04.1848 – 05.02.1927	
34.	361.	Levy, Hermann Chaim	28.05.1876 – 13.02.1927	
35.	363.	Wolf, Sara Sofie	14.09.1845 – 01.04.1928	
36.	365.	Kraecker, Berta	07.03.1861 – 17.12.1928	
37.	367.	Elkan, Bernhard	04.08.1858 – 10.01.1935	
38.	369.	Goldstein, Willy	15.12.1886 – 04.03.1930	
39.	371.	Friedmann, Louis Ascher	18.07.1869 – 19.03.1931	
40.	375.	Stein, Samuel	21.02.1878 – 21.04.1932	
40.	377.	leer		
41.	379.	Schlesinger, Julius Jehuda	13.03.1869 – 06.10.1932	
42.	383.	Elkan, Moritz Mosche	15.01.1861 – 23.06.1933	
43.	385.	Heinsfurter, Lazarus Elieser	10.12.1851 – 11.04.1934	
44.	387.	Goldstein, Josef	24.08.1865 – 11.02.1935	
45.	391.	Friedmann, Mina Matle	25.04.1866 – 12.04.1936	
46.	393.	Oppenheim, Mina	28.06.1884 – 05.02.1938	
47.	395.	Heinsfurter, Albert Adolf	21.08.1886 – 17.08.1938	
48.	397.	Strauss, Emma	15.02.1865 – 20.07.1939	
49.	399.	Kalenscher, Samuel Schlomo	06.01.1859 – 01.04.1940	
50.		Levi, Julius a)	17.03.1866 – 18.02.1942	
50.		Levi, Jenny b) und Sohn Fritz, beide gestorben, 1943 deportiert		
51.		Stein, Bernhard	14.09.1907 – 08.05.1961	
52.		Eichberg, Moritz	04.11.1894 – 02.06.1968	

Ein Blick über die Dächer von Crailsheim vom Stadtturm aus Richtung Karlsberg und Wilhelmshöhe, davor in der Senke der jüdische Friedhof. *(Postkartenausschnitt von 1917)*

Gräber laut Bestattungsliste - Grabsteine heute nicht mehr auffindbar

Die erste Spalte gibt die Nummer des Grabsteines nach dem Bestattungsregister an. Nach dem Namen folgen das Sterbedatum (soweit bekannt) und das Alter.

Reihe 1

6	Rosenfeld, David.	10.07.1842 – 1 J. 9 Monate
7	Rosenfeld, Marx	22.08.1842 – 33 Tage
9	Löwenthal, Helene	16.11.1842 – 6 Wochen
10	Maier, Luise	18.11.1842 – 7 Monate
12	Rosenthal, Pauline	04.02.1843 – 3 Monate
13	Löwenthal, Anonymus des Baruch L. ?	
15	Lippmann, Hanna	25.12.1843 – 7 Wochen
16	Nußbaum, Mirjam	17.02.1844 – 37 Tage
17	Einhorn, Fratel	10.10.1844 – 9 Monate
19	Oppenheim, Anon.	25.03.1847 – 6 Wochen
22	Falk, Salomon Löw	13.03.1848 – 9 Monate
23	Badmann, Jakob	01.04.1848 – 3 J. 2 Monatte
24	Pflaum... Mina, von Pflaumloch	17.01.1849 – 8 Monate
25	Aal, Mordechai	06.04.1849 – 5 Monate
62	Goldstein, Isaak	11.04.1867 – 5 Wochen
63	Levi, Therese	17.04.1867 – 2 Monate
66	Ball, Bunle	16.06.1868 – 3 Monate
70	Friedmann, Victor	27.02.1871 – 8 Monate
76	Badmann, Heinrich	11.08.1874 – 6 Wochen
77	Badmann, Benjamin	18.08.1874 – 2 Monate

Reihe 2

27	Baer, Leopold	08.01.1850 – 1 J. 9 Monate
28	Heinsfurter, Wolf	11.01.1850 – 6 Monate
29	Stein, Rosa	10.02.1850 – 9 Monate
30	Lippmann, Simon	17.03.1850 – 3 Monate
32	Levi, Karoline	21.05.1850 – 3 Monate
33	Rosenthal, Julius	25.06.1850 – 2 J. 3 Monate
34	Friedmann, Jakob	12.12.1850 – 2 J. 3 Monate
38	Lippmann, Salomo	15.01.1853 – 10 Wochen
39	Maier, Marie	13.06.1853 – 9 Monate
42	Pillitscher, Carl	10.10.1855 – 9 Wochen
43	Hallheimer, Luise	05.01.1856 – 6 Wochen
44	Rosenfeld, Rosalie	25.07.1856 – 1 Monat
45	Hallheimer, Samuel	25.05.1857 – 9 Wochen
46	Hirschmann, Hugo	unleserlich -
47	Falk, Lene	unleserlich – 7 Monate
48	Hallheimer, Ascher	09.1858 – 6 Wochen
49	Mandelbaum, Jeanette	05.07.1859 – 7 Monate 5 Tage
53	Heinsfurter, David	03.08.1861 – 5 Monate
54	Hallheimer, Pauline	07.03.1862 – 10 Monate
55	Hallheimer, Babette	12.03.1862 – 10 Monate
56	Hallheimer, Ruth	12.03.1862 – 10 Monate
57	Hallheimer, Klara	07.01.1863 – 3 Monate
58	Ball, Jette	26.04.1863 – 7 Monate
60	Badmann, Abraham	07.04.1865 – 1 J. 6 Monate

Gedenkstein 1914 - 18

Auf dem Gedenkstein für die Toten des Ersten Weltkrieges sind folgende Namen verzeichnet:

Nathan Gundelfinger
Willy Heinsfurter
Sigmund Schlossberger
Julius Hallheimer
Jakob Strauss
Moriz Mezger
Heinrich Goldstein

Der Stein trägt die Inschrift: „Wir gedenken Euer mit liebendem Herzen, mit dankbarem Gefühle".

Der Stein war ursprünglich in der Synagoge angebracht. Wann die Tafel dann an der südlichen Schmalseite der Geschirrhütte am jüdischen Friedhof montiert wurde, ist unbekannt. 1967 berichtete das Bauamt in einem Aktenvermerk, daß diese Bronzetafel in seinem Fundus liege. 1972, gleichzeitig mit dem Gedenkstein 1933-45, erfolgte die Aufstellung der Gedenktafel auf dem jüdischen Friedhof in der Beuerlbacher Straße. 1995 wurde die Menorah der Platte mutwillig zerstört.

1933 - 1945

Erniedrigt, verstoßen, verfemt und ermordet Opfer der nationalsozialistischen Gewaltherrschaft beschwören Dich Niemals wieder

Salomon Adler
geboren 17.9.1882 in Burgpreppach/Bayern
deportiert von Crailsheim nach Dachau und Buchenwald, zurück in Dachau, dort gestorben 1.1.1941

Emma Behrens, geborene Straus
geboren 30.10.1880 in Braunsbach
deportiert von Würzburg Ende 1941 oder Anfang 1942 nach Theresienstadt
dort gestorben

Zilli Elkan
geboren 29.1.1877 in Creglingen
deportiert von Crailsheim 1942 nach Theresienstadt
dort gestorben 28.12.1942

Alice Essinger
geboren 7.10.1908 in Crailsheim
deportiert 1942 von Crailsheim nach Riga
dort gestorben am 31.3.1942

Jakob Essinger
geboren 13.12.1850 in Oberdorf/Ipf
1939 ins jüdische Altersheim Herrlingen
von dort deportiert 22.8.1942 nach Theresienstadt
dort gestorben am 25.11.1942

Max Essinger
geboren 31.10.1880 in Crailsheim
deportiert 1942 von Crailsheim nach Riga (oder Izbica)
dort gestorben 31.3.1942

Selma Essinger
geboren 18.2.1883 in Michelbach/Lücke
deportiert 1942 von Crailsheim nach Riga (oder Izbica)
dort gestorben 31.1.1942

Dina Friedmann
geboren 9.1.1881 in Karbach
deportiert 1941 von Crailsheim nach Polen
für tot erklärt auf 31.8.1945

Leo Friedmann
geboren 4.8.1909 in Crailsheim
ausgewandert in die USA
gestorben am 29.11.1982 in New York

Lina Friedmann
geboren 24.10.1871 in Crailsheim
deportiert 1941 von Crailsheim nach Polen (lt. Personalbogen 1942)

Mina Friedmann
geboren 15.4.1882 in Crailsheim

105

deportiert von Crailsheim 1942 nach Polen (lt. Personalbogen)

Tonie Friedmann
geboren 18.4.1907 in Crailsheim
deportiert von Crailsheim 1941 nach Polen (am 1.12.1941 nach Riga ?)
für tot erklärt auf 31.12.1945

Lazarus Goldstein
geboren 18.6.1855 in Goldbach
deportiert von Crailsheim 1942 in ein jüdisches Altersheim, dann nach Theresienstadt
dort gestorben am 10.9.1942

Paula Goldstein
geboren 29.9.1874 in Edelfingen/Mergentheim
deportiert von Crailsheim 1942 nach Theresienstadt, dann Polen

Jenny Grimminger, geborene Stern
geboren 26.11.1895 in Michelbach/Lücke
deportiert von Stuttgart April 1943
gestorben in Auschwitz 2.12.1943

Emma Hallheimer
geboren 30.4.1871 in Windsbach
deportiert von Crailsheim 1942 nach Theresienstadt
für tot erklärt auf 16.3.1943

Hedwig Hallheimer
geboren 2.3.1891 in Heinsheim
1942 nach Lauchheim (Laupheim ?) gezogen, seit 9.10.1944 in Auschwitz verschollen

Karl Hallheimer
geboren 13.6.1891 in Crailsheim
nach Lauchheim (Laupheim?) gezogen
von dort deportiert am 22.8.1942
gestorben 21.4.1944 in Theresienstadt

Samuel Hallheimer
geboren 6.5.1893 in Crailsheim

nach Herrlingen, deportiert von Ulm 1. 12.1941 nach Riga
für tot erklärt auf 8.5.1945

Amalie Hilb
geboren 9.6.1884 in Olnhausen
deportiert von Crailsheim 1942 nach Polen

Hermann Hilb
geboren 17.8.1877 in Jestetten bei Waldshut
deportiert von Crailsheim 1942 nach Polen

Nanette Israel, geborene Stein
geboren 25.10.1869 in Crailsheim
1893 geheiratet und von Crailsheim weggezogen
deportiert von Buttenhausen 28.8.1942 nach Theresienstadt und von dort 26.9.1942 weiter Richtung Osten

Fritz Levi
geboren 16.12.1901 in Crailsheim
deportiert, Schicksal unbekannt
auf 19.7.1942 für tot erklärt

Heinrich Levi *(genannt Hugo Levi)*
geboren 29.4.1887 in Crailsheim
1919 nach Öhringen geheiratet
von dort deportiert 1.12.1941 nach Riga

Jenny Levi
geboren 15.5.1871 in Werneck/Bayern
deportiert von Crailsheim 1942 nach Theresienstadt, dann nach Polen
auf 29.9.1942 für tot erklärt

Sara Levi, geborene Kocherthaler
geboren 6.11.1860 in Ernsbach
1934 nach Öhringen gezogen
deportiert von dort
gestorben 2.9.1942 in Theresienstadt

Senta Meyer, geborene Stern
geboren 15.1.1903 in

Michelbach/Lücke
deportiert 1941 von Stuttgart nach Riga

Beate Mezger
geboren 22.9.1920 in Crailsheim
deportiert von Crailsheim 1941 nach Polen

Louis Mezger
geboren 5.9.1885 in Crailsheim
deportiert von Crailsheim 1941 nach Polen
gestorben 12.12.1944 in Kaufering/Kreis Landsberg
(laut Urkunde Standesamt der Zentralstelle Arolsen)

Luise Mezger
geboren 31.1.1900 in Crailsheim
deportiert von Crailsheim nach Polen

Jakob Oppenheim
geboren 28.2.1881 in Osthofen bei Straßburg
deportiert von Crailsheim 1942 nach Theresienstadt
gestorben 8.3.1943

David Pappenheimer
geboren 25.2.1864 in Oberdorf bei Bopfingen
1936 verzogen nach Nürnberg
deportiert von dort 1942
gestorben in Theresienstadt

Bonna Rosenfeld
geboren 9.1.1907 in Crailsheim
deportiert August 1942 von Stuttgart nach Theresienstadt und weiter im Januar 1943 nach Auschwitz, dort gestorben

Manfred Rosenfeld
geboren 14.6.1930 in Crailsheim
kam 1939 ins jüdische Waisenhaus Esslingen
von dort ausgewandert nach Glasgow/Schottland

Max Rosenfeld
geboren 11.1.1908 in Crailsheim
deportiert 1941 von Crailsheim nach Polen

Rolf Rosenfeld
geboren 21.1.1929 in Frankfurt am Main
1939 von Crailsheim ins jüdische Waisenhaus Esslingen
deportiert von dort

Sofie Rosenfeld
geboren 14.5.1904 in Crailsheim
deportiert von Crailsheim 1941 nach Polen

Julie Rosenheimer
geboren 13.1.1876 in Crailsheim
geheiratet am 5.4.1897 nach Edelfingen bei Mergentheim
deportiert (näheres unbekannt)
für tot erklärt auf 31.12.1945

Moses Rosenthal
geboren 6.1.1878 in Niederstetten
deportiert von Crailsheim 1942 nach Polen

Rosa Rosenthal
geboren 13.5.1875 in Eschenau
deportiert von Crailsheim 1942 nach Polen

Hanna Rosenwaid, geborene Straus
geboren 15.3.1886 in Braunsbach
deportiert von Regensburg nach Osten
dort umgekommen

Bertha Schlüsselblum, geborene Rosenfeld
geboren 27.3.1862 in Crailsheim
geheiratet 1882 nach München
deportiert vom Altersheim München nach Theresienstadt
gestorben 1944

Adolf Stein
geboren 22.7.1880 in Crailsheim
1934 verzogen nach Stuttgart
deportiert von Stuttgart
für tot erklärt auf 31.7.1942

Berthold Stein
geboren 26.4.1871 in Crailsheim
deportiert von Crailsheim 1938 nach Dachau
gestorben 28.6.1938 in Prittlbach bei Dachau
beigesetzt in Crailsheim

David Stein
geboren 9.12.1872 in Crailsheim
im November 1936 verzogen nach Bad Cannstatt
deportiert von dort 1942 nach Maly Trostinec
gestorben 1942

Mathilde Stein
geboren 2.4.1883 in Niederstetten
deportiert von Crailsheim 1941 nach Polen
gestorben 4.2.1942 in Jungfernhof bei Riga/Lettland

Mina Stein
geboren 13.2.1904 in Crailsheim
im November 1936 verzogen nach Bad Cannstatt
deportiert von dort
für tot erklärt auf 8.5.1945

Selma Stein, geborene Blum
geboren 31.5.1884 in Mellrichstadt
1934 nach Stuttgart verzogen
deportiert von dort
für tot erklärt auf 31.7.1942

Zerline Strauss
geboren 18.11.1887 in Olnhausen
deportiert von Crailsheim 1942 nach Polen
gestorben vermutlich in Theresienstadt

Gitta Wolf, geborene Straus
geboren 24.10.1875 in Braunsbach
deportiert von Brieg/Breslau nach Osten
dort umgekommen

Marta Zechermann, geborene Straus
geboren 26.9.1882 in Braunsbach
geheiratet 1906
deportiert von Amberg nach Osten
dort umgekommen

Es fehlen auf der Gedenktafel:

Moses Eppstein
geboren 8.12.1861 in Mönchsroth
16.5.1938 verzogen nach Würzburg
deportiert von dort nach Theresienstadt

Zerline Eppstein
geboren 18.6.1868 in Schenklengsfeld/Kreis Hersfeld
16.5.1938 verzogen nach Würzburg
deportiert von dort nach Theresienstadt

Jakob Steiner *(genannt Julius)*
geboren 5.6.1882 in Dünsbach
deportiert von Crailsheim (?) am 12.11.1938 nach Dachau (sogenannte Schutzhaft, Nr. 22 746)
gestorben 12.12.1938 in Prittlbach bei Dachau, beigesetzt in Crailsheim

Irrtümlich auf der Gedenktafel aufgeführt: Leo Friedmann und Manfred Rosenfeld sowie Hugo Levi (der identisch ist mit Heinrich Levi, siehe dort)

Abweichende Schreibweisen; richtig ist: Mezger, geb. Straus (viermal), Bonna Rosenfeld, Kocherthaler

Quellen:

Gedenkstein, Aufzeichnungen des Friedhofamtes Crailsheim, Personalbogen von 1972, Standesamt Crailsheim, Archiv des Konzentrationslagers Dachau und private Korrespondenz.

Alphabetisches Namensverzeichnis

Aal, Ernestine: 1815-1890; R5/32
Aal, Fanny Vögele: 1850-1923; R8/29
Aal, Friedericke: 1858-1884; R4/31
Aal, Löb: 1793-1870; R7/21
Aal, Moses: 1844-1851; R2/ 5

Adler, Sophie Sprinz: 1885-1935; R8/44
Adler, Therese: 1882-1882; R2/14

Alexander, Moses Aharon: 1859-1905; R6/52

Badmann, Chajah: 1868-1869; Rl/ 9
Badmann, Hanne Hanna: 1823-1907; R6/55
Badmann, Isaak Eisig Baer: 1819-1901; R6/44
Badmann, Kela: 1790-1858; R4/13
Badmann, Koppel: 1787-1843; R7/ 6
Badmann, Mordechai
    Marx Hirsch: 1810-1883; R7/26
Badmann, Ricke: 1806-1865; R3/14

Bär, Abraham: 1894-1910; R9/24
Baer, Babette Bunle: 1831-1896; R6/39
Baer, Breindle: R6/ 1
Bär, David: 1780-1866; R7/15
Bär, David: 1866-1927; R8/35
Bär, Lazarus Löser: 1823-1910; R8/ 1
Bär, Löw Jehuda: 1827-1897; R5/40
Bär, Samuel: 1862-1925; R9/30

Ball, Betty Babette: 1826-1872; R6/17
Ball, Max: 1826-1909; R7/64
Ball, Sara: 1836-1911; R8/ 3

Bamberger, Abraham: 1804-1858; R4/11
Bamberger, Adelheid: 1803-1857; R4/ 3
Bamberger, Beni: 1846-1910; R6/63
Bamberger, Fratel: 1781-1861; R3/ 5

Berolzheimer, Karoline: 1805-1860; R4/16
Berolzheimer, Victor: 1766-1842; R7/ 3

Blumenthal, David: 1801-1850; R6/12

Blumenthal, Mine: 1801-1864; R3/ 9

Braunschweiger Rosa Rösle: 1860-1912; R8/ 6

Cohn, Jeanette Schiffle: 1854-1928; R9/28
Cohn, Manuel Menachem: 1850-1923; R9/28

Crailsheimer, Betty: 1781-1860; R4/o.St.
Crailsheimer, Hanna: 1811-1857; R4/o.St.
Crailsheimer, Salomon: 1767-1847; R6/ 2

Eichberg, Heinrich Elchanan: 1853-1921; R9/26
Eichberg, Moritz: 1894-1968; R9/52

Einhorn, Babette: 1811-1900; R5/42
Einhorn, Menachem: 1803-1874; R6/23

Eisemann, Hannchen: 1865-1926; R8/33

Elkan, Bernhard: 1858-1935; R9/37
Elkan, Hänlein Elchanan: 1814-1892; R7/36
Elkan, Moritz Mosche: 1861-1933; R9/42

Elsässer, Alexander: 1817-1893; R4/43
Elsässer, Mina: 1827-1919; R4/44

Essinger, Adolf: 1884-1885; R3/21
Essinger, Alice: 1908-1942; R9/14
Essinger, Amalie: 1820-1884; R6/26
Essinger, Bernhard: 1882-1886; R2/18
Essinger, Hanchen: 1877-1878; R1/28
Essinger, Jakob: 1850-1942; R9/13
Essinger, Klara: 1783-1865; R3/13
Essinger, Max: 1880-1942; R9/14
Essinger, Selma: 1883-1942; R9/14
Essinger, Sigmund: 1876-1876; R1/26
Essinger, Sophie: 1851-1916; R9/13

Falk, Berta Breindel: 1859-1926; R9/19
Falk, Fanny: 1817-1893; R4/38

Falk, Julius:	1809-1889; R4/37	Goldstein, Fanny Fradel:	1840-1913; R9/ 8
Falk, Lina:	1891-1891; R2/24	Goldstein, Fanny Fradel:	1860-1915; R9/11
Falk, Louise Lea:	1880-1881; R2/12	Goldstein, Gelle Jette:	1811-1893; R7/38
Falk, Martin:	1904-1916; R8/16	Goldstein, Gules:	1814-1887; R6/29
Falk, Max:	1883-1889; R3/23	Goldstein, Haenlein Chanoch:	1825-1890; R6/32
Falk, Mina:	1892-1895; R3/29	Goldstein Hedwig:	1890-1890; R2/22
Falk, Salomon:	1854-1917; R9/18	Goldstein, Hermann Naftali:	1870-1917; R8/18
		Goldstein, Irwin Jizchak:	1896-1913; R9/ 5
Fleischhauer, Babette:	1810-1858; R4/ 6	Goldstein, Isaak:	1835-1887; R5/29
Fleischhauer, Mannasses Löb:	1807-1850; R6/13	Goldstein, Jeitel Jehuda:	1823-1900; R6/43
Fleischhauer, Mina:	1783-1864; R3/10	Goldstein, Josef:	1787-1861; R3/ 7
		Goldstein, Josef:	1865-1935; R9/44
Frank, David:	1768-1850; R6/11	Goldstein, Julie?	R9/ 31;St. zerbr.
		Goldstein, Julius Josef:	1867-1926; R8/34
Freundlich, Judith Jettle:	1830-1892; R7/37	Goldstein, Karoline:	1821-1891; R5/34
Freundlich, Lina Lene:	1861-1861; R1/10	Goldstein, Klothilde:	1886-1887; R2/19
Freundlich, Louis:	1867-1867; R1/11	Goldstein, Lazarus Elieser:	1836-1910; R6/60
		Goldstein, Lazarus:	1864-1865; R2/ 1
Friedmann, Babette:	1830-1911; R8/ 4	Goldstein, Mina Mirjam:	1844-1908; R6/59
Friedmann, Babette Bila:	1874-1905; R7/52	Goldstein, Rosa:	1872-1872; R1/16
Friedmann, David:	1841-1917; R8/20	Goldstein, Salomon:	1843-1922; R8/19
Friedmann, Fanny:	1868-1871; R1/15	Goldstein, Serle Sidi:	1901-1902; R3/30
Friedmann; Ida Jale:	1845-1913; R8/ 8	Goldstein, Willi:	1888-1889; R2/21
Friedmann, Lena (Helene):	1801-1871; R7/22	Goldstein, Willy:	1886-1930; R9/38
Friedmann; Louis Ascher:	1869-1931; R9/39	Goldstein, Wolf Binjamin:	1831-1914; R9/ 8
Friedmann, Ludwig:	1835-1919; R8/24	Goldstein, Wolf Binjamin:	1852-1915; R8/13
Friedmann, Luise:	1877-1884; R3/19	Goldstein, Wolf Binjamin:	1852-1889; R7/32
Friedmann, Mathilde Medle:	1840-1909; R7/42		
Friedmann, Mathilde Mottel:	1871-1904; R7/49	Grünsfelder, Bernhardine Breindel:	1812-1893; R6/36
Friedmann, Mina Meile:	1842-1912; R7/56	Grünsfelder, David:	1875-1875; R1/23
Friedmann, Mina Matle:	1866/1936; R9/45	Grünsfelder, Fanny Fradel:	1856-1917; R9/17
Friedmann, Moses.	1840-1898; R7/11	Grünsfelder, Gustav.	1886-1891; R3/24
Friedmann, Nathan:	1870-1942; R8/50	Grünsfelder, Hermann:	1845-1918; R9/17
Friedmann, Pfeiffer:	1807-1878; R4/21	Grünsfelder, Jakob:	1847-1922; R9/27
Friedmann, Samuel:	1805-1876; R5/19	Grünsfelder, Mina Michle:	1809-1891; R6/34
Friedmann, Sam Schmuel:	1876-1906; R6/54	Grünsfelder, Moses:	1842-1917; R9/15
Friedmann, Viktor Avigdor:	1838-1906; R7/55	Grünsfelder, Ricka:	1881-1884; R3/20
		Grünsfelder, Rosa Hilde:	1874-1875; R1/21
Fuchs, Babette Breindel:	1833-1905; R7/53	Grünsfelder, Salom. Schneur Salm.	1808-1891; R6/35
		Grünsfelder, Sara:	1845-1887; R7/30
Goldstein, Adolf:	1892-1893; R3/26	Grünsfelder, Seligm. Hirsch Sigm.:	1878-1879; R1/29
Goldstein, Amalie:	1790-1848; R6/ 5	Grünsfelder, Sidonie Zär:	1850-1927; R9/27
Goldstein, Amalie:	1869-1876; R1/25		
Goldstein, Amalie:	1881-1882; R2/13	Gundelfinger, Auguste Gitel:	1867-1931; R8/11
Goldstein, Auguste Gitel:	1865-1904; R6/48	Gundelfinger, Salomo:	1814-1887; R5/30
Goldstein, Babette:	1850-1917; R8/19	Gundelfinger, Salomon:	1860-1914; R8/10
Goldstein, Bernhard Benjamin:	1853/1931; R8/39		
Goldstein, Berta Bila:	1854-1924; R7/33	Gutmann, Abraham:	1801-1873; R6/20
Goldstein, Fanny:	1838-1901; R4/48	Gutmann, Jette:	1860-1908; R6/58

Gutmann Kela:	1790-1877; R4/20	Hermann, Hendle:	1813-1883; R4/30
		Hermann, Salomon:	1815-1892; R4/41
Hänlein, Gütel:	1780-1857; R4/ 4		
Hänlein, Simon:	1775-1849; R6/10	Hess Bertha Perl:	1824-1908; R7/63
		Hess, Louis:	1868-1939; R8/49
Hallheimer Albert:	1856-1935; R8/31	Hess, Siegmund:	1858-1932; R8/40
Hallheimer, Babette Zippora:	1808-1853; R5/ 4		
Hallheimer, Babette:	1823-1860; R4/14	Hirsch, David:	1841-1842; R1/ 4
Hallheimer, Berta:	1861-1923; R8/31	Hirsch, Lämlein:	1789-1841; R7/ 1
Hallheimer, Emil Ascher:	1863-1932; R8/41	Hirsch, Mirjam Mina:	1793-1851; R5/ 1
Hallheimer, Ferdinand:	1869-1892; R4/42		
Hallheimer, Fratel:	1833-1872; R6/16	Hirschmann, Sara:	1797-1868; R7/17
Hallheimer, Hanna Channa:	1859-1883; R7/25		
Hallheimer, Hugo:	1885-1886; R3/22	Kahn, HermannNaftali:	1869-1875; R1/22
Hallheimer, Israel:	1786-1851; R6/15		
Hallheimer, Julius:	1818-1870; R7/19	Kalenscher, Samuel Schlomo:	1859-1940; R9/49
Hallheimer, Karoline:	1826-1905; R7/51		
Hallheimer, Sara:	1819-1858; R4/10	Kaufmann, Abraham:	1851-1914; R9/ 9
		Kaufmann, Emma Esther:	1862-1927; R9/10
Hanauer, Bella:	1861-1913; R9/ 6		
Hanauer, Isaak:	1897-1909; R6/62	Koenigsberger, Frida:	1882-1933; R7/65
		Königsberger, Hedwig:	1874-1874; R1/18
Heinsfurter, Albert Adolf:	1886-1938; R9/47	Königsberger, Heinrich:	1847-1899; R5/41
Heinsfurter, Bela:	?-1857; RS/13	Königsberger, Jeannette:	1806-1891; R7/34
Heinsfurter, Bertha:	1888-1888; R2/20		
Heinsfurter, Berta Perl:	1904-1915; R8/14	Kohn, Adelheid Edel:	1816-1899; R6/41
Heinsfurter, David:	1790-1860; R3/ 1	Kohn, Babette:	1788-1848; R6/ 7
Heinsfurter, David:	1862-1932; R8/42	Kohn, Gela:	1793-1872; R7/24
Heinsfurter, David:	1880-1881; R1/31	Kohn, Hannah:	1828-1905; R7/54
Heinsfurter, Hermann Naftali:	1899-1918; R9/20	Kohn, Isaak:	1860-1929; R8/38
Heinsfurter, Hirsch Naftali:	1821-1897; R4/46	Kohn, Israel Veis:	1786-1850; R6/o.St.
Heinsfurter, Jeannette:	1827-1921; R8/25	Kohn, Jeannette Schiffle:	1832-1904; R7/48
Heinsfurter, Lazarus Elieser:	1851-1934; R9/43	Kohn, Jeannette:	1846-1872; R6/19
Heinsfurter, Mirjam:	1856-1916; R6/53	Kohn, Moriz Ludwig:	1869-1869; R1/13
Heinsfurter, Moritz Mosche:	1864-1917; R8/17	Kohn, Nathan:	1823-1891; R7/35
Heinsfurter, Sara:	1856-1884; R7/27	Kohn, Rosa:	1893-1893; R3/27
Heinsfurter, Sara Amalie:	1884-1884; R2/15	Kohn, Ruth:	1926-1931; R2/29
Heinsfurter, Seligmann Pinchas:	1849-1906; R6/53	Kohn, Salomon Naftali Hirsch:	1822-1904; R7/48
Heinsfurter, Seligmann Jakob:	1824-1900; R5/43	Kohn, Samuel:	1788-1865; R3/15
Heinsfurter, Therese:	1822-1873; R6/22	Kohn, Siegfried Schmaja:	1908; R6/57
Heinsfurter, Wolf Binjamin:	1847-1861; R3/ 3		
		Kraecker, Berta:	1861-1928; R9/36
Heller, Emil:	1890-1891; R3/25		
		Krämer; David Josef Halevi:	1852-1915; R9/12
Hermann, Brenntele:	1779-1861; R3/ 4		
Hermann, Eva:	1802-1861; R3/ 6	Königsberger; Gertrud Gitel:	1888-1919; R9/25
Hermann, Götz Eljakum:	1820-1896; R7/40		
Hermann, Hanna Fanny:	1808-1886; R6/28	Künzelsauer, Lippmann Elieser:	1864-1923; R8/30
Hermann, Hajum:	1814-1892; R6/37	Künzelsauer, Pauline:	1861-1926; R9/32

Landauer Hugo:	1861-1861: R2/11	Maier, Breindel:	1780-1856; R5/12
		Maier, Breundel:	1790-1857; R4/ 1
Landsberg, Jakob:	1828-1857; R4/ 2	Maier, Bunle:	1786-1861; R3/ 2
		Maier, Josef:	1847-1862; R3/ 8
Levi, Baruch:	1839-1899; R4/47	Maier, Löb:	1823-1880; R4/25
Levi, Emmanuel Moses:	1783-1852; R5/	Maier, Maier Löb:	1787-1864; R3/o.St.
		Maier, Nathan:	1790-1855; RS/11
Levi, Fritz:	1943; R9/50	Maier, Regine geb. Maier:	1809-1889; R5/31
Levi, Gütele:	1769-1854; R5/ 9	Maier, Salomon:	1782-1853; R5/ 3
Levi, Hendle:	1785-1858; R4/ 9		
Levi, Hermann Naftali Hirsch:	1851-1895; R7/39	Mayer, Elkan:	1824-1858; R4/12
Levi, Ida Jale:	1855-1912; R8/37	Mayer, Jette Jettle:	1863-1908; R6/56
Levi, Jakob:	1844-1876; R4/18		
Levi, Jeannette:	1819-1882; R4/27	Mandelbaum, Abraham:	1816-1902; R6/45
Levi, Jenny:	1943; R9/50	Mandelbaum, Alexander:	1847-1908; R7/60
Levi, Jesaias Jeschaja:	1855-1913; R8/ 9	Mandelbaum, August:	1883-1885; R2/16
Levi, Jonas:	1780-1847; R6/ 3	Mandelbaum, Babette:	1852-1854; R2/ 8
Levi, Julius	1866-1942; R9/50	Mandelbaum, Emma:	1873-1874; R1/20
Levi, Maier:	1780-1844; R7/ 8	Mandelbaum, Emma:	1880-1880; R1/31
Levi, Mina:	1818-1884; R4/32	Mandelbaum, Esther:	1843-1847; R1/ 8
Levi, Paul:	R9/ 1 nicht belegt	Mandelbaum, Fanni:	1822-1849; R6/ 9
Levi, Pesle:	1814-1843; R7/ 4	Mandelbaum, Fratel:	1845-1847; R1/ 7
Levi, Salomo Löb Arie:	1808-1887; R6/30	Mandelbaum, Hermann:	1856-1860; R2/ 9
Levi, Sara Kela:	R7/13	Mandelbaum, Herz Abraham:	1780-1848; R6/ 4
Levi, Sophie, geb. Marx:	1838-1921; R4/47	Mandelbaum, Jette:	1848-1849; R2/ 2
		Mandelbaum, Josef:	1877-1878; R1/27
Levigard, Julius Bernhard:	1895-1895; R2/26	Mandelbaum, Lina Lene:	1850-1919; R7/61
Levigard, Leopold:	1859-1911; R8/ 5	Mandelbaum, Mändlein Menachem:	1782-1858; R4/ 7
		Mandelbaum, Max:	1873-1874; R1/17
Levy, Hermann Chaim:	1876-1927; R9/34	Mandelbaum, Wolf Binjamin:	1844-1902; R4/49
Liebmann, Aaron:	1794-1870; R7/20	Mark?, Telz:	1804-1845; R7/ 5
Liebmann, Mina:	1803-1876; R5/23		
		Marx, Ernestine:	1821-1879; R4/23
Lippmann, Bertha:	1835-1909; R6/61	Marx, Nanette:	1813-1848; R6/ 6
Lippmann, Jette:	1813-1872; R6/18	Marx, Salomo Hirsch Schneur Zwi:	1808-1882; R4/26
Lippmann, Lazarus:	1870-1870; R1/14		
Lippmann, Sigmund:	1866-1866; R1/10	Mezger, Adelheid:	1834-1885; R6/27
		Mezger, David:	1780-1861; R4/17
Löwenthal, Babette Bela:	1829-1844; R7/ 7	Mezger, David Schmuel:	1872-1904; R6/47
Löwenthal, Baruch:	1798-1854; R5/ 8	Mezger, David Wolf:	1877-1913; R9/ 7
Löwenthal, Bertha:	1802-1845; R7/11	Mezger, Flora Fradel:	1855-1926; R9/ 3
Löwenthal, Joel:	1789-1854; R5/ 7	Mezger, Max Meir:	1873-1936; R8/46
Löwenthal, Rachel:	1796-1876; R5/20	Mezger, Mina:	1850-1891; R5/35
		Mezger, Mina Mirjam:	1901-1912; R8/ 7
Loser, Salomo:	1785-1857; R5/14	Mezger, Moses:	1812-1886; R4/34
		Mezger, Moses:	1826-1891; R5/33
Löser, David Salomon Wolf:	1824-1876; R5/21	Mezger, Nathan:	1881-1936; R8/45
Löser, Matel Magdalene:	1766-1842; R7/ 2	Mezger, Samuel:	1842-1914; R8/12

Mezger, Samuel:	1881-1881; R2/ Stein fehlt	Rosenfeld, Gabriel:	1809-1865; R3/17
		Rosenfeld, Hanna:	1803-1876; R5/22
Mezger, Sara:	1789-1852; R5/ 2	Rosenfeld, Heinrich:	1816-1896; R6/40
Mezger, Sara, geb. Stern:	1815-1891; R4/35	Rosenfeld, Hermann:	1910-1911; R2/28
Mezger, Wolf Binjamin:	1844-1911; R9/ 2	Rosenfeld, Hirsch Naftali:	1825-1886; R7/28
		Rosenfe!d, Isaak:	1818-1892; R5/36
Neuburger, Clara:	1797-1873; R6/21	Rosenfeld, Jeannette:	1832-1893; R4/45
		Rosenfeld, Jette:	1830-1905; R5/37
Nußbaum, Fanni:	1793-1889; R6/31	Rosenfeld, Johanna:	1864-1904; R6/49
Nussbaum, Gütel:	1815-1870; R7/o.St.	Rosenfeld, Julie:	1897-1918; R8/23
Nußbaum; Jette:	1780-1857; R5/15	Rosenfeld, Karoline:	1817-1845; R7/10
Nussbaum, Jette:	1784-1869; R7/18	Rosenfeld, Luise Lea:	1875-1922; R8/26
		Rosenfeld, Maier Meir:	1827-1910; R7/58
Oppenheim; Mina:	1884-1938; R9/46	Rosenfeld, Marie Mirjam:	1873-1933; R8/43
		Rosenfeld, Max Meir:	1857-1915; R8/15
Oppenheimer, Abraham:	1848-1851; R2/ 4	Rosenfeld, Max:	1886-1894; R3/28
Oppenheimer, Babette:	1852-1852; R2/ 6	Rosenfeld, Marx:	1811-1875; R5/16
Oppenheimer, Emma:	1867-1879; R4/24	Rosenfeld, Mina:	1890-1891; R2/23
Oppenheimer, Jette:	1815-1888; R7/31	Rosenfeld, Mirjam:	1806-1844; R6/ 9
Oppenheimer, Julie:	1853-1854; R2/ 7	Rosenfeld, Moritz Mosche:	1866-1918; R9/22
Oppenheimer, Julius:	1849-1850; R2/ 3	Rosenfeld, Moriz Mosche:	1857-1888; R5/28
Oppenheimer, Moses	1839-1843; R1/ 5	Rosenfeld, Moriz:	1867-1867; R1/12
Oppenheimer, Pessle Babette:	1844-1845; R1/ 6	Rosenfeld, Moses:	1781-1849; R6/ 8
Oppenheimer, Schraga:	1809-1866; R7/16	Rosenfeld, Regine Rechel:	1818-1902; R6/42
		Rosenfeld, Regine Rachel:	1840-1924; R9/23
Pollak, Abraham:	1796-1854; R5/ 6	Rosenfeld, Ricka:	1812-1895; R5/38
		Rosenfeld, Rosine:	1814-1894; R6/38
Reinemann, Adolf:	1843-1909; R7/65	Rosenfeld, Sara geb. Löw:	1832-1907; R7/57
Reinemann, Alexander Ari:	1805-1865; R7/14	Rosenfeld, Silpa:	1800-1879; R5/18
Reinemann, Henriette:	1837-1882; R4/29	Rosenfeld, Wilhelm Meir:	1844-1900; R7/43
Reinemann, Jakob:	1842-1842; R1/ 3		
Reinemann, Julie Hendle:	1846-1918; R8/21	Rosenthal, Bernhard:	1809-1874; R6/24
Reinemann, Klara Gutele:	1807-1872; R7/23	Rosenthal, Hanna:	1783-1855; R5/10
Reinemann, Klara:	1874-1874; R1/19	Rosenthal, Josef:	1839-1842; R1/ 2
Reinemann, Mathilde:	1851-1879; R4/22		
Reinemann, Nanette:	1852-1920; R7/65	Schlessinger, Bertha:	1905-1905; R3/31
		Schlesinger, Julius Jehuda:	1869-1932; R9/41
Rindskopf, Fanni:	1765-1845; R7/12		
		Schlüsselblum, Bertha geb. Rosenfeld:	1862-1944; R7/57
Rohrheime, Lina Zerle:	1848-1927; R9/33		
		Schönfrank, Alfred Abraham:	1903-1904; R2/27
Rosenfeld, Abraham:	1806-1886; R4/33	Schönfrank, Simon:	1868-1908; R7/62
Rosenfeld, Dr. Adolf:	1858-1918; R6/49		
Rosenfeld, Adolf:	1895-1895; R2/25	Schönmann, Jeannette:	1816-1882; R4/28
Rosenfeld, Amalie:	1836-1875; R5/17		
Rosenfeld, Bernhard:	1836-1904; R7/50	Schulmann, Lene Lea:	1848-1917; R9/16
Rosenfeld, Berthold Baruch:	1869-1938; R8/43		
Rosenfeld, Betty:	1854-1932; R8/36	Seckel, Jonas:	?-1861 R3/ ohne Stein
Rosenfeld, David:	1815-1886; R5/27		

Seligmann, Fanny:	1798-1861; R3/ohne Stein	Steiner, Julius Jakob:	1882-1938; R8/48
		Steiner, Karoline Kila:	1846/1904; R7/46
Seligmann, Jakob:	1787-1855; R5/	Steiner, Moses:	1841-1918; R9/21
Seligmann, Marx:	1795-1860; R4/15		
Seligmann, Rachel:	1790-1853; R5/ 5	Stern, Helene:	1858-1888; R4/36
		Stern, Jakob:	1862-1918; R8/22
Stein, Adolf Aharon:	1848-1909; R7/45	Stern, Karoline:	1855-1939; R4/40
Stein, Bernhard:	1799-1865; R3/16	Stern, Marie Mirjam:	1828-1902; R5/44
Stein, Bernhard:	1907-1961; R9/51	Stern, Mina Michle:	1820-1884; R5/26
Stein, Berta Breindel:	1880-1901; R7/44	Stern, Nathan:	1842-1891; R4/39
Stein, Berthold Jissachar:	1871-1938; R8/47	Stern, Rosa, geb. Stern:	1868-1930; R9/ 4
Stein, Esther:	1791-1865; R3/12	Stern, Samuel:	1856-1911; R9/ 4
Stein, Eva:	1812-1876; R4/19		
Stein, Fradel:	1826-1908; R7/59	Straus, Babette Breindel:	1857-1923; R8/28
Stein, Frammet Fanni:	1789-1854; R5/o.St.	Straus, Jakob Dow:	1853-1923; R8/28
Stein, Frida:	1882-1883; R3/18		
Stein, Jette Jettle:	1850-1918; R7/46	Strauss, Emma:	1865-1939; R9/48
Stein, Josua Jischai:	1844-1932; R9/29	Strauß, Klara:	1790-1876; R5/25
Stein, Karoline:	1840-1857; R4/ 5	Strauss, Klara:	1836/1903; R6/46
Stein, Karoline Jkra Gitel:	1849-1923; R9/29	Strauss, Nathan Seligmann:	1874-1933; R8/32
Stein, Klothilde Gitel:	1877-1922; R8/27		
Stein, Lina:	1876-1879; R1/30	Süssfeld, Hanchen Hendel:	1835-1905; R6/50
Stein, Löw Aaron:	1790-1858; R4/ 8	Süssfeld, Rufen:	1836-1913; R6/51
Stein, Marx:	1803-1876; R5/24		
Stein, Natalie:	1875-1875; R1/24	Wolf, Elias Baer:	1778-1864; R3/11
Stein, Ricke Rivka:	1804-1886; R7/29	Wolf, Mina:	1820-1890; R6/33
Stein, Rosalie:	1884-1886; R2/17	Wolf, Nathan Hirsch:	1819-1884; R6/25
Stein, Samuel:	1878-1932; R9/40	Wolf, Rös:	1781-1850; R6/14
		Wolf, Sara Sofie?:	1925-1925; R9/35
Steiner, Irma:	1909-1916; R3/32	Wolf, Zilli:	1850-1911; R8/ 2

Herkunftsorte

Die Herkunftsorte wurden ermittelt nach Grabsteininschriften, nach Familienregistern und Sterberegistern. Nicht getrennt wurde nach Herkunftsorten des Bestatteten selbst bzw. dessen Vater. Darüber gibt die Friedhofsdokumentation Aufschluß.

Affaltrach:	8.11
Aufhausen:	6.61; 8.40, 49
Aufseß:	4.24; 7.61
Augsburg:	8.43
Bechhofen:	6.12
Berlichingen:	6.27
Boxberg:	6.15
Braunsbach:	4.37; 8.28
Buchau:	5.31; 6.21; 7.37
Cronheim:	9.16
Dennenlohe:	3.14
Diespeck bei Neustadt an der Aisch:	6.23
Dünsbach:	4.22; 8.48; 9.21
Edelfingen:	4.11; 6.63; 9.10
Ederheim:	4.4
Ernsbach:	7.13
Fellheim:	6.19
Feuchtwangen:	7.48
Fürth:	4.3, 19; 7.5; 9.22
Gerabronn:	4.20, 48; 6.20
Goldbach:	2.5, 13; 3.2, 4, 6, 7, 10, 19, 23, 26, 29; 4.15, 16, 17, 30, 38, 41; 5.3, 29; 6.13, 22, 28, 32, 37, 47, 60; 7.3, 15, 18, 21, 41, 54; 8.1, 12, 13, 17, 19, 20, 24, 25, 39, 42; 9.2, 8, 24, 29, 43
Gunzenhausen:	3.9; 6.6
Hainsfarth:	3.12
Harburg:	4.23; 6.38; 7.63, 64
Hechingen:	9.48
Heilbronn:	3.31; 9.41
Heilsberg/Ostpreußen:	6.57
Heinsheim:	6.56; 9.17
Hengstfeld:	6.55, 58; 8.15; 9.6, 19, 26, 28, 52
Igenhausen:	4.2
Ingersheim:	3.16, 22; 4.5, 8, 18; 5.4, 9; 6.16; 7.4, 14; 8.4, 31; 9.3, 4, 13, 14, 15, 17
Karlsruhe:	9.25
Kinten/Preußen:	9.34
Kleinhausen/Hessen:	9.33
Kleinnördlingen:	8.2
Laupheim:	4.43; 8.5
Markelsheim:	6.53; 8.33
Michelbach/Lücke:	4.35, 36, 39; 6.34, 35, 36; 7.56; 8.22; 9.27, 35
Mönchsdeggingen:	8.3
Mönchsroth:	4.40; 6.18; 9.11, 36, 37, 42
Niederstetten:	8.28
Oberdorf/Ipf:	1.26; 3.1, 13, 21; 4.46; 5.10; 6.24, 26; 8.19, 31; 9.13
Oedheim:	9.9
Oettingen:	6.14
Offenbach:	7.55
Postelberg/Böhmen:	3.25
Rexingen:	1.18; 7.34
Schopfloch:	4.27; 6.9; 9.8
Sommerhausen/Ufr.:	9.46
Srednik/Rußland:	9.12
Steppach bei Augsburg:	4.44, 45
Unterdeufstetten:	8.44
Wadislawow/ Rußland-Polen:	9.28
Wankheim:	7.19
Wassertrüdingen:	4.6
Weikersheim:	1.22
Werneck/Unterfr.:	9.50
Wiesenbach:	1.11; 6.39; 9.30
Wittelshofen:	5.6; 6.59
Wurzingen:	6.10

Übersicht über die Herkunftsorte

Die Zahlen hinter den Ortsnamen zeigen an, wenn mehrere Personen zugezogen sind. Schwerpunkte sind im Raum Michelbach / Lücke und im Bereich Bopfingen-Nördlinger Ries zu erkennen.

- Kleinhausen / Hessen
- Heilsberg / Ostpr.
- Kinten / Preußen
- Wladislawow / russ. Polen
- Offenbach
- Srednik / Rußland
- Werneck / Ufr.
- Sommerhausen / Ufr.
- Edelfingen 3
- Markelsheim 2
- Weikersheim
- Niederstetten
- Aufseß 2
- Postelberg / Böhmen
- Heinsheim 2
- Boxberg
- Oedheim
- Heilbronn 2
- Affaltrach
- Berlichingen
- Diespeck
- Fürth 4
- Wiesenbach 3
- Michelbach / Lücke 10
- Hengstfeld 8
- Gerabronn 3
- Dünsbach
- Braunsbach 2
- Goldbach 37
- Schopfloch 3
- Ernsbach
- Crailsheim
- Feuchtwangen
- Ingersheim 18
- Bechhofen
- Karlsruhe
- Unterdeufstetten
- Cronheim
- Gunzenhausen 2
- Mönchsroth 6
- Wittelshofen 2
- Wassertrüdingen
- Aufhausen 3
- Oberdorf 11
- Hainsfarth
- Oettingen
- Harburg 4
- Wankheim b. Tüb.
- Ederheim
- Kleinnördlingen
- Mönchsdeggingen
- Rexingen 2
- Igenhausen
- Steppach 2
- Hechingen
- Augsburg
- Laupheim 2
- Buchau 3
- Fellheim b. Memmingen

Berufe

die in der Friedhofsdokumentation genannt sind, nicht ausgeschieden, ob sie den Bestatteten selbst oder dessen Vater betreffen. Ferner sind Stellungen innerhalb der Gemeinde genannt.

Arzt:	6.49, 9.31	Lehrer (und Vorsänger):	1.18, 4.19, 4.43, 6.2, 9.34
Bäckermeister:	7.28	Metzgermeister (Metzger):	1.26, 3.14, 3.21, 3.22, 5.29, 5.33, 6.13, 6.40, 6.44, 7.26, 8.31, 8.46
Bauer:	6.45		
Buchbindermeister:	5.16		
Bürstenbinder:	4.33	Ortsrabbiner:	6.2
Chaver:	6.11, 6.24, 7.15 (Gemeindeamt)	Pferdehändler:	9.47
		Richter:	7.15
Commissionär:	3.17	Rotgerber:	1.17
Fruchthändler:	1.12, 7.58	Sackträger (und Hausierer):	4.23, 7.64
Gastwirt:	8.24		
Gemeindevorsteher und Vorsänger:	6.2, 6.24, 6.53, 7.15	Sanitätsrat:	6.49
		Schächter:	4.25, 6.2, 6.44
Handelsmann:	3.19, 3.22, 3.26, 4.18, 4.25, 4.47, 5.8, 6.60, 7.55, 8.13, 8.20, 8.31, 8.34, 8.39, 8.42, 9.45	Schneidermeister:	6.12, 7.64
		Schofarbläser:	9.18 (Ehrenamt in der Gemeinde)
		Schuhhändler:	8.40, 8.49
Kappenmacher:	7.50	Schuhmacher:	8.24
Kaufmann:	3.18, 4.26, 8.5, 8.45, 8.47, 9.1, 9.29	Seifensieder:	3.25, 5.27
		Tuchscherer:	4.12
Krämer:	5.8	Viehhändler:	6.13, 6.45, 8.41, 8.48, 9.47
Landesproduktenhändler:	8.43	Weinhändler:	1.13, 6.47, 7.48

Sie war die älteste Überlebende des von den Nationalsozialisten angerichteten Holocaust: Betty Bella Essinger (geborene Pappenheimer), die am 23. November 1899 in Crailsheim zur Welt gekommen war. Zusammen mit ihrer Tochter Maggy Venis, deren Ehemann und deren Sohn besuchte sie im Mai 1987 ihre Geburtsstadt - zunächst begleitet von großer Skepsis. Tief hatten sich ihre Erlebnisse in den Konzentrationslagern der Nationalsozialisten eingegraben - die vier schrecklichen Jahre, unter anderem in Jungfernhof und Riga, ließen sich nicht einfach wegwischen. Doch als sie in Crailsheim Menschen traf, denen sie ihr Vertrauen schenken konnte und die sie liebevoll pflegten, als sie nach einem schweren Sturz hoffnungslos darniederlag, ließ sie den Faden nicht mehr abreißen. Am 6. November 1992 starb sie in London, wohin sie von Luzern aus übergesiedelt war. Dort ist sie auch beerdigt. - Mehrere Konzentrationslager überlebt hat als zweite gebürtige Crailsheimerin Lina Figa (geborene Kohn) - unter anderem Auschwitz, wo sie ihren Ehemann verlor, und Mauthausen, wo sie befreit wurde. Sie starb am 20. Februar 1991 in den USA. - Der dritte Überlebende der Greuel der Nationalsozialisten war Moritz Eichberg, der in Michelbach an der Lücke geboren und in Crailsheim heimisch geworden war. Er war nach seiner Befreiung in die Stadt an der Jagst zurückgekehrt. Begraben ist er auf dem jüdischen Friedhof in der Beuerlbacher Straße.

Reihe 1 - Nr. 1
Ester Oppenheimer

08.12.1840-08.12.1841

Vater: **Veis Uri Schraga Oppenheimer**
Herkunftsort: **Crailsheim**

Reihe 1 - Nr. 2
Josef Rosenthal

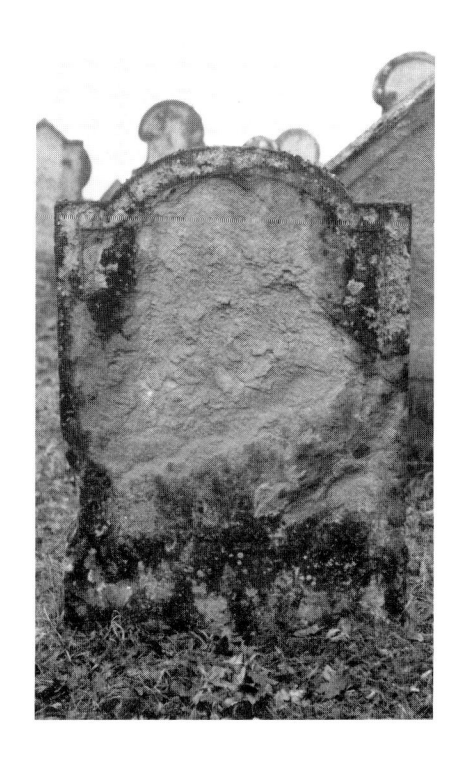

10.10.1839-22.04.1842

Vater: **Bernhard Rosenthal** *(aus Oberdorf; Lehrer)*
Herkunftsort: **Crailsheim**

Reihe 1 - Nr. 3
Jakob Reinemann

05.03.1842-03.10.1842

Vater: **Alexander Reinemann**
Herkunftsort: **Crailsheim**

Reihe 1 - Nr. 4
David Hirsch

19.10.1841-14.12.1842

Reihe 1 - Nr. 5
Moses Oppenheimer

19.12.1839-16.12.1843

Vater: **Veis Uri Schraga Oppenheimer**
Herkunftsort: **Crailsheim**

Reihe 1 - Nr. 6
Babette Pessle Oppenheimer

Hier ruht

ein Jahr alt..
... Pessle ...
Uri Schraga
Oppenheimer

...(Adar) II 5605 nach Erschaffung der
Welt

T.N.Z.B.H.

20.03.1844-12.03.1845

Hebr. Sterbedatum: Mittwoch, 3. Adar II 5605
Begräbnisdatum: Freitag, 5. Adar II 5605
Vater: **Veis** Uri Schraga Oppenheimer
Herkunftsort: **Crailsheim**

פ נ

בת שנ...
...פעסלי צ...
ארי שרגא
...פענהיימער
....
....
.. שני התרה ל

ת נ צ ב ה

Reihe 1 – Nr. 7
(Doppelstein, rechts)
Fratel Mandelbaum

04.10.1845-03.05.1847

Vater: **Abraham Mandelbaum**
Herkunftsort: **Crailsheim**

Reihe 1 – Nr. 8
(Doppelstein, links)
Esther Mandelbaum

24.12.1843-07.08.1847

Vater: **Abraham Mandelbaum**
Herkunftsort: **Crailsheim**

Reihe 1 – Nr. 9
Rosa Chajah Badmann

30.05.1868-01.08.1869

Vater: **Marx Hirsch Badmann** (Metzgermeister)
Herkunftsort: **Crailsheim**

Reihe 1 - Nr. 10
Sigmund *Schimon* Lippmann

> Hier ruht
> Sigmund
> Lippmann
> geb. 31. März 1866
> gest. 7. Okt. 1866
>
> Friede seiner Asche

31.03.1866-07.10.1866

Hebr. Sterbedatum: Sonntag, 28. Tischri 5627
Vater: **Louis Elieser Lippmann**
Herkunftsort: **Crailsheim**

Reihe 1 - Nr. 11
Louis Freundlich

> Hier ruht unser liebes Kind
> Louis Freundlich

18.04.1867-15.07.1867

Vater: **Otto Oser Freundlich** *(aus* **Wiesenbach***; Kaufmann)*

Reihe 1 - Nr. 12
***Moriz* Moses Rosenfeld**

...Mosche, Sohn des.....   ...משה בן...
....(Ros)enfeld...   ...ענפעלד...

03.08.1867-29.09.1867

Vater: **Mair Rosenfeld** *(Fruchthändler)*
Herkunftsort: **Crailsheim**

Reihe 1 - Nr. 13
Moriz Ludwig *Mosche Ari* Kohn

Moriz Ludwig Kohn
geb. 16. Sept. 1869
gest. 19. Okt. 1869

16.09.1869-19.10.1869

Hebr. Sterbedatum: Dienstag, 14. Cheschvan 5630
Vater: **Karl Salomon Hirsch Kohn** *(Weinhändler)*
Herkunftsort: **Crailsheim**

Reihe 1 - Nr. 14
Lazarus Lippmann

07.01.1870–12.02.1870

Reihe 1 - Nr. 15
Fanny Friedmann

22.07.1868–30.10.1871

Vater: **Moses Friedmann**
Herkunftsort: **Crailsheim**

Reihe 1 - Nr. 16
Rosa Goldstein

Hier ruht   פ נ

Rosa Goldstein
geb. 7. Mai 1872
gest. 13. Nov. 1872

T.N.Z.B.H.   ת נ צ ב ה

Hier ruht
Rosa Goldstein
geb. 7. Mai 1872
....

07.05.1872-13.11.1872

Hebr. Sterbedatum: Mittwoch, 12. Cheschvan 5632
Vater: **Wolf Goldstein**
Herkunftsort: **Crailsheim**

Reihe 1 - Nr. 17
Max *Menachem* Mandelbaum

Max Mandelbaum
geb. 20. Dez. 1873
gest. 10. April 1874

20.12.1873-10.04.1874

Hebr. Sterbedatum: Erew Schabbat, 23. Nissan 5632
Vater: **Alexander Mandelbaum** *(Rotgerber)*
Herkunftsort: **Crailsheim**

Reihe 1 - Nr. 18
Hedwig *Hendle* Königsberger

Hedwig Königsberger
geb. 18. Juni, gest. 1. August
1874.

Rückseite
Du kamst, du gingst
mit leiser Spur, ein
flücht'ger Gast im
Erdenland. Woher?
wohin? wir wissen
nur von Gottes
Hand in Gottes
Hand.

18.06.1874-01.08.1874

Hebr. Sterbedatun: Samstag, 18. Aw 5634
Vater: **Heinrich Raphael Königsberger** *(aus Rexingen, Lehrer u. Vorsänger)*
Herkunftsort: **Crailsheim**

Reihe 1 - Nr. 19
Klara Reinemann

01.05.1874-11.08.1874

Hebr. Sterbedatum: Dienstag, 28. Aw 5634
Vater: **Adolf Jeschajahu Seew Reinemann**
Herkunftsort: **Crailsheim**

Reihe 1 - Nr. 20
Emma Mandelbaum

Hier ruht
selig in Gott
Emma Mandelbaum
geb: 19. Okt. 1873
gest: 20. Sept.1874

19.10.1873-20.09.1874

Hebr. Sterbedatum: Sonntag, Erew Jom Kippur (= 9. Tischri) 5635
Vater: **Wolf Binjamin Mandelbaum**
Herkunftsort: **Crailsheim**

Reihe 1 - Nr. 21
Rosa Grünsfelder

Hier ruht

das Mädchen Rosa, Tochter des
verehrten Herrn
Mosche Grünsfelder
gestorben am 2. Tag, d. 19.
Schwat 635 n.d.k.Z.

T.N.Z.B.H.

פ נ

הילדה רזא בת כמר

משה גינספעלדער
נפטרה יום ב׳ יט
שבט תרל״ה לפ״ק

ת נ צ ב ה

Rosa Grünsfelder
geb. 23. Feb. 1874
gest. 25. Jan. 1875.

23.02.1874-25.01.1875

Hebr. Sterbedatum: Montag, 19. Schwat 5635
Vater: **Moses Grünsfelder**
Herkunftsort: **Crailsheim**

Reihe 1 - Nr. 22
Hermann *Naftali* Kahn

T.N.Z.B.H.

ת נ צ ב ה

Hier ruht in Gott
unser liebes Kind
Hermann Kahn
geb. 27. Dez. 1869.
gest. 4. Aug. 1875.

27.12.1869-04.08.1875

Hebr. Sterbedatum: Mittwoch, 3. Aw 5635
Vater: **Moses Kahn**
Herkunftsort: **Weikersheim, gest. in Crailsheim**

Reihe 1 - Nr. 23
David Grünsfelder

T.N.Z.B.H.

David Grünsfelder
geb. 1. Juli 1875
gest. 8. August 1875

ת נ צ ב ה

David Grünsfelder
geb. 1. Juli 1875
gest. 8. August 1875.

01.07.1875-08.08.1875

Hebr. Sterbedatum: Sonntag, 7. Aw 5635
Vater: **Jakob Grünsfelder**
Herkunftsort: **Crailsheim**

Reihe 1 - Nr. 24
Natalie Stein

03.08.1875-23.09.1875
Vater: **Adolf Aaron Stein**
Herkunftsort: **Crailsheim**

Reihe 1 - Nr. 25
Amalie Goldstein

Hier ruht

פ נ

Amalie
Goldstein
geb. 8. Nov. 1869
gest. 15. Feb. 1876

T.N.Z.B.H.

ת נ צ ב ה

08.11.1869-15.02.1876

Vater: **Wolf Goldstein**
Herkunftsort: **Crailsheim**

Reihe 1 - Nr. 26
Siegmund Essinger

23.07.1876-15.12.1876

Vater: **Jakob Essinger** *(aus **Oberdorf**; Metzger)*
Herkunftsort: **Crailsheim**

Reihe 1 - Nr. 27
Josef Mandelbaum

...Sohn des...   ...בן...
(Ale)xande(r)...   ...סנדע...
am Abend des heiligen Schabbat   ...ים ע'ש'ק...
(Ada)r schen(i=II)   ...ר שנ...

Josef Mandelbaum
geb. 14. Nov. 1877
gest. 29. März 1878.

14.11.1877-29.03.1878

Hebr. Sterbedatum: Erew Schabbat, *24. Adar II 5638*
Vater: **Alexander Mandelbaum**
Herkunftsort: **Crailsheim**

Reihe 1 - Nr. 28
Klara Hanchen Essinger

18.10.1877-01.04.1878

Vater: **Jakob Essinger**
Herkunftsort: **Crailsheim**

Reihe 1 - Nr. 29
Sigmund Seligmann Hirsch Grünsfelder

Hier ruht

das Kind Seligmann
Hirsch, Sohn des Naftali
Grünsfelder
gestorben am 3. Tag, d. 12. Tevet
639 n.d.k.Z.

T.N.Z.B.H.

פ נ

הילד זעליגמאנן
הירש בר נפתלי
גרינזפעלדער
נפטר יום ג׳ יב טבת
תרלט לפק

ת נ צ ב ה

Sigm. Grünsfelder
geb. 1. Sept. 1878,
gest. 7. Jan. 1879.

01.09.1878-07.01.1879

Hebr. Sterbedatum: Dienstag. 12. Tevet 5636
Vater: **Hirsch Naftali Grünsfelder**
Herkunftsort: **Crailsheim**

Reihe 1 - Nr. 30
Lina Kela Stein

21.07.1876-13.01.1879

Hebr. Sterbedatum: Montag, 18. Tewet 5639
Vater: **Josua Jeschaja Stein**
Herkunftsort: **Crailsheim**

Reihe 1 - Nr. 31
Emma Esther Mandelbaum

23.06.1880-08.08.1880

Hebr. Sterbedatum: Mozae Schabbat, 2. Tag Neumond (= 1.) Elul 5640
Vater: **Alexander Mandelbaum**
Herkunftsort: **Crailsheim**

Reihe 1 - Nr. 32
David Heinsfurter

Hier liegt   פ ט

das Kind David, Sohn des Elieser   הילד דוד בר אליעזר
Heinsfurter, gestorben am   היינספורטער נפטר יום
2. Tag, dem 6. Adar II 641 n.d.k.Z.   ב ו אדר שני תרמא לפק

T.N.Z.B.H.   ת נ צ ב ה

David Heinsfurter
geb. 8. Aug. 1880
gest. 6. März 1881

08.08.1880-06.03.1881

Hebr. Sterbedatum: Montag, 6. Adar II 5641
Vater: **Lazarus** Elieser **Heinsfurter**
Herkunftsort: **Crailsheim**

Reihe 2 - Nr. 1
Louis Eliezer (Lazarus) Goldstein

03.08.1864-05.04.1865

Hebr. Sterbedatum: Mittwoch, 9. Nissan 5625
Vater: **Binjamin Goldstein**
Herkunftsort: **Crailsheim**

Reihe 2 - Nr. 2
Jette Mandelbaum

22.10.1848-23.05.1849

Vater: **Abraham Mandelbaum**
Herkunftsort: **Crailsheim**

Reihe 2 - Nr. 3
Julius Oppenheimer

24.09.1849-03.04.1850

Vater: **Veis Oppenheimer**
Herkunftsort: **Crailsheim**

Reihe 2 - Nr. 4
Abraham Oppenheimer

T.N.Z.B.H.   ת נ צ ב ה

25.08.1848-02.02.1851

Vater: **Veis Oppenheimer**
Herkunftsort: **Crailsheim**

Reihe 2 - Nr. 5
Moses Aal

29.07.1844-23.03.1851

Vater: **Löb Aal**
Herkunftsort: **Goldbach**

Reihe 2 - Nr. 6
Babette Oppenheimer

T.N.Z.B.H.   ת נ צ ב ה

14.08.1852-27.09.1852

Vater: **Veis Oppenheimer**
Herkunftsort: **Crailsheim**

Reihe 2 - Nr. 7
Julie Hendle Oppenheimer

...Schraga...
Oppenheimer
...am 2. Tag,...

...שרגא..
אפפענהיימער
...ב יום ב'...

07.10.1853-20.03.1854

Hebr. Sterbedatum: Montag, 20. Adar 5614
Vater: **Veis Uri** Schraga Oppenheimer
Herkunftsort: **Crailsheim**

Reihe 2 - Nr. 8
Babette Rebekka Mandelbaum

das Mädchen
Rebbeka, Tochter des...
Mandelbaum
von hier

T.N.Z.B.H.

....
הילדה.............
רבקה בת.............
מאנדעלבוים
מפה
....
ת נ צ ב ה

25.11.1852-24.03.1854

Hebr. Sterbedatum: Erew Schabbat, 24. Adar 5614
Vater: **Abraham Mandelbaum**
Herkunftsort: **Crailsheim**

Reihe 2 - Nr. 9
Hermann Mandelbaum

gestorben am 3. Tag, dem 12. Tewet
n.d.k.Z.

T.N.Z.B.H.

נפטר ביום ג׳ יב טבת תר....
לפ״ק

ת נ צ ב ה

22.02.1856-25.12.1860

Vater: **Abraham Mandelbaum**
Herkunftsort: **Crailsheim**

Reihe 2 - Nr. 10
Lina Lea Freundlich

17.01.1861-13.04.1861

Vater: **Ascher (Oser Otto) Freundlich**
Herkunftsort: **Crailsheim**

Reihe 2 - Nr. 11
Hugo Chaim Landauer

17.03.1861-22.07.1861

Vater: **Marx Mordechai Hajum Landauer**
Herkunftsort: **Crailsheim**

Reihe 2 - Nr. 12
Louise Lea Falk

Text steht auf dem Kopf

Hier liegt

פ ט

das Mädchen Lea, Tochter des Meir
Arie Falk, gestorb. am
Erew Schabbat, d. 5. Cheschwan
642 n.d.k.Z.

הילדה לאה בת מאיר
אריה פאלק, נפטרה' יום
ע׳ש׳ק ה חשון תרמב לפק

T.N.Z.B.H.

ת נ צ ב ה

Louise Falk
geb. 9. Juli 1880,
gest. 28. Oct. 1881.

09.07.1880-28.10.1881

Hebr. Sterbedatum: Erew Schabbat, 5. Cheschwan 5642
Vater: **Meir Arie (Hirsch) Falk**
Herkunftsort: **Crailsheim**

Reihe 2 - Nr. 13
Amalie Goldstein

Amalie Goldstein
geb. den 19. Mai 1881,
gest. den 21. Februar 1882.

19.05.1881-21.02.1882

Hebr. Sterbedatum: Dienstag, 2. Adar 5642
Vater: **Wolf Binjamin Goldstein**
Herkunftsort: **Goldbach**

Reihe 2 - Nr. 14
Therese Tölzle Adler

09.03.1882-01.07.1882

Hebr. Sterbedatum: Schabbat, 14. Tammus 5642
Vater: **Jakob Adler**
Herkunftsort: **Crailsheim**

Reihe 2 - Nr. 15
Sara Amalie *Meile* Heinsfurter

Rückseite

Sara Amalie
Heinsfurter
geb. 5. Novbr. 1884,
gest. 17. Dezbr. 1884.

05.11.1884-17.12.1884

Vater: **Lazarus Elieser Heinsfurter**
Herkunftsort: **Crailsheim**

Reihe 2 - Nr. 16
August *Naftali* Mandelbaum

Mand(elbaum)...   ...מאנד
am 1. Tag...   ...יום א

T.N.Z.B.H.   ת נ צ ב ה

Rückseite

August
Mandelbaum
geb. 30. Okt. 1883
gest. 10. Feb. 1885

30.10.1883-10.02.1885

Hebr. Sterbedatum: Sonntag, 25. Schwat 5646
Vater: **Alexander Mandelbaum**
Herkunftsort: **Crailsheim**

Reihe 2 - Nr. 17
Rosalie Stein

Rosalie Stein
geb. 22. Aug. 1884
gest. 9. März 1886

22.08.1884-09.03.1886

Vater: **Josua Stein**
Herkunftsort: **Crailsheim**

Reihe 2 - Nr. 18
Bernhard *Jissachar* Essinger

Bernhardt Essinger
geb. d. 27. Okt. 1882
gest. d. 10. Juni 1886

27.10.1882-10.06.1886

Vater: **Jakob Essinger**
Herkunftsort: **Crailsheim**

Reihe 2 - Nr. 19
Clodille *Gitel* Goldstein

Clodille Goldstein,
geb. 24. Sept. 1886
gest. 26. März 1887.

24.09.1886-26.03.1887

Hebr. Sterbedatum: Samstag, Neumond (= 1.) Nissan 5644
Vater: **Bernhard Jissachar Goldstein**
Herkunftsort: **Crailsheim**

Reihe 2 - Nr. 20
Bertha Beile Heinsfurter

05.07.1888-02.10.1888

Hebr. Sterbedatum: Dienstag, 27. Tischri 5649
Vater: **Seligmann Pinchas Heinsfurter**
Herkunftsort: **Crailsheim**

Reihe 2 - Nr. 21
Willi Binjamin Goldstein

Hier liegt פ ט

Binjamin, Sohn des Jissachar בנימין בר יששכר
Goldstein, gest. am 5. Tag, גאלדזטיין נפט יו' ה
d. 24. Nissan... כד ניסן...

15.01.1888-25.04.1889

Hebr. Sterbedatum: Donnerstag, 24. Nissan 5649
Vater: **Jissachar Goldstein**
Herkunftsort: **Crailsheim**

Reihe 2 - Nr. 22
Hedwig Hanna Goldstein

31.03.1890-03.06.1890

Vater: **Lazarus Elieser Goldstein**
Herkunftsort: **Crailsheim**

Reihe 2 - Nr. 23
Mina Mirjam Rosenfeld

18.08.1890-22.01.1891

Vater: **Bernhard Jissachar Rosenfeld**
Herkunftsort: **Crailsheim**

Reihe 2 - Nr. 24
Lina *Lea* **Falk**

Lina Falk
geb. 23. März 1891,
gest. 26. Mai 1891.

23.03.1891-26.05.1891

Vater: **Salomon Falk**
Herkunftsort: **Crailsheim**

Reihe 2 - Nr. 25
Adolf *Abraham* Rosenfeld

Adolf Rosenfeld
....95
....95

10.05.1895-25.07.1895

Vater: **Bernhard *Jissachar* Rosenfeld**
Herkunftsort: **Crailsheim**

Reihe 2 - Nr. 26
***Julius Jesaias* Levigard**

02.09.1895-30.10.1895

Vater: **Leopold *Jehuda* Levigard**
Herkunftsort: **Crailsheim**

Reihe 2 - Nr. 27
Alfred Abraham Schönfrank

Hier ruht

das Kind Abraham, Sohn des
Schimon Schönfrank,
gestorben am 6. Tag, dem 1. Tewet
und begraben am 1. Tag, dem 3. Tewet
665 n.d.k.Z.

T.N.Z.B.H.

פ נ

הילד אברהם בר
שמעון שאנפראנק
נפטר ביום ו׳ א׳ טבת
ונקבר ביו׳ א׳ ג׳ טבת
תרסה לפק

ת נ צ ב ה

Alfred Schönfrank
geb. 24. März 1903
gest. 9. Dez. 1904.

24.03.1903-09.12.1904

Hebr. Sterbedatum: Montag, 3. Tewet 5665
Vater: **Simon Schönfrank**
Herkunftsort: **Crailsheim**

Reihe 2 - Nr. 28
Hermann Naftali Rosenfeld

22.05.1910-18.04.1911

Vater: ***Moriz Moses Rosenfeld***
Herkunftsort: ***Crailsheim***

Reihe 2 - Nr. 29
Ruth *Fanny* Kohn

Hier ruht

פ נ

Ruth, Tochter von Nathan dem Kohen

רות בת נתן הכהן
Ruth Kohn
geb. 24. Dez. 1926
gest. 19. Juni 1931

T.N.Z.B.H.

ת נ צ ב ה

24.12.1926-19.06.1931

Vater: **Nathan Kohn**
Herkunftsort: **Crailsheim**

Reihe 3 – Nr. 1
Moses David Heinsfurter

09.07.1790–14.01.1860

Vater: **Jakir Heinsfurter**
Herkunftsort: **Oberdorf**

Reihe 3 – Nr. 2
Bunle Maier

(Bun)el M(aier)...　　　　　...(בונ)אל מ(איר)
aus Goldbach　　　　　　　מגאלדבאך
　　　　　　　　　　　　............
...im Jahre 5 6(21)　　　　　...שנת ה תר...

......1786–12.04.1861

Hebr. Sterbedatum: *Erew Schabbat, 2. Ijjar 5621*
Herkunftsort: **Goldbach**

Reihe 3 - Nr. 3
Binjamin Wolf Heinsfurter

Hier liegt   פ ט

der Knabe, jung an Jahren   הנער רך ...שנים
jung an Tagen...Werken   רך בימים...מעשים
Binjamin Wolf, Sohn des Naftali   בנימן וואלף בר נפתלי
Heinsfurter aus Goldbach,   היינזפורטער מגאלבאך
gestorben am...(62)1 n.d.k.Z.   נפטר ביום ...א ל
                                                    ...

T.N.Z.B.H.   ת כ צ ב ה

23.01.1847-13.04.1861
Hebr. Sterbedatum: Schabbat, 3. Ijjar 5621
Vater: **Naftali Heinsfurter**
Herkunftsort: **Goldbach**

Reihe 3 - Nr. 4
Breuntele Hermann

......1779-20.04.1861
Witwe von Josef Hermann
Herkunftsort: **Goldbach**

Reihe 3 - Nr. 5
Fratel Hanna *Bamberger*

Channa, Tochter des Josef
seligen Angedenkens
gestorben...
nach Erschaffung der Welt

T.N.Z.B.H.

חנה בת יוסף
ז"ל
נפטר...
לפ"ע

ת נ צ ב ה

12.03.1780-16.06.1861

Vater: **Josef Bamberger**
Herkunftsort: **Crailsheim**

Reihe 3 - Nr. 6
Eva Chava Hermann

Chava, Tochter des Josef Hermann
aus Goldbach,
gestorben Erew Schabbat, dem 3. Elul
621
n.d.k.Z.

T.N.Z.B.H.

חוה בת יוסף הערמאן
מגאלדבאך
נפטרה ע"ש"ק ג אלול תרס"א
לפ"ק

ת נ צ ב ה

......1802-09.08.1861

Hebr. Sterbedatum: Erew Schabbat, 3. Elul 621
Vater: **Josef Hermann**
Herkunftsort: **Goldbach**

153

Reihe 3 - Nr. 7
Josef Goldstein

26.07.1792-16.10.1861

Vater: **Lazarus Elieser Goldstein**
Herkunftsort: **Goldbach**

Reihe 3 - Nr. 8
Josef Maier

01.07.1847-06.11.1862

Vater: **Nathan Maier**
Herkunftsort: **Crailsheim**

Reihe 3 - Nr. 9
Mine Michle Blumenthal, geb. Löw

......*1801-20.03.1864*

Gatte: **David Moses Blumenthal**
Herkunftsort: **Gunzenhausen**

Reihe 3 - Nr. 10
Mina *Rickle* Fleischhauer

Hier ruht
Mina Fleischhauer
geb. 16. Febr. 1783
gest. 14. Sept. 1864

16.02.1783-14.09.1864

Gatte: **Meir Fleischhauer**
Herkunftsort: **Goldbach**

155

Reihe 3 - Nr. 11
Elias Dov Baer Wolf

21.10.1778-05.12.1864

Vater: **Binjamin Wolf**
Herkunftsort: **Crailsheim**

Reihe 3 - Nr. 12
Esther Stein, geb. Reuter?

18.04.1791-17.03.1865

Vater: **Salomon Reuter?**
Gatte: **Löw Aaron Stein**
Herkunftsort: **Hainsfarth**

Reihe 3 - Nr. 13
Klara *Glückle* **Essinger**

Klara Essinger

......1783-26.03.1865

Hebr. Sterbedatum: Sonntag, 28. Adar 5625
Witwe
Herkunftsort: **Oberdorf**

Reihe 3 - Nr. 14
Ricke Rebekka Badmann, geb. Weiler

......1806-20.04.1865

Vater: **Israel Weiler**
Gatte: **Marx Hirsch Mordechai Badmann** *(Metzgermeister)*
Herkunftsort: **Damloh, Bayern**

157

Reihe 3 - Nr. 15
Samuel *Veis Schmuel* Kohn

Samuel Kohn

05.02.1788-09.06.1865

Hebr. Sterbedatum: Erew Schabbat, 15. Sivan 5625
Vater: **Schraga Veis Kohn**
Herkunftsort: **Crailsheim**

Reihe 3 - Nr. 16
Bernhard Jissachar Stein

Hier ruht

פ נ

der geehrte Jissachar,
Sohn des Aharon Stein,
gestorben mit gutem Namen,
Erew Schabbat, d. 27. Tammus
625 n.d.k.Z.

הנכבד יששכר
בר אהרן שטיין
נפטר בשם טוב
יום עש'ק כז תמוז
תרכה לפ' ק

T.N.Z.B.H.

ת נ צ ב ה

Hier ruht sanft!
Bernhard Stein
gest. 21. Juni 1865 im Alter v. 66 Jahren.

......1799-21.06.1865

Hebr. Sterbedatum: Erew Schabbat, 27. Tammus 5625
Vater: **Aharon Stein**
Herkunftsort: **Ingersheim**

Reihe 3 - Nr. 17
Gabriel Rosenfeld

Hier ruht

ein aufrechter Mann...
...(Gabri)el
Sohn des Mosche (Rosenfe)ld,
gestorben mit gutem Namen am
heiligen Schabbat, d. 6. Aw 6(25 n.d.k.Z.)

T.N.Z.B.H.

פ נ

איש יש..
בתמי... (גברי)אל
בר משה... (ראזנפ)לד
נפטר בשם טוב ביום
ש'ק ו אב ת...ק

ת נ צ ב ה

Gabriel Rosenfeld
geb. 12. Aug. 1809, gest. 28. Juli 1865

12.08.1809-28.07.1865

Hebr. Sterbedatum: Schabbat, 6. Aw 5625
Vater: **Moses *Abraham* Rosenfeld**
Beruf: Commissionär
Herkunftsort: **Crailsheim**

Reihe 3 - Nr. 18
Frida *Frumet* Stein

Frida Stein
geb. d. 18. März 1882,
gest. d. 3. August 1883.

18.03.1882-03.08.1883

Hebr. Sterbedatum: Schabbat, Neumond Aw (= 1. Aw) 5643
Vater: ***Jischai* Stein (Kaufmann)**
Herkunftsort: **Crailsheim**

Reihe 3 - Nr. 19
Luise Lumed Friedmann

Hebräischer Text steht auf dem Kopf

Hier liegt

פ׳ט

ein kostbares Mädchen, fast wie eine Rose so flüchtig
auf Erden und auch wie sie so blühend.
Sie war das Mädchen Lumed, Tochter des David
Friedmann.

ילדה יקר. כשושנה פורחת
כמעט בארץ וגם היא בותחת
היא הילדא לומד בת דוד

פריעדמאן

Gestorben am Erew Schabbat, d. 2. Nissan
und begr. am 1. Tag, d. 4. Nissan 644 n.d.k.Z.

נפטרה ביום עש׳ק ב ניסן
ונק׳ בי׳ א ד ניסן תרמ״ד לפ״ק

T.N.Z.B.H.

ת נ צ ב ה

27.06.1877-28.03.1884

Hebr. Sterbedatum: Erew Schabbat, 2. Nissan 5644
Hebr. Begräbnisdatum: Sonntag, 4. Nissan 5644
Vater: David Friedmann (Handelsmann)
Herkunftsort: Goldbach

Luise Friedmann
geb. 27. Juni 1877
gest. 28. März 1884.

Reihe 3 - Nr. 20
Ricka *Rosa* Grünsfelder

Hier ruht

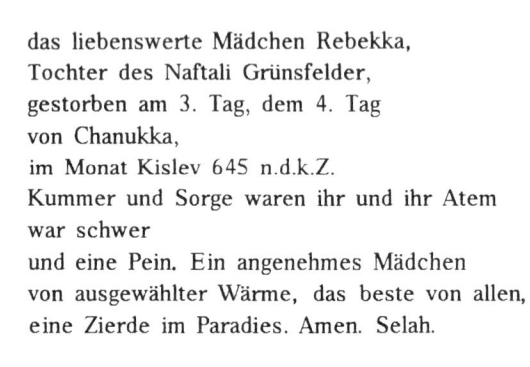

פ נ

das liebenswerte Mädchen Rebekka,
Tochter des Naftali Grünsfelder,
gestorben am 3. Tag, dem 4. Tag von Chanukka,
im Monat Kislev 645 n.d.k.Z.
Kummer und Sorge waren ihr und ihr Atem war schwer
und eine Pein. Ein angenehmes Mädchen
von ausgewählter Wärme, das beste von allen,
eine Zierde im Paradies. Amen. Selah.

הילדה החמודה רבקה
בת נפתלי גרינספעלדר
נפטרת יום ג ד חנוכה
ב״ח כסלו תרמ״ה לפ״ק
יגוז וצרה ורוח נשברה
ומכאבות ילדה נעימה
ברה כחמה טובת שכל
תפארת בגן עדן אס

T.N.Z.B.H.

ת נ צ ב ה

Ricka Grünsfelder
geb. 30. März 1881
gest. 15. Dezbr. 1884.

Rückseite

Dein Leben war ein kurz
er Traum, Du ahntest sein
e Freude kaum, schon in
des Lebens Morgenrot
umarmte, Gute, Dich der
Tod und führte unent
weiht und rein Dich in
den Freudenhimmel
ein.
Ruhe sanft Du Liebling
unseres Lebens!

30.03.1881-15.12.1884

Hebr. Sterbedatum: 4. Tag Chanukka, 28. Kislev 5645
Vater: **Naftali** *Hirsch* **Hermann** Grünsfelder
Herkunftsort: **Michelbach a.d.L.**

Reihe 3 - Nr. 21
Adolf Abraham Essinger

Hier liegt	פ' ט
Abraham, Sohn des Jakob	אברהם בן יעקב
Essinger, gestorben am 14. Schwat	עזזינגער נפט יד שבט
645 n.d.k.Z.	תרמה לפק
T.N.Z.B.H.	ת נ צ ב ה

Rückseite

Adolf Essinger
geb. d. 25. Sept 1884,
gest. d. 30. Jan. 1885.

25.09.1884-30.01.1885

Hebr. Sterbedatum: Freitag, 14. Schwat 5645
Vater: **Jakob Essinger** *(Metzger)*
Herkunftsort: **Oberdorf b. Neresheim**

Reihe 3 - Nr. 22
Hugo Moses Zwi Hallheimer

Hier ruht	פ נ
Mosche Zwi, Sohn des Abraham Hallheimer,	משה צבי בר אברהם
	האללהיימער
gestorben am 7. Tag, dem 24. Schwat	יום ז כד שבט
646 n.d.k.Z.	תרמו לפק
T.N.Z.B.H.	ת נ צ ב ה
	Hugo Hallheimer

23.08.1885-30.01.1886

Hebr. Sterbedatum: Schabbat, 24. Schwat 5646
Vater: **Abraham Hallheimer** *(Metzger u. Handelsmann)*
Herkunftsort: **Ingersheim**

Reihe 3 - Nr. 23
Max Falk

Max Falk
geb. 7. Nov. 1883
gest. 17. Jan. 1889:

07.11.1883-17.01.1889

Vater: **Salomon Falk (Handelsmann)**
Herkunftsort: **Goldbach**

Reihe 3 - Nr. 24
Gustav Gerschon Grünsfelder

Hier liegt

ein Kind, das liebenswert und
angenehm geschaffen war. Gerschon,
Sohn des Naftali
Grünsfelder. Es wurden ihm nicht
viele Tage, nur fünf Jahre
und er blieb uns nicht mehr, denn der
Ewige nahm ihn zu sich
am 1. Tag, d. 12. Aw 651 n.d.k.Z.

T.N.Z.B.H.

פ׳ ט׳

ילד שעשוים נחמד
ונעים גרשון בר נפתלי

גרינזפעלדער לא היו
ימיו כי אם חמש שנים
ואיננו כי לקח אותו אלהים

ביום א׳ יב אב תרנא לפ׳ק

ת נ צ ב ה

Gustav Grünsfelder
geb. 18. Juni 1886,
gest. 16. Aug. 1891.

Rückseite

Die Erde deckt nun deine Hülle.
Ja, unser Liebstes deckt sie tief.
Doch es geschah des Herren Wille,
Der diesen Engel zu sich rief.

18.06.1886-16.08.1891

Hebr. Sterbedatum: Sonntag, 12. Aw 5651
Vater: **Naftali Hirsch Hermann Grünsfelder**
Herkunftsort: **Michelbach a.d.L.**

Reihe 3 - Nr. 25
Emil Heller

Hier ruht
Emil
Heller
geb. d. 1. Sept. 1890,
gest. d. 25. Dez. 1891.

01.09.1890-25.12.1891

Vater: **Sigmund Heller (Seifensieder)**
Herkunftsort: **Postelberg/Böhmen**

Reihe 3 - Nr. 26
Adolf Goldstein

07.12.1892-22.02.1893

Vater: **Bernhard Goldstein (Handelsmann)**
Herkunftsort: **Goldbach**

Reihe 3 - Nr. 27
Rosa Kohn

26.01.1893-06.07.1893

Vater: **Israel, gen. Isaak Kohn**
Herkunftsort: **Crailsheim**

Reihe 3 - Nr. 28
Max *Moses* Rosenfeld

Hier liegt

פ' ט'

Max Rosenfeld
1886-1894

T.N.Z.B.H.

ת נ צ ב ה

03.01.1886-27.02.1894

Vater: **Adolf Abraham Rosenfeld (Arzt)**
Herkunftsort: **(Crailsheim)**

Reihe 3 - Nr. 29
Mina Falk

Mina Falk
geb. 18. April 1892
gest. 8. April 1895.

18.04.1892-08.04.1895

Vater: **Salomon Falk**
Herkunftsort: **Goldbach**

Reihe 3 - Nr. 30
Sidi Serle Goldstein

geb. 7. Sept. 1901
gest. 7. März 1902

Kind Serle, Tochter des Josef Goldstein,	ילד שרלה בת יוסף גאלדזטיין
gestorben am 6. Tag, d. 28. Adar I und begraben	נפטרה ביום ו כח אדר ונקברה
am 1. Tag, Neumond des Weadar (Adar II) 662 n.d.k.Z. T.N.Z.B.H.	בי' א ר"ח ואדר תרסב לפק תנצבה

07.09.1901-07.03.1902

Hebr. Sterbedatum: Freitag, 28. Adar 5662
Hebr. Begräbnisdatum: Sonntag, Neumond Adar II (30. Adar) 5662
Vater: **Julius** Josef Goldstein
Herkunftsort: **Crailsheim**

Reihe 3 - Nr. 31
Bertha Blümle Schlessinger

Hier ruht	פ נ
das Mädchen Blümle, Tochter des Jehuda Schlessinger	הילדה בלימלא בת יהודה שלעזינגער
gestorben am 3. Tag, d. 9. Cheschwan und begraben am 5. Tag, d. 11. Cheschwan	נפטרה ביום ג ט חשון ונקברה ביום ה יא חשון
666 n.d.k.Z.	תרסו לפק
T.N.Z.B.H.	ת נ צ ב ה

Bertha Schlessinger
geb. 17. Juni 1905
gest. 7. Nov. 1905

17.06.1905-07.11.1905

Hebr. Sterbedatum: Dienstag, 9. Cheschwan 5666
Hebr. Begräbnisdatum: Donnerstag, 11. Cheschwan 5666
Vater: **Julius** Jehuda Schlessinger
Herkunftsort: **Heilbronn**

Reihe 3 - Nr. 32
Irma Jettle Steiner

Hier ruht

das Mädchen Jettle, Tochter des Jakob Steiner,
gestorben am 26. Adar II
und begraben am 2. Tag, dem 29. Adar II
676 n.d.k.Z.

T.N.Z.B.H.

27.12.1909-31.03.1916

Hebr. Sterbedatum: Freitag, 26. Adar II 5676
Hebr. Begräbnisdatum: Montag, 29. Adar II 5676
Vater: **Jakob, gen. Julius Steiner**
Herkunftsort: **Dünsbach**

פ'נ

הילדה ייטלה בת יעקב
שטיינער
נפטרת ביום כו אדר שני
ונקברת ביום ב כט א'ש

תרעו לפק

ת נ צ ב ה

Irma Steiner
geb. 27. Dez. 1909
gest. 31. März 1916.

Reihe 4 - Nr. 1
Breundel Maier

....1790-09.03.1857

Reihe 4 - Nr. 2
Jakob Landsberg

....1828-11.07.1857

Vater: **Hayum Landsberg**
Herkunftsort: **Igenhausen**

Reihe 4 - Nr. 3
Adelheid Bamberger

....1803-14.08.1857
Herkunftsort: **Fürth**

Reihe 4 - Nr. 4
Gütel Hänlein

10.10.1780-07.10.1857

Vater: **Aaron Altmeyer**
Herkunftsort: **Ederheim**

Reihe 4 - Nr. 5
Karoline Stein

24.10.1840-10.11.1857

Vater: **Bär Jissachar Stein**
Herkunftsort: **Ingersheim**

Reihe 4 - Nr 6
Babette Peßle Fleischhauer

die Frau...Frau   הא...(מ)רת
Peß(le)...   פעס...כ

Fl(eischhauer)   פל...
gest...   נפט...

T.N.Z.B.H. Amen Selah   ת נ צ ב ה אס

..09.1810-07.01.1858

Vater: **Benjamin Feuerstein**
Herkunftsort: **Wassertrüdingen**

171

Reihe 4 - Nr. 7
Mändlein Menachem Mandelbaum

Hier ruht

פ...נ

Menachem (Sohn von Abraham) dem Leviten
(Mandelbau)m

מנ(חם בר אבר)הם הלוי
(מאנדעלבוי)ם

nach Erschaffung der Welt
M(nachem stieg?) nach oben...

לבע
מ...למעלה

T.N.Z.B.H.

ת נ צ ב ה

....

Hier...
...lbaum
...hauer
geb. d. ...Okt....
gest. d. 13. Jan. 1858

05.10.1782-13.01.1858

Hebr. Sterbedatum: Dienstag, 27. Tewet 5618
Vater: **Abraham Mandelbaum**
Herkunftsort: **Crailsheim**

Reihe 4 - Nr. 8
Löw Aaron Stein

Jehuda (Sohn des Aharon) Stein
(aus In)gershei(m)
gestorben mit gutem Namen am 1. Tag,
dem 4. Ijjar des Jahres
5618 nach Erschaffung der Welt

יהודה(בר אהרן)שטיין
(מאינ)גערזהי(ים)
נפטר ב ט ביום א' ד אייר שנ.

(ה)תריח לבע

T.N.Z.B.H.

ת נ צ ב ה

Löw Aaron Stein
aus Ingersheim.

....1790-18.04.1858

Hebr. Sterbedatum: Sonntag, 4. Ijjar 5618
Vater: **Aaron Stein**
Herkunftsort: **Ingersheim**

Reihe 4 - Nr. 9
Hendle Levi

12.07.1785-24.05.1858

Reihe 4 - Nr. 10
Sara Hallheimer

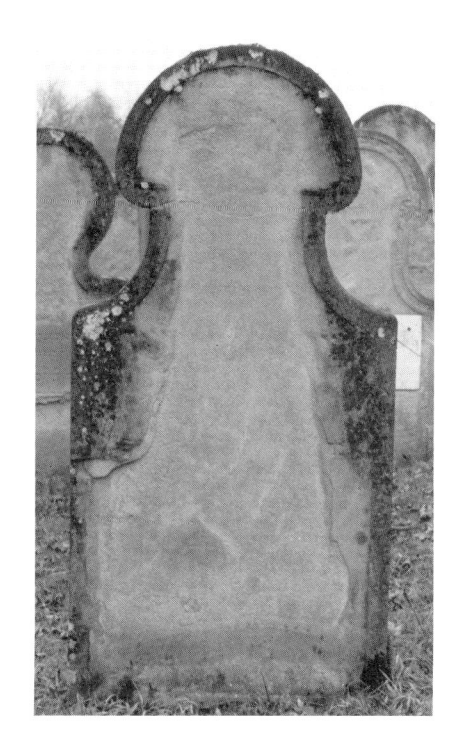

....1819-24.07.1858

Vater: **Mändlein Oberndörfer**
Gatte: **Julius Hallheimer**

Reihe 4 - Nr. 11
Abraham Bamberger

Hier liegt   פ ט

Abrah(am)...   ...(אברה(ם
Ba(mberger)...   ...(בא(מבערגער

..04.1804-04.08.1858

Vater: **Benedikt Bamberger**
Herkunftsort: **Edelfingen**

Reihe 4 - Nr. 12
Elkan (Elchanan) Dov Maier

08.12.1824-03.09.1858

Beruf: **Tuchscherer**
Vater: **Löw Maier**

Reihe 4 - Nr. 13
Kela Badmann

Hier

פ

אש..

ב..

gestorben ... am ...   נפט...ט ביום...

06.01.1790-10.09.1858

Vater: **Haenle Seligmann Badmann**

Reihe 4 - Nr. 14
Babette *Breinle* **Hallheimer**

von hier   מפה

Babette Hallheimer

14.12.1823-04.01.1860

Hebr. Sterbedatum: Mittwoch, 9. Tewet 5619
Vater: **Abraham Ullmann**
Gatte: **Schmuel bar Jisrael Hallheimer**
Herkunftsort: **Feuchtwangen**

Reihe 4 - Nr. 15
Marx Seligmann

....*1795-16.04.1860*

Herkunftsort: **Goldbach**

Reihe 4 - Nr. 16
Karoline Geula Berolzheimer

....*1805-31.10.1860*

Vater: **Jekutiel...**
Herkunftsort: **Goldbach**

Reihe 4 - Nr. 17
David Mezger

...(G)oldb(ach)...   ...(ג)אלדב(אך)...

....1780-07.01.1861

Hebr. Sterbedatum: Sonntag, 24. Tewet 5621
Vater: **Binjamin Mezger**
Herkunftsort: **Goldbach**

Reihe 4 - Nr. 18
Jakob Levi

Hier ruht	פ' נ'
Jakob ging seinen Weg,	יעקב הלך לדרכו
um die Engel des Herrn zu treffen	ויפגש כי מלאכי אלהים
und er war nicht mehr, denn Gott hatte	ואיננו כי לקח אותו
ihn genommen in den besten seiner Jahre.	אלהים במבחר שנותיו
Das ist Herr Jakob, Sohn von	ה"ה כמר יעקב בר
Schlomo Arie dem Leviten,	שלמה אריה הלוי
gerecht und aufrichtig, dem Gefährten ein Halt.	צדיק וישר סר מרע
Er übte Barmherzigkeit. Er hatte stets	עושה צדקות בכל
einen guten Ruf. Siehe, nie wich er während	עת שם טוב הנה לו
seiner Lebtage ab. Gestorben am	בימי מסויו נפטר יום
Erew Schabbat, d. 9. Cheschvan 637	עש"ק ט חששון תרל"ז לפק
n.d.k.Z.	
T.N.Z.B.H.	ת נ צ ב ה

Jakob Levi
geb. den 21. Dezb. 1844. gest. den 27. Oktb. 1876.
Friede seiner Asche. Friede seiner Seele

21.12.1844-27.10.1876

Hebr. Sterbedatum: Erew Schabbat, 9. Cheschvan 5637
Hebr. Begräbnisdatum: Sonntag, 11. Cheschvan 5637
Beruf: **Handelsmann**
Vater: **Schlomo Arie Levi**
Herkunftsort: **Ingersheim**

Reihe 4 - Nr. 19
Eva Stein

....1812-07.11.1876

Vater: **Koppel Kohn (Lehrer)**
Herkunftsort: **Fürth**

Reihe 4 - Nr. 20
Kela *Karoline* Gutmann

Kela
Gutmann
aus Gerabronn
geb. im Jahr 1790
gest. 1. Okt(1877)

Mag sie ruhen
in Frieden

17..1790-01.10.1877

Hebr. Sterbedatum: Dienstag, 25. Tischri 5638
Vater: **David Hayum Landauer**
Gatte: **Abraham Gutmann**
Herkunftsort: **Gerabronn**

Reihe 4 - Nr. 21
Pfeiffer Jehoschua Friedmann

26.01.1807-22.02.1878

Vater: **Avigdor Friedmann**

Reihe 4 - Nr. 22
Mathilde Reinemann

Mathilde Reinemann
geb. 7. August 1851.
gest. 1/. Febr. 1879.

07.08.1851-17.02.1879

Vater: **Abraham Stern**
Herkunftsort: **Dünsbach**

Reihe 4 - Nr. 23
Ernestine *Esther* Marx

Hier ruht   פ נ

die teure Frau,   האשה היקרה
Ernestine Marx,   ערנזטינה מארקס
die tüchtige Gattin   אשת חיל
und geliebt von ihrem Gatten   ובעלה עובה
all' ihre Tage.   כל ימיה
Sie starb plötzlich, mit gutem Namen,   מיתה בשם טוב
am 3. Tag, d. 20. Ijjar   יום ג כ אייר
639: T.N.Z.B.H.   תרלט: תנצבה

                                                      Ernstine Marx
                                                      geb. 5. März 1821
05.03.1821-13.05.1879   gest. 13. Mai 1879

Hebr. Sterbedatum: Dienstag, 20. Ijjar 5639
Vater: **Nathan Jakob, seit 1813 "Knoll" (Sackträger u. Hausierer)**
Gatte: **Salomo Hirsch "Schneur Zwi" Marx**
Herkunftsort: **Harburg**

Reihe 4 - Nr. 24
Emma Oppenheimer

Hier ruht   פ נ

das Mädchen, jung an Jahren,   הילדה רכה בשנים
Emma Oppenheimer,   עממא אפפענהיימער
geboren i. d. heilig. Gem. Aufseß,   נולד בק ק' אויפזעס
am heilig. Schabbat, dem 7. Nissan   ביום שבת קודש ז ניסן
627 n.d.k.Z.,   תרכז לפק
und ist gestorben in Crailsheim,   ונפטר' בקריילסהיים
mit gutem Ruf, am heiligen Schabbat,   בשם טוב ביום ש'ק' כ תמוז
dem 20. Tammus
639 n.d.k.Z.   תרלט לפק

T.N.Z.B.H.   ת נ צ ב ה

                                                Emma Oppenheimer
                                        geb. den 12. April 1867 in Aufseß
12.04.1867-11.07.1879   gest. den 11. Juli 1879 in Crailsheim

Hebr. Geburtsdatum: Schabbat, 7. Nissan 5627
Hebr. Sterbedatum: Schabbat, 20. Tammus 5639
Herkunftsort: **Aufseß**

Reihe 4 - Nr. 25
Löb Maier

28.05.1823-21.06.1880

Vater: **Löb Maier**
Beruf: **Handelsmann und Schächter**
Herkunftsort: **Crailsheim**

Reihe 4 - Nr. 26
Salomo **Hirsch Schneur Zwi Marx**

Hier ruht
der Chawer, R. Schneur Zwi
Marx, gestorben mit gutem
Namen, am 2. Tag, dem 10. Schwat
des Jahres
642 n.d.k.Z. Ein Mann,
gut und gerade und opferbereit,
ein gnädiges und frommes Herz über
all die Jahre. Ruhe in Frieden
und stehe wieder auf, wenn dein Tag
kommt.
T.N.Z.B.H.

פ נ
החבר ר' שניאור צבי
מארקס נפטר בשם
טוב יום ב' י שבט שנת

תרמ״ב לפק איש
טוב וישר ונדיב
לב חן וחסד על
לשנות נוח בשלום
ותעמוד לחץ הימיך

ת נ צ ב ה

Ruhestätte
unseres
unvergesslichen Vaters
Schneur's Hirsch Marx
Kaufmann
geb. d. 18. April 1808,
gest. d. 30. Januar 1882.

(Rückseite)

115

Wer so wie Du gelebet hier auf Erden, so reinen Herzens und so edlen Thuns, der im Leben schon ein Denkmal sich gesetzt, das länger währt, als dieses hier von Stein. Drum wird dein Nam' auch nie vergessen werden, und Segen wird dein Angedenken sein.

18.04.1808-30.01.1882

Hebr. Sterbedatum: Montag, 10. Schwat 5642
Beruf: **Kaufmann, "Handelsjud"; Chaver**
Vater: **David Marx**
Herkunftsort: **Crailsheim**

Reihe 4 - Nr. 27
Jeannette Levi

Hier ruht	
Jeannette, Gattin des	פ' נ'
Schlomo Arie des Leviten.	שאננעטטע אשת
Hüterin des Friedens, Krone	שלמה אריה הלוי
ihres Gatten, gnädig und gütig während	כראיל שלום עטרת
all ihrer Jahre und bis zum letzen	בעלה חן וחסד על
Atemzug.	לשונה ועת הנשמחה
Sie stieg hinauf in ihren Himmel. Gest.	עולה השמימיה נפטר'
mit gutem Namen am 2. Tag, d. 17.	בט יום ב' יז שבט תרמב לפק
Schwat 642 n.d.k.Z.	
T.N.Z.B.H.	ת נ צ ב ה

15.11.1819-06.02.1882

Hebr. Sterbedatum: Montag, 17. Schwat 5642
Gatte: **Schlomo Arie Levi**
Vater: **Hirsch Döplitz**
Herkunftsort: **Schopfloch**

Hier ruht
unsere unvergessliche Gattin und Mutter
Jeannette Levi
geb. d. 15. Nov. 1819
gest. d. 06. Febr. 1882

Reihe 4 - Nr. 28
Jeannette Scheinel Schönmann

....1816-26.04.1882

Gatte: **Salomon Naftali Schönmann**

Reihe 4 - Nr. 29
Jette Henriette Reinemann

10.12.1837-15.07.1882

Hebr. Sterbedatum: Schabbat, 28. Tammus 5642
Vater: **Alexander Reinemann**
Herkunftsort: **Crailsheim**

Reihe 4 - Nr. 30
Hendle Channa Hermann

geb. 16. November 1813
gest. 6. Juni 1883

16.11.1813-06.06.1883

Hebr. Sterbedatum: Mittwoch, Rosch Chodesch Sivan (= 1. Sivan) 5623
Vater: **Josef Hermann**
ledig
Herkunftsort: **Goldbach**

Reihe 4 - Nr. 31
Friedericke Aal

Hier ruht

פ נ

die Jungfer Friedericke, Tochter des Jehuda Aal...am 4. Tag, d. 4. Tewet 644.

הבתולה פריעדריקע בת
יהודה אע ...ים ד ד טבת
תרמד

....
....
....
....
....
....

T.N.Z.B.H.

ת נ צ ב ה

Friedericke Aal
geb. 3. September 1858
gest. 1. Januar 1884.

Rückseite

Schweiget nun ihr bittern Klagen,
dulde still, gebeugtes Herz!
Tröst uns Gott u. hilf uns tragen,
dieser Trennung bittern Schmerz.
Und erheb' auf Hoffnungsschwingen,
uns im Geist zu deinen Höhn,
bis auch wir das Ziel erringen
und die Teure wiederseh'n.

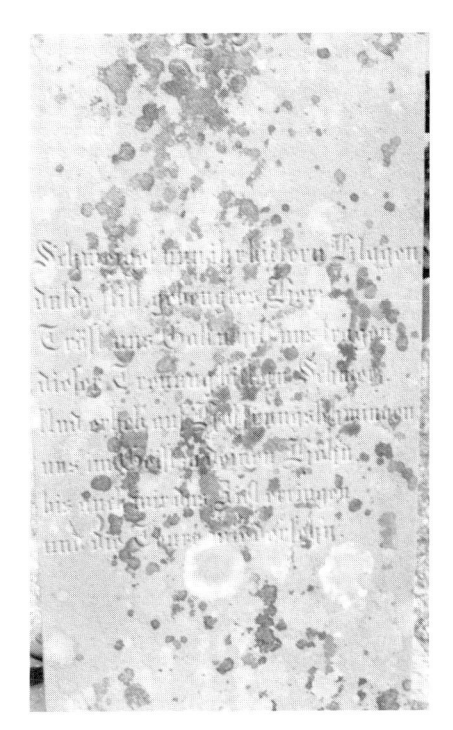

03.09.1858-01.01.1884

Hebr. Sterbedatum: Mittwoch, 4. Tewet 5644
Vater: **Jehuda Aal**
Herkunftsort: **Goldbach**

Reihe 4 - Nr. 32
Mina *Mirjam* **Levi**

....
Mina Levi
geb. 23. Febr. 1818
gest. 12. Oktbr. 1884

23.02.1818-12.10.1884

Vater: **Menachem Levi**

Reihe 4 - Nr. 33
Abraham Rosenfeld

Hier liegt

פ ט

Schaje Abraham, Sohn des Mosche
Rosenfeld. In gutem Greisenalter,
satt an Tagen.
(Gest.) am Schabbat, d. 9. Sivan
646 n.d.k.Z.

שיע אברהם בר משה
ראזענפעלד בשיבה
טובה זקן ושבע ימים
ביום שבת קדש ט סיון
תרמ״ו לפ׳ק

T.N.Z.B.H.

ת נ צ ב ה

Hier ruht
Abraham Rosenfeld
geb. d. 14. Dez. 1806:
gest. d. 12. Juni 1886.

14.12.1806-12.06.1886
Hebr. Sterbedatum: Schabbat, 9. Sivan 5646
Vater: Mosche Rosenfeld

Reihe 4 - Nr. 34
Moses Mezger

Unsere Tage zählen lehr' uns
hier, daß wir gewinnen
ein weises Herz.

......
......
למנות ימינו
כן הודע ונבא
לבב חכמה

Hier ruht

פ נ

Und Mosche, Sohn des David,
der Knecht des Ewigen, starb

וימת משה בר דוד עבד

am 2. Tag, d. 10. Cheschvan 647 n.d.k.Z.
im Alter von 74 Jahren. Sein Auge war
nicht trübe geworden und seine Frische
nicht geschwunden.

ה׳ יום ב׳ י חשון תרמ״ז לפק
בן ארבעושבעים שנה לא
כהתה עינו ולא נס לחה

Er erwarb sich einen guten Ruf
durch die Lehre

קנה לו שם טוב אל התורה

und seinen Dienst, die ihm eine Lust
waren.

ועבודה היה תשוקתו

T.N.Z.B.H.

ת נ צ ב ה

Moses Mezger
geb. d. 20. Mai 1812
gest. d. 8. Nov. 1886

Rückseite

Deine Sonne wird nicht mehr untergehen, dein Mond sich nicht zurückziehen, denn der Herr wird dein Licht sein.
Jes. 60,20.

20.05.1812-08.11.1886

Hebr. Sterbedatum: Montag, 10. Cheschvan 5647
Vater: **David Mezger**

Reihe 4 - Nr. 35
Sara Mezger, geb. Stern

Hier liegt	פ ט
eine angesehene, gottesfürchtige Frau,	אשה חשובה יראת אלהים
Frau Sara, Gattin des Mosche	מרת שרה אשת משה
Mezger, gestorben mit gutem	מעצגער נפטרה בשם
Ruf am 3. Tag, d. 27. Kislev 662 n.d.k.Z.	טוב יום ג כח כסלו תרנב לפק
Eine süße Frau, eine Pracht ihres Hauses	אשה צופיה הליכות ביתה
in allem und mit Wissen nützte sie ihrem Gatten	בהשכל ובדעת להועיל לבעלה
zum Guten. Ihre Nachkommenschaft ist prächtig	לטוב הדריכה את זרעה
und ihre Taten waren gerecht zum Wohlgefallen eines jeden.	ומעשי צדקה היו כל חפצה
T.N.Z.B.H.	ת נ צ ב ה

06.09.1815-29.12.1891

Hebr. Sterbedatum: Dienstag, 28. Kislev 5662
Vater: **Samuel Nathan Stern**
Gatte: **Moses Mezger**
Herkunftsort: **Michelbach a.d.L.**

Sara Mezger
geb. Stern
geb. d. 6. Sept. 1815.
gest. d. 29. Dez. 1891.

Reihe 4 - Nr. 36
Helene Stern

....

Helene Stern
geb. 18. Juli 1858
gest. 29. März 1888

18.07.1858-29.03.1888

Hebr. Sterbedatum: Donnerstag, 17. Nissan 5648
Vater: **Jakob Stern (Gerber)**
Herkunftsort: **Michelbach a.d.L.**

Reihe 4 - Nr. 37
Julius Joel Falk

Hier ruht   פ' נ'

Joel, Sohn des Chaver Schimon   יואל בן החבר שמאון
Arie Falk, gestorben am   אריה פאלק נפט יום
Ausgang des heiligen Schabbats, d. 21.   משק בי א אב תרמט לפק
Aw 649 n.d.k.Z.
Ein Mann, gerecht und aufrecht,   איש צדיק וישר חונן
erbarmte sich
der Armen, seine Seele wird sich   דלים דבק נפשו אר . ח
einfügen im Land des ewigen Lebens
und alle seine Werke geschahen im   וכל מעשיו לשם שמים
im Namen des Herrn im Himmel.

T.N.Z.B.H.   ת נ צ ב ה

Julius Falk.
geb. d. 2. Juni 1809, gest. d. 17. Aug. 1889.

Rückseite

159
Als Gatte, als Vater, als Freund,
Ruht hier von Vielen beweint,
Ein Mann der Tugend stets übte
Und Treue und Redlichkeit liebte.

02.06.1809-17.08.1889

Hebr. Sterbedatum:
Schabbatausgang, 21. Aw 5649

Vater: **Schimon Arie Falk**
Herkunftsort: **Braunsbach**

Reihe 4 - Nr. 38
Fanny Fradel Falk

Hier liegt die Frau, Frau Fradel, Gattin von Joel Falk, gestorben mit gutem Ruf am heiligen Schabbat, d. 26. Tewet 653 n.d.k.Z., Eine Hausfrau, deren Werke so rein waren wie Olivenöl, friedliebend und Wohltätigkeit übend, eine gottesfürchtige Frau. Sie wird rühmen und sich freuen an der Fülle. Schmerz herrschte an ihrem Lager und von oben wurde sie erlöst von der Pein. Schwinge dich (hinauf) und der Herr wird dir geben den Lohn für deine Werke. Ruhe in Frieden und stehe auf am Ende der Tage. T.N.Z.B.H.	פ ט
האשה מרת פראדל אשת
יואל פאלק נפטרה בשם טוב
יום שבת קדש כו טבת תרנג לפק

עקרת הבית זכים מעשיה
כשמן זית רודפת שלום
וגמילות חסדים אשה יראת
ה' היא תתהלל ותתענג
בזיו קונה שליט במטה ובמעל

גאלת מיסורי נופך וה' יתן
לך שכר פעולתך תנוח

בשלום ותעמוד לקץ הימין

ת נ צ ב ה
Fanny Falk
geb. 16. Nov. 1817,
gest. 13. Jan. 1893. |

Rückseite

163
Hier lieg ich friedlich, hab die Ruh gefunden,
Die mir hienieden ach so oft entschwunden.
O gönnt mir sie und weinet keine Thränen,
Der gute Vater stillte nun mein Sehnen.

16.11.1817-13.01.1893

Hebr. Sterbedatum: Schabbat, 26. Tewet 5653
Vater: **Salomon Maier**
Gatte: **Joel Falk**
Herkunftsort: **Goldbach**

Reihe 4 - Nr. 39
Nathan Stern

Hier liegt	פ ט
der Mann Nathan, Sohn des verehrten Schmuel Stern.	האיש נתן בן כמר שמואל זטערן
Eingesammelt aber hat man dich. Doch wird dein gutes Andenken hochgehalten.	נאסף אייך: אך: לא טוב זכרך:
Redlich und aufrichtig warst du von von deiner Jugend an.	תם וישר היתה מנעוריך:
Ewiglich wird deine Seele teuer bleiben	נצח ישאר (ת)טיקר נפשיך:
im Herzen deiner Frau u. deinen Kindern.	בלב אשתך; ובניך:
Die Krone fiel von unserem Haupt.	נפלה עטרת ראשנו
Deiner guter Name ist eingraviert in unseren Herzen.	שמך: הטוב חרזת על לוח לבנו
Sein Auge verdunkelte sich, unsere Sonne ging unter	מטה עינו נשבר שקעה שמשנו
und es kam eine große Trauer über unsere Familie.	ויהי אכל גדול לכל משפחתנו
Ach, o weh, in deinen besten Jahren	אך: אהה! במבחר שנותך:
sank dein Staub ins Grab hinab, aber nicht zu deinem Schmerz.	לקבר ירד עפרך: ולא לשברותך:
Am 3. Schwat 651 stieg seine Seele hinauf zum Herrn.	ביום ג שבט תרנא עלה נפשו לה
T.N.Z.B.H.	ת נ צ ב ה

Nathan Stern
geb. d. 15. Jan. 1842
gest. d. 12. Jan. 1891.

15.01.1842-12.01.1891

Hebr. Sterbedatum: Montag, 3. Schwat 5651
Vater: **Samuel Stern**
Herkunftsort: **Michelbach a.d.L.**

Reihe 4 - Nr. 40
Karoline Gitel Stern

Hier ruht
eine tüchtige Gattin, aufrecht,
angenehm in ihren Taten.
Gitel Stern,
gestorben am 15. Elul
und begraben am 18. Elul
699 n.d.k.Z.

פ נ
אשת חיל ישרה
נעימה במעשיה
גיטל שטערן
נפטר טו אלול
ונקבר חי אלול
תרצט לפק

Karoline Stern
geb. 25. Dez. 1855
gest. 30. Aug. 1939

ת נ צ ב ה

T.N.Z.B.H.

25.12.1855-30.08.1939

Hebr. Sterbedatum: Mittwoch, 15. Elul 5699
Hebr. Begräbnisdatum: Samstag, 18. Elul 5699
Vater: **Raffael Mayer**
Herkunftsort: **Mönchsroth**

Reihe 4 - Nr. 41
Salomon Hermann

Hier liegt

פ' ט'

Salomon, Sohn von Josef Hermann, gestorben
mit gutem Namen am 4. Tag, d. 12. Schwat 652 n.d.k.Z.
Ein Mann, gut und gerade und gottesfürchtig, ein Läufer wie der Hirsch.
Mit Wohlgefallen betrachtet von unserem Vater, der da ist im Himmel
T.N.Z.B.H.

שלמה בר יוסף הערמאן נפטר

בשם טוב יום ד' יב שבט תרנב לפ'ק

איש טוב וישר וירא אלהים רץ

כצבי לעשות רצון אבינו שבשמים

ת נ צ ב ה

09.01.1815-10.02.1892

Salomon Hermann
von Goldbach
geb. d. 9. Jan. 1815
gest. d. 10. Febr. 1892.

Hebr. Sterbedatum: Mittwoch, 12. Schwat 5652
Vater: **Josef Hermann**
Herkunftsort: **Goldbach**

Reihe 4 - Nr. 42
Ferdinand Hallheimer

Hier liegt

פ'ט

Ferdinand, Sohn des
Schmuel Hallheimer.
Ihm entfiel der Geist nach kurzem Leben und er starb am 5. Tag, d. 26. Tammus 652 n.d.k.Z.: T.N.Z.B.H.

פערדינאנד בר
שמואל האלהיימער
נופל בחייו מקוצר
רוח ומת יום ה' כ'ו תמוז
תרנ'ב לפק: ת נ צ ב ה

Ferdinand Hallheimer
geb. 1. Mai 1869
gest. 21. Juli 1892

Gut war sein Herz, doch schwer sein Leid.
Sein Leben Mühe, Kampf und Streit.
Nun ruht er hier am stillen Ort,
Sein Leid ist aus, sein Herz lebt fort.

01.05.1869-21.07.1892

Hebr. Sterbedatum: 26. Tammus 5662
Vater: **Samuel Hallheimer**
Herkunftsort: **Crailsheim**

Reihe 4 - Nr. 43
Alexander Elsässer

Hier liegt
der Chaver, Reb Alexander,
Sohn des Chavers Baruch Elsässer,
Lehrer der heiligen Gemeinde
Laupheim, gestorben mit gutem Namen
am 1. Tag, d. 12. Schewat 653 n.d.k.Z.
Ein Brunnen der Weisheit und alles
Verborgene kam daraus hervor.
Seine Wohltätigkeit kam vor ihn und
und er endete damit.

T.N.Z.B.H.

פ' ט'
החבר ר' אלעקסאנדער
בן החבר ברוך עלסעזער
מלמד דק"ק לויפהיים נב"ט

יום א' י"ב שבט תרנ"ג לפ"ק
באור חכמה והופיע כל נעלם

הלך לפניו צדקתו והיא ספהו

ת נ צ ב ה

Alexander Elsässer
pens. Oberlehrer
aus Laupheim,
geb. 21. Dez. 1817
gest. 29. Jan. 1893.

Stand 1982

Süss ist der Schlaf des Arbeiters.
Pred. Sal. 5.11.
Gewidmet von seiner treuen Gattin.

21.12.1817–29.01.1893

Hebr. Sterbedatum: Sonntag, 12. Schwat 5653
Beruf: **Lehrer**
Vater: **Baruch Elsässer**
Herkunftsort: **Laupheim**

Stand 1996

Reihe 4 - Nr. 44
Mina Mundel Elsässer

Hier liegt

פ ט

Frau Mundel, Gattin von
dem Chaver Alexander Elsässer,
gestorben am 1. Tag, d. 16. Adar I
und begraben am 3. Tag, 18. des Monats
679 n.d.k.Z.

מרת מינדעל אשת
החבר אלעקסנדער עלזאזער
נפטרה ביום א׳ טו אדר ראשאן
ונקברה ביום ג׳ חי בו תרעט לפק

T.N.Z.B.H.

ת נ צ ב ה

04.01.1827-16.02.1919

MINA ELSÄSSER
Geb. 4. Jan. 1827
Gest. 16. Feb. 1919.

Hebr. Sterbedatum: Sonntag, 16. Adar I 5679
Hebr. Begräbnisdatum: Dienstag, 18. Adar I 5679
Vater: **Moses Einstein**
Gatte: **Alexander Elsässer**
Herkunftsort: **Steppach b. Augsburg**

Reihe 4 - Nr. 45
Jeannette Scheindel Rosenfeld, geb. Einstein

Hier liegt

פ׳ ט׳

die Frau Scheindel, Gattin von
Naftali Rosenfeld, gestorben mit
gutem Namen
am Erew Schabbat, dem 13. Elul 653
n.d.k.Z.: Eine gerade Frau,
die den Weg der Lauterkeit ging.
Sie war all ihre Tage eine gute
Ratgeberin ihres Gatten.

האשה שיינדעל אשת
נפתלי ראזענפעלד נבט
יום עש״ק יג אלול תרנג
לפק: אשה ישרה
הלכה בדרך תמימה
דרשא טוב בעלה כל ימיה

T.N.Z.B.H.

ת נ צ ב ה

20.07.1832-25.08.1893

Jeannette Rosenfeld
geb. Einstein
geb. 20. Juli 1832, gest. 25. August 1893.

Hebr. Sterbedatum:
Erew Schabbat, 13. Elul 5653
Vater: **Moses Einstein**
Gatte: **Naftali Rosenfeld**
Herkunftsort: **Steppach b. Augsburg**

Reihe 4 - Nr. 46
Hirsch Naftali Heinsfurter

Hier liegt	פ'ט
ein Mann, gut und gerade, Naftali,	איש טוב וישר נפתלי
Sohn von Mosche David Heinsfurter	בר משה דוד היינספורטער
gest. am 1. Tag, dem 2. Tag Pessach 657 n.d.k.Z.	נפט' יום א ב דפסח תרנז לפ'ק
Schnell wie der Hirsch, mit Wohlgefallen betrachtet	רץ כצבי לעשות רצון
von unserem Vater, der da ist im Himmel. Ruhe	אבינו שבשמים תנוח
in Frieden und stehe wieder auf am Ende der Tag.	בשלום ותעמוד לקץ הימין
T.N.Z.B.H.	ת נ צ ב ה

04.03.1821-18.04.1897

Hebr. Sterbedatum:
Sonntag, 2. Tag Pessach (= 16. Nissan) 5657
Vater: Moses David Heinsfurter
Herkunftsort: **Oberdorf b. Bopfingen**

Hirsch Heinsfurter
geb. 4. März 1821
gest. 18. April 1897

Reihe 4 - Nr. 47
Baruch Levi und Sophie Levie, geb. Marx

Hier ruhen   פ נ

BARUCH LEVI
geb. 5. Dez. 1839.
gest. 22. Okt. 1899.

SOPHIE LEVI
GEB. MARX
geb. 10. Febr. 1838.
gest. 7. Juli 1921.

T.N.Z.B.H.   ת נ צ ב ה

Jm Leben wert u. teuer
Jm Tode unvergesslich.

1. 05.12.1839-22.10.1899

Beruf: **Handelsmann**   *2. 10.02.1838-07.07.1921*
Vater: **Salomon Löw Levi**
Herkunftsort: **Crailsheim**   *Vater:* **Salomon Hirsch Marx**

Reihe 4 - Nr. 48
Fanny Fradel Goldstein

Hier ruht

פ נ

eine Frau, gepriesen und teuer
gekrönt durch alle (ihre Werke)..gerade.
Frau Fradel, Gattin von Jizchak
Goldstein,
gestorben am 4. Tag, d. 12. Tewet
und begraben
am 6. Tag, d. 14. Tewet 661 n.d.k.Z.

אשה מהוללה ויקרה
מוכתרת בכל מ.. ישרה
מרת בראדל אשת יצחק
גאלדזטיין
נפטרה ביום ד' יב טבת ונקב'
ביום ו' יד טבת תרסא לפק:

T.N.Z.B.H.

ת נ צ ב ה

27.02.1838-02.01.1901

Fanny Goldstein
geb. 27. Febr. 1838. gest. 2. Jan. 1901.

Hebr. Sterbedatum: Mittwoch, 12. Tewet 5661
Hebr. Begräbnisdatum: Freitag, 14. Tewet 5661
Vater: **Abraham Gutmann**
Gatte: **Jizchak Goldstein**
Herkunftsort: **Gerabronn**

Reihe 4 - Nr. 49
Wolf Binjamin Mandelbaum

Hier liegt

פ ט

Binjamin, Sohn des Abraham
Mandelbaum,
gestorben am 3. Tag, d. 23. Aw und
begraben
am 5. Tag, d. 25. Aw 662 n.d.k.Z.

בנימין בר אברהם
מאנדעלביים
נפטר ביום ג כג אב ונקפ'
ביום ה כה אב תרסב לפק

T.N.Z.B.H.

ת נ צ ב ה

Wolf Mandelbaum
geb. 28. Oct. 1844
gest. 26. Aug. 1902.

28.10.1844-26.08.1902

Hebr. Sterbedatum: Dienstag, 23. Aw 5662
Hebr. Begräbnisdatum: Donnerstag, 25. Aw 5662
Beruf: **Handelsmann**
Vater: **Abraham Mandelbaum**
Herkunftsort: **Crailsheim**

Reihe 5 - Nr. 1
Mina Mirjam Hirsch

Frau Mirjam Hirsch
verstorbene Gattin des Ascher, Sohn
(des David)
Sie verstarb am 5. Tag, d. 11.
Marcheschvan 6(12).

מ מרים הירש
אשת המונח אשר בר ...
נפטרת ביום ה יא מרחשון תר...
...חת נפשהות בארץ צער ה ...

28.11.1793-06.11.1851
Hebr. Sterbedatum: Donnerstag, 11. Marcheschvan 5612
Gatte: **Ascher bar David Hirsch**

Reihe 5 - Nr. 1A
Emmanuel Moses Levi

ohne Grabstein

....1783-04.04.1852

Reihe 5 - Nr. 2
Sara Mezger

....

aus Goldbach

....1789-19.12.1852

Herkunftsort: **Goldbach**

Akrostichon des Vornamens

Reihe 5 - Nr. 3
Salomon *Maier*

Schlom(o, Sohn des Meir A)ri s.A. aus Go(ldbach)	שלמ(ה בר מאיר א)רי זל מגא(לדבאך)
Gestorben am 2. Tag, Erew Rosch Chodesch Ad(r) I, im Namen Gottes, 613.	נפטר ביום ב' ערח אד...שון ה
	תריג
Schlomo...	שלמה
	...
	...
T.N.Z.B.H.	ת נ צ ב ה
Amen Selah	א ס

....1782-07.02.1853

Hebr. Sterbedatum: Montag, Erew Rosch Chodesch Adar I (= 29. Schwat) 5613
Vater: **Meir Ari gen. "Meier"**
Herkunftsort: **Goldbach**

Reihe 5 - Nr. 4
Babette Zippora Hallheimer

Hier liegt   פ ט

Frau (von Schmuel Hallhei)mer,   אש... (האללהי) מער
gestorben am ... 5613 n.d.k.Z.   נפט בי... התריג לפק
         ...
         ...
         ...

T.N.Z.B.H.   ת נ צ ב ה

16.10.1808-23.03.1853

Hebr. Sterbedatum: Mittwoch, Taanit Esther, 13. Adar II 5613
Hebr. Begräbnisdatum: Schoschan Purim, 15. Adar II
Gatte: **Samuel bar Jisrael Hallheimer**
Herkunftsort: **Ingersheim**

Reihe 5 - Nr. 5
Rachel Seligmann

         ...
         ...
gestorben am Tag Zom Gedalja...   נפטרת ביום צ'ג'...

....1790-05.10.1853

Hebr. Sterbedatum: Zom Gedalja, Mittwoch, 3. Tischri 5614
Gatte: **Raule Seligmann**

Reihe 5 - Nr. 6
Abraham Pollak (Bolak)

....1796-28.02.1854

Herkunftsort: **Wittelshofen**

Reihe 5 - Nr. 7
Joel Löwenthal

25.12.1789-29.03.1854

Reihe 5 - Nr. 8
Baruch Löwenthal

               Hier ruht
unser seliger Grossvater
       Baruch Löwenthal
       gest. 25. Juni 1854
       im 56. Lebensjahr.

02.05.1798-25.06.1854

Beruf: **Handelsmann, Krämer**
Herkunftsort: **Crailsheim**

Reihe 5 - Nr. 9
Gütele Levi

Gütele..	גיטלה...
des Leviten	הלוי
aus Ingersh(eim)	מאינגערזה(יים)
Gestorben am 3. Tag, d. 13. Kislev	נפטרת ביום ג יג כסליו ה ...
im Namen Gottes (615 n.d.k.Z.).	....

....1769-05.12.1854

Hebr. Sterbedatum: Dienstag, 13. Kislev 5615
Gatte: **Baruch Levi**
Herkunfstort: **Ingersheim**

Reihe 5 - Nr. 10
Hanna Chana Rosenthal

Hier liegt
Chana, Gattin des Chawers R. Meir Schmuel
Rosenthal aus Oberdorf.
Hier gestorben, mit gutem Namen, während des 5. Tages, d. 18. Adar
615 n.d.k.Z.
Chana, im guten Greisenalter, ohne Sorge und Mühe
und für ihr Werk empfing sie Freude und Jubel.
Ihre Seele wird eingebunden sein bei denjenigen, die für Mildtätigkeit bekannt sind. Zur Erbauung der Seele wird alles eingebunden werden.
Amen.
T.N.Z.B.H.

....1783-07.03.1855

Hebr. Sterbedatum: Donnerstag, 18. Adar 5615
Gatte: **Meir Samuel Rosenthal**
Herkunftsort:: **Oberdorf**

פ ט
חנה אשת החו"ר מאיר שמואל
ראזנפעלד מאבערנדאעף
נפטרת כאן בש ט בעת ה חי אדר

תרטו לפק
חנה בשיבה טובה בלי צער ועמל

ובמעשה נמצה שמחה וששון

נשמתה תהי צרורה בידי חסדים
גומל תחת בנפיש בינת יוצר הכל אמן

ת נ צ ב ה

Reihe 5 - Nr. 11
Nathan Mai(j)er

08.08.1790-23.04.1855

Nathan Majer in Andenken

Reihe 5 - Nr. 12
Breindel (Breuntel) Maier

06.05.1780-01.05.1856

Reihe 5 - Nr. 13
Bela Heinsfurter

..03.1794-09.01.1857

Reihe 5 - Nr. 14
Salomo Loser

Schlo(mo)...   ...של(מה)

T.N.Z.B.H.   ת נ צ ב ה

15.05.1785-10.01.1857

Reihe 5 - Nr. 15
Jette Nußbaum

Die Frau...   האש...

gestorben...   נפט...
nach der Erschaffung der Welt   לבע

(T.) N.Z.B.H. Amen Selah   (ת) נ צ ב ה אס

....1780-05.02.1857

Hebr. Sterbedatum: Donnerstag, 11. Schwat 5617
Hebr. Sterbedatum: Sonntag, 14. Schwat 5617
Gatte: Eisik Nußbaum

Reihe 5 - Nr. 16
Marx *Mordechai* Rosenfeld

Hier ruht

ein Mann, lauter und aufrecht,
Marx Rosenfeld.
Sein Tun war durch Gewissenhaftigkeit
vollkommen.
Er verstarb mit gutem Ruf
am 1. Tag, d. 17. Sivan 635 n.d.k.Z.

T.N.Z.B.H.

23.07.1811-20.06.1875

Hebr. Sterbedatum: Sonntag, 17. Sivan 5635
Beruf: **Buchbindemeister**
Vater: **Moses Rosenfeld**
Herkunftsort: **Crailsheim**

פ נ

איש תם וישר
מארקס ראזענפעלד
מעשיו היו באמונה שלמה

נפטר בשם טוב
יום א׳ יז סיון תרלה לפ״ק

ת נ צ ב ה

Marx Rosenfeld
geb. 23. Juli 1811
gest. 20. Juni 1875.

Reihe 5 - Nr. 17
Amalie *Mottel* Rosenfeld

Hier ruht

die ledige Jungfrau
Amalie
Rosenfeld
gestorben am 4. Tag, d. 8. Elul
635 n.d.k.Z.

T.N.Z.B.H.

פ נ

נערה בתולה
אמאליע
ראזענפעלד
נפטרה ביום ד׳ ח אלול
תרלה לפ״ק

ת נ צ ב ה

Amalie Rosenfeld
gest. 7. Sept. 1875
im 38. Lebensjahr.

16.11.1836-07.09.1875
Hebr. Sterbedatum: Mittwoch, 8. Elul 5635

Reihe 5 - Nr. 18
Silpa Rosenfeld

Hier ruht   פ נ

eine gepriesene und teure Frau,   אשה מהוללה ויקרה
Silpa   זילפה
Rosenfeld,   ראזענפעלד
verstorben mit gutem Namen   נפטרה בשם טוב
am 2. Tag, d. 22. Adar 639 n.d.k.Z.   יום ב כב אדר תרלט לפ'ק

T.N.Z.B.H.   ת נ צ ב ה

Silpa Rosenfeld
gest. 17. März 1879,
im 78. Lebensjahr.

....1800-17.03.1879

Hebr. Sterbedatum: Montag, 22. Adar 5639

Reihe 5 - Nr. 19
Samuel Friedmann

                                                   ....

T.N.Z.B.H.   ת נ צ ב ה

Samuel Friedmann

14.02.1805-24.01.1876

Hebr. Sterbedatum: Montag, 27. Tewet 5636
Herkunftsort: Crailsheim

Reihe 5 - Nr. 20
Rachel Löwenthal

Rachel Löwenthal
geb. im Jahr 1796
gest. 1. Febr. 1876

27.12.1796-01.02.1876

Hebr. Sterbedatum: Dienstag, 6. Schwat 5636
Gatte: **Joel Löwenthal**

Reihe 5 - Nr. 21
David Wolf *Salomon (Seew)* **Löser**

....

Hier ruht
David Wolf Löser
geb. 29. Mai 1824
gest. 18. Febr. 1876.

29.05.1824-18.02.1876

Hebr. Sterbedatum: Erew Schabbat, 23. Schwat 5636
Vater: **Salomon Löser**

Reihe 5 - Nr. 22
Hanna Rosenfeld

....1803.06.03.1876

Reihe 5 - Nr. 23
Mina Liebmann

06.05.1803-28.03.1876

Reihe 5 - Nr. 24
Marx Stein

12.08.1803-29.05.1876

Reihe 5 - Nr. 25
Chajah Chajale *(Klara)* Strauss

Hier ruht

die tüchtige Frau, gottesfürchtig
und züchtig,
Frau Chajale, Gattin des
verehrten Herrn Bendit Strauss,
gnädig und fromm alle ihre Jahre.
Fromme Wohltaten erweisend strebte
sie nach Frieden. Gestorben am Schabbat,
d. 15. Aw 636 n.d.k.Z.

T.N.Z.B.H.

..05.1790-05.08.1876

Hebr. Sterbedatum: Schabbat, 15. Aw 5636
Gatte: **Bendit Strauss**
Herkunftsort: **Crailsheim**

פ׳ נ׳

אשת חיל יראת
אלהים וצנועה
מרת חיילה אשת
כמ״ר בענדיט שטרוס
חן וחסד עללשונת
גמילות חסד רודפת
שלום נבט יום ש״ק
טו אב תרל״ו לפ״ק

ת נ צ ב ה

Chajah Strauss
geb. im Mai 1790.
gest. d. 5. Aug. 1876.

Reihe 5 - Nr. 26
Mina Michle Stern

Hier ruht

das Fräulein Michle,
Tochter des Schimon Stern,
gestorben am 2. Tag, d. 2. Sivan
644 n.d.k.Z. Ihr Wesen war
mild, angenehm und ihr ganzer Weg
friedlich. Ruhe in Frieden!

T.N.Z.B.H.

10.10.1820-26.05.1884

Hebr. Sterbedatum: Montag, 2. Sivan 5644
Vater: **Simon Stern**

פ נ

הבתולה מיכלה
בת שמעון שטערן
נפטרה יום ב בסיון
תרמד לפ'ק דרכיה
דרכי נעם וכל נתיבותיה
שלום תנוח בשלום

ת נ צ ב ה

Mina Stern
geb. 10. Oktober 1820
gest. 26. Mai 1884.

Reihe 5 - Nr. 27
David Rosenfeld
Hier liegt

David, Sohn des Mosche Rosenfeld.
Wohltaten erwies er den Kindern
Israel.
Das Los der Bedürftigen linderte er
und verbesserte die gute Einrichtung
für die Hilfsbedürftigen.
Gedenke stets Welt, daß dieser
Gerechte lebte.
Er verstarb mit gutem Ruf am 2. Tag,
d. 3. Adar I 646 n.d.k.Z.

T.N.Z.B.H.

21.11.1815-07.02.1886

Hebr. Sterbedatum: Montag, 3. Adar I 5646
Beruf: **Seifensieder**
Vater: **Moses Rosenfeld**
Herkunftsort: **Crailsheim**

פ' ט'

דוד בר משה ראזענפעלד
צדקות עשה בישראל

פור נתן לאביונים יסד
ותקן דבר טוב לעניימו

לזכר עולם יחיה צדיק

נפטר בשם טוב יום ב
ג אדר ראשון תרמו לפ'ק

ת נ צ ב ה

Hier ruht
David Rosenfeld
gb. d. 21. Nov. 1815.
gst. d. 7. Feb. 1886.

Reihe 5 - Nr. 28
Moriz Moses Rosenfeld

Hier ruht   פ נ

der Mann Mosche, Sohn des   האיש משה בן
Naftali Rosenfeld.   נפתלי ראזענפעלד
Er starb am 5. Elul 645 n.d.k.Z.   מת ה אלול תרמה לפק.

T.N.Z.B.H.   ת נ צ ב ה

Moriz Rosenfeld
geb. d. 29. Okt. 1857, gest. d. 15. Aug. 1888

Rückseite
Ich will liegen bei meinen
Vätern. 1. B. Mos. 47,30.
Gewidmet von seiner treu
besorgten Gattin Marie
geb. Wertheimer.

29.10.1857-15.08.1888

Hebr. Sterbedatum: Sonntag, 5. Elul 5655
Vater: **Naftali Rosenfeld**

Reihe 5 - Nr. 29
Isaak Jizchak Goldstein

Jizchak, Sohn des Josef Goldstein liegt hier.	יצחק בר יוסף גאלדשטיין פ' ט'
Er verließ seine sterbliche Hülle am am 11. Tammus 647 n.d.k.Z.	נאסף אל עמיו י"א תמוז תרמ"ז לפ"ק
Es gibt den Lohn für deine Taten im Land des ewigen Lebens.	י"ש שכר לפעולתך בארץ החיים
Barmherzigkeit und Wohltätigkeit erwiesest du den Kranken,	צדקה וגמילות חסד עשית לחולים
ein Helfer der Bedürftigen warst du,	חבל נחלת רופא במעניים
deine Gemeinde wird sich deiner für alle Ewigkeit erinnern.	קהל עדתיך יזכירוך לעולמים
Die Tage deiner Jahre wurden zu früh abgeschnitten,	ימי שנותיך נגדעו מידמות
siehe, dein Andenken bleibt unvergeßlich.	נורא זכרונך לא ימוש מלוח
In die Höhe stiegst du hinauf zu deiner Ruhe und deinem Glück, denn du gingst aus aus der Dunkelheit ins Licht.	לבנו למרום עלית למנוחך אשרך כי יצאת מאפלה לאור
T.N.Z.B.H.	ת נ צ ב ה

Isaak Goldstein geb. den 15. August 1835.
gest. den 2. Juli 1887.

Rückseite
Zu früh den Deinen hier entrissen.
Die Du durch Treu' und Lieb erquickt.
O hartes Los. wir sollen wissen
Dich, dessen Dasein und beglückt:
Tief ist der Schmerz, doch bleibt ein
Hoffen.
Ein Trost, o Teurer stimme ein:
Und halt die Arme für uns offen,
Wir eilen alle, dein zu sein.

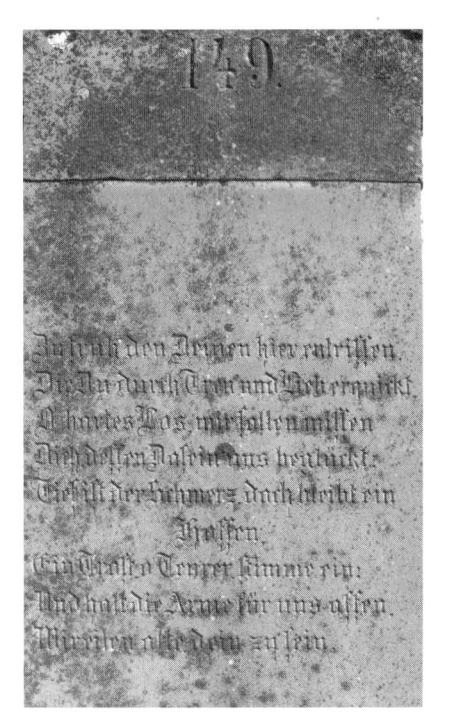

15.08.1835 - 02.07.1887
Hebr. Sterbedatum: Sonntag, 11. Tammus 5647
Beruf: **Metzger**
Vater: **Josef Goldstein**
Herkunftsort: **Goldbach**
Akrostichon des Vornamens

Reihe 5 - Nr. 30
Salomo Gundelfinger

Hier ruht

פ' נ'

der Chawer Herr Schlomo, Sohn des
Jakob Gundelfinger,
gestorben am Schabbat
von Chanukka, d. 2. Tewet 648 n.d.k.Z.

הכבר ר שלמה בר
יעקב גונדעלפינגער
נפטר ביום שבת
חנוכה ב טבת תרמ״ח לפ״ק

T.N.Z.B.H.

ת נ צ ב ה

Salomo Gundelfinger
geb. 24. Mai 1814, gest. 16. Dezbr. 1887.

24.05.1814-16.12.1887

Hebr.Sterbedatum: Schabbat Chanukka, 2. Tewet 5648
Vater: **Jakob Gundelfinger**

Reihe 5 - Nr. 31
Regine Maier, *geb Maier*

Regine Maier
geb. d. 3. J(an.1)809. gest. d. 2. Juni 1889

03.01.1809-02.06.1889

Hebr. Sterbedatum: Sonntag, 3. Sivan 5649
Gatte: **Nathan Maier**
Herkunftsort: **Buchau**

Reihe 5 - Nr. 32
Ernestine Esther Aal

Hier ruht
Esther, Gattin des Jehuda Aal.
Sie verstarb am 5. Tag, d. 11. Ijjar
650 n.d.k.Z.: Kehr ein in den
göttlichen Frieden.
Die Krone ihres Gatten ging eilig
ins Gebetshaus und besuchte Kranke
und sie wird erhöht werden in ihrem
Himmel.

T.N.Z.B.H.

03.07.1815-01.05.1890

Hebr. Sterbedatum: Donnertag, 11. Ijjar 5650
Gatte: **Jehuda Aal**

פ' נ'
אסתר אשת יהודה אהל
נפטרה יום ה' י"א אייר
תר"ן לפ"ק: בואיל שלום

עטר' בעלה הלכת מהרה
בית תפלה ובקרת חולה
ועתה נשמתר בשמימה:

ת נ צ ב ה

Ernestine Aal
geb. d. 3. Juli 181(5)
gest. d. 1. Mai 189(0)

Schwer geprüft im Leben,
Dennoch Gott ergeben.
Ruht sie aus von Sorgen,
Bis zum lichten Morgen.

Reihe 5 - Nr. 33
Moses Mezger

Hier...

...Abraham

am 1. Tag, dem 24. ...
...d.k.Z.:

16.03.1826-04.01.1891

Hebr. Sterbedatum: Sonntag, 24. Tewet 5651
Beruf: **Metzgermeister**
Vater: **Abraham Arie Mezger**

פ...

...אברהם

...א' כד
...פ"ק:

Mo(ses Mezger)
gest. (4. Jan. 1891)
am...

Reihe 5 - Nr. 34
Karoline Gitl Goldstein

Hier liegt   פ' ט'

die tüchtige Gattin, Stütze des Hauses,   אשת חיל עקרת הבית
Frau Gitl, Gattin des Chanoch   מרת גיטל אשת חנוך
Goldstein. Gest. am   גאלדשטיין נב״ט יום
2. Tag, d. 24. Ijjar 651 n.d.k.Z.   ב׳ כד אייר תרנ״א לפ״ק
Ihr Wesen war angenehm   דרכי הדרכי נועם
und ganz auf Frieden ausgerichtet.   וכל נתצותיה שלום
Sie sorgte für Arme   פרשה לעניב פיה
und Bedürftige, gab ihnen Platz im Hause.   ועניים מרדים הביא הביתה

T.N.Z.B.H.   ת נ צ ב ה

                                               Karoline Goldstein
03.05.1821-01.06.1891   geb. 3. Mai 1821 gest. 1. Juni 1891.

Hebr. Sterbedatum: Montag, 22. Ijjar 5651
Gatte: **Chanoch Goldstein**

Reihe 5 - Nr. 35
Mina Mirjam Mezger, geb. Rosenfeld

                                               Mina Mezger
                                               geb. Rosenfeld
                                               geb. 25. Oct. 1850
                                               gest. 23. Oct. 1891.

Hier liegt   פ' ט'

eine gepriesene Frau,   אשה מהוללה צרה מצתרת בכל
die stets den geraden Weg ging, Frau Mirjam,   מ דהישרה מרת מרים אשת
Gattin von
Schmuel Mezger, gestorben mit gutem   שמואל מעצגער נב״ט יום עש״ק
Namen am Erew Schabbat
Hoschana Raba 652 n.d.k.Z. Eine Krone   הושענא רבא תרנ״ב לפ״ק עטרת
ihres Mannes und Zierde ihrer Kinder.   בעלה ותפארת לבניה תנוח בשלום
Ruhe in Frieden!

T.N.Z.B.H.   ת נ צ ב ה

Rückseite

Und es soll geschehen am selbigen Tage,
ist der Spruch des Herrn, daß ich unter
gehen lasse die Sohne am Mittag und
Finsternis bringe dem Lande am lichten
Tage u. verwandle eure Feste in Trauer
und alle eure Gesänge in Klagelieder.

Amos 8. 9,10

25.10.1850 - 23.10.1891

*Hebr. Sterbedatum: Erew Schabbat,
Hoschana Rabba (= 21. Tischri) 5652*
Gatte: Samuel Mezger

Reihe 5 - Nr. 36
Isaak Rosenfeld
Hier liegt

Isaak, Sohn des Meir Rosenfeld
gestorben mit gutem Ruf am 3. Tag, d.
12. Sivan
652 n.d.k.Z. Ein gottesfürchtiger Mann,
der in Lauterkeit und Gerechtigkeit wandelte.
Von Lug und Trug hielt er sich während
seiner Jahre fern und von schlechten Taten.
Ein guter Diener mit friedfertigem Herzen
und stieg hinauf, als sein Tag gekommen
war. Ruhe in Frieden
und stehe auf am Ende der Tage.

T.N.Z.B.H.

02.06.1818 - 07.06.1892

Hebr. Sterbedatum: Dienstag, 12. Sivan 5652
Vater: Meir Rosenfeld

פ' ט'

יצחק בר מאיר ראזענפעלד
נפטר בשם טוב יום ג יב סיון

תרנב לפק איש ירא שמים
הולך תמים ופועל צדקאין
שקר בלשונוסר מרעיעושה

טוב עובד בלב שלם את קונו

זכותו יעלה לו לימין תנוח בשלום
ותעמוד לקץ הימים:

ת נ צ ב ה

Isaack Rosenfeld
geb. 2. Juni 1818
gest. 7. Juni 1892.

Reihe 5 - Nr. 37
Jette Jettle Rosenfeld, geb. Feldenheimer

Hier ruht   פ נ

eine teure und aufrechte Frau,   אישה יקרה וישרה
eine Zierde ihrer Familie.   עטרת למשפחתה
Frau Jettle, Gattin von Jizchak   מרת ייטלה אשת יצחק
Rosenfeld   ראזענפעלד
Sie starb im guten Alter von 74   מתה בשיבה טובה ארבע ושבעים
Jahren am 20. Adar I des Jahres 665   שנה כ אדר רא שנת תרסה לפק
n.d.k.Z.
T.N.Z.B.H.   ת נ צ ב ה

Jette Rosenfeld
geb. Feldenheimer.
geb. 18. Okt. 1830.
gest. 25. Febr. 1905.

18.10.1830-25.02.1905

Hebr. Sterbedatum: Schabbat, 20. Adar I 5665
Gatte: **Jizchak Rosenfeld**

Reihe 5 - Nr. 38
Ricka (Rivka) Rosenfeld

11.05.1812-18.08.1895

Reihe 5 - Nr. 39
Namen nicht feststellbar

....1818-17.06.1896

Reihe 5 - Nr. 40
Löw Jehuda Bär

Hier liegt
Jehuda, Sohn des Schmuel
Bär,
gestorben mit gutem Namen
am 5. Tag, 23. Adar 657
n.d.k.Z.
Aus voller Kehle ehrte er den Herrn
beim Gebet mit seinem Lobgesang.

T.N.Z.B.H.

פ ט
יהודה בר שמואל
בער
נפטר בשם טוב
יום ה׳ כג אדר תרנז
לפק בחיכל ה׳ נשמע
קולו כבד את ה׳ מגרונו
בתפלת רוזה תהלתו

ת נ צ ב ה

Löw Bär
gb. 6. Juli 1827
gst. 25. Feb. 1897.

06.07.1827-25.02.1897

Hebr. Sterbedatum: Donnestag, 23. Adar 5657
Vater: Samuel Bär

Reihe 5 - Nr. 41
Heinrich *Raphael* Chaim Königsberger

Hier liegt	פ נ
R. Chaim, Sohn des Zwi Seew Königsberger,	ר' חיים בן צבי זאב קאניגזברגר
Vorsänger und Lehrer der Kleinen.	חזן היה ומלמד תינוקות
Er bemühte sich, gerade und ein Diener der Gerechtigkeit zu sein.	ישר עשה ופעל צדקות
Er stieg hinauf in den Himmel, der ihm gebührt und ihn bei der Hand nimmt.	יעלה לשמים שיאו והדנו
Von dort blickt er auf den Fels Israel, sein Volk.	משם רעה אבן ישראל עמו
Gestorben am 4. Tag, 2. Tag von Rosch Haschana	נפטר ביום ד ב רי השנה
und begraben Erew Schabbat Schuwa, d. 4. Tischri 660 n.d.k.Z.	ונקבר ביום עשק שובה ד תשרי תרס לפק:
T.N.Z.B.H.	ת נ צ ב ה

Heinrich Königsberger
Lehrer und Kantor
geb. d. 28. Sept. 1847
gest. d. 5. Sept. 1899

28.09.1847-05.09.1899

Hebr. Sterbedatum: Mittwoch, 2. Tag von Rosch Haschana (= 2. Tischri) 5660
Hebr. Begräbnisdatum: Erew Schabbat Schuwa, 4. Tischri 5660
Gemeindestellung: Vorsänger und Lehrer
Vater: Zwi Seew Königsberger

Akrostichon des Vornamens

Reihe 5 - Nr. 42
Babette Beßle Einhorn, geb. Fleischhauer

Hier ruht   פ נ

Frau Beßle, Gattin von   מורה בעזלה אשת
Menachem Einhorn.   מנחם איינהורן
Sie übte Barmherzigkeit und stieg den Weg   צדקתה והכמתה למעלה
von allen gelobt hinauf. Sie verstarb   מכל תהלה, היא נפטרה
am 6. Tag, d. 7. Nissan und wurde   ביום ו ז ניסן ונקברה ביום א
begraben am 1. Tag,
9. Nissan 660 n.d.k.Z.   T.N.Z.B.H.   ט ניסן תרס לפק: ת נ צ ב ה

                                                       Babette Einhorn
                                                       geb. Fleischhauer
                                                       geb. 26. März 1811
                                                       gest. 6. April 1900.

26.03.1811-06.04.1900

Hebr. Sterbedatum: Freitag, 7. Nissan 5660
Hebr. Begräbnisdatum: Sonntag, 9. Nissan 5660
Gatte: **Menachem Einhorn**

Reihe 5 - Nr. 43
Seligmann Jakob Heinsfurter

Hier ruht   פ נ

ein seit seiner Jugend gottesfürchtiger Mann,   איש ירא ה' מנעוריו
lauter und aufrecht in allem, was er tat   תם וישר בכל מעשיו
und friedliebend alle die Tage seines   ורודף שלום כל ימי חייו
Lebens.
Er, R. Jakob, Sohn des David   הוא ר' יעקב בר דוד
Heinsfurter,   היינזפורטער
gestorben am 4. Tag, d. 20. Kislev   נפטר ביום ד כ כסלו
und begraben am 6. Tag, d. 22. Kislev   ונקבר בי. ו כב כסלו תרסא
661
n.d.k.Z. T.N.Z.B.H.   לפק: ת נ צ ב ה

14.04.1824-12.12.1900

Hebr. Sterbedatum: Mittwoch, 20. Kislev 5661   Seligmann
Hebr. Begräbnisdatum: Freitag, 22. Kislev 5661   Heinsfurter
Vater: **David Heinsfurter**   geb. 14. April 1824,
                                                          gest. 12. Dezbr. 1900.

Reihe 5 - Nr. 44
Marie Mirjam Stern, geb. Lövinger

Hier ruht

Frau Mirjam, Gattin des
Jissachar Stern,
gest. am 3. Tag, d. 27. Schwat
und begr. am 5. Tag, d. 29. Schwat
662 n.d.k.Z.

T.N.Z.B.H.

פ"נ

מרת מרים אשת
יששכר זטרן
נפטרה ביום ג כז שבט
ונקברה ביום ה כט שבט
תרסב לפק

ת נ צ ב ה

Marie Stern
geb. Lövinger
geb. 3. Mai 1828,
gest. 4. Febr. 1902.

03.05.1828-04.02.1902

Hebr. Sterbedatum: Dienstag, 27. Schwat 5662
Hebr. Begräbnisdarum: Donnerstag, 29. Schwat 5662
Gatte: **Jissachar Stern**

Reihe 6 - Nr. 1
Keintle *Hendle* Bär

Keintle, Gattin von   קענדלה אשת
Pfeifer Bär   פייפער בער

Gatte: **Pfeifer Bär**

Reihe 6 - Nr. 2
Salomon Crailsheimer (ab August 1847, davor Salomon Marum Hirsch)
das ist   ......ה"ה
...des verehrten Meir...   ......כ"ה מאיר
...(Crailsheim)er, dem Gedächtnis des   ...(קריילזהיים)ער זצ'ל נישץ
Gerechten zum Segen, quiescierter
Vorsänger...
...und Schächter, Gemeindevorsteher   .....וחט פה
                                                        ...מן שמי יהי מ...
gestorben mit gutem Namen am 2. Tag,...   נפטר ב' שט ביו' ב' כז אב ה תרלז
d. 27. Aw 5607 (nach der Erschaffung
der Welt)

T.N.Z.B.H.   ת נ צ ב ה

19.02.1767-09.08.1847
Hebr. Sterbedatum: Montag, 27. Aw 5607
Hebr. Begräbnisdatum: Dienstag, 28. Aw 5607
Vater: **Meir *Marum Zwi Salman* Hirsch**
Herkunftsort: **Bechhofen**
Gemeindestellung: Gemeindevorsteher und Schächter, qiescierter Vorsänger und Schächter, Ortsrabbiner

Reihe 6 - Nr. 3
Jonas Levi

....1780-10.12.1847

Vater: **Simon Levi**

Reihe 6 - Nr. 4
Naftali Herz Mandelbaum

26.06.1780-16.02.1848

Vater: **Abraham Amson Mandelbaum**
Herkunftsort: **Crailsheim**

Reihe 6 - Nr. 5
Amalie Chaiele Goldstein

....1790-....1848

Gatte: **Binjamin Goldstein**

Reihe 6 - Nr. 6
Nanette Marx, geb. Junkheim

10.04.1813-04.11.1848

Vater: **Hajman Junkheim**
Gatte: **Salomon Hirsch Marx**
Herkunftsort: **Gunzenhausen**

Reihe 6 - Nr. 7
Babette Breinle Kohn, geb. Loeser
T.N.Z.B.H. Amen Selah

Gattin des ehrwürdigen und
Gemeindevorstehers und verdienstvollen
Herrn Mosche Arie Josef Hacohen s.A.,
starb mit gutem Ruf am Erew
Schabbat, 6./7. Kislev fünftausend
609 nach Erschaffung der Welt.

Gelobt sei der Ewige,
er tötet und bringt wieder zum Leben.
Seine große Liebe auf alle seine
Geschöpfe
Der Einzige hat deine müden
Augen geöffnet
Wir wissen, daß dein
Urteil gerecht ist
Bitte führe sie unter den Schutz
deiner Fittiche
Erweise ihr wie der Lohn
ihrer Werke
Der König voller Liebe
erbarme sich ihrer

תנצבה אס

אשת תמזיח הבכבד ותברם פ'ו'בו כ'

משה אריה יוסף הכהן זל
הטרת בשט ע'ש'ק ו'ז כסליו ה אלפים

תרט לבראת עולם

ב רוך ...
ממית ומחיה
ר חמיו גדולים על כל
יציט ורחות
י חידוא עניך עפית
פקוחות
י דענו כי צדק
משפטיך
נ א תכניסה בצל
כנפיך
ל תת לה כפרי
מעלליה
ה מלך ברהמין
ירחם עליה

Rückseite

Hier ruht
unsere unvergeßliche gute Mutter
Babette Kohn
geb. Loeser aus Crailsheim
geb. 15. Februar 1788
gest. 1. December 1848

15.02.1788-01.12.1848

Hebr. Sterbedatum:

Erew Schabbat, 6. Kislev 5609
Vater: **Matel Loeser**
Gatte: **Moses Arie Löw Josef Kohn**
Herkunftsort: **Crailsheim**
Akrostichon des Vornamens **"Breinle"**

Reihe 6 - Nr. 8
Moses Rosenfeld

verborgen und verunkelt	נפטר ושצל
richtet der König	הׄמלך המשפ׳
wird kein Unrecht tun	לא יעש׳ עוול
geehrt und erniedrigt נכבד ושפל	
Der König wird regieren	
kein Unrecht wird geschehen לא יעש עול	דׄ מלך תמשל

02.03.1781-06.06.1849

Vater: **Abraham David Rosenfeld**
Herkunftsort: **Crailsheim**

Reihe 6 - Nr. 9
Fanni Mandelbaum, geb. Wacker

24.05.1822-08.09.1849

Vater: **Adolf Wacker**
Gatte: **Abraham Mandelbaum**
Herkunftsort: **Schopfloch**

Reihe 6 - Nr. 10
Simon Hänlein

Hier liegt   פ ט

T.N.Z.B.H.   ת נ צ ב ה

05.03.1775-13.10.1849

Vater: **Lämlein Hänlein von Wurzingen**

Reihe 6 - Nr. 11
David Frank

Hier liegt   פ ט
                                                    ....
gestorben mit gutem Namen am 2. Tag,   נפטר ב'ש'ט ביום ב' כז......
d. 27....
(5)610 nach Erschaffung der Welt.   תרי לב'ע

T.N.Z.B.H. Amen Selah   תנצבה אמ

07.09.1768-08.07.1850

Hebr. Sterbedatum: Montag, 28. Tammus 5610
Hebr. Begräbnisdatum: 2. Tag Neumond Aw (= 1. Aw) 5610
Vater: **Abraham Frank**
Herkunftsort: **Crailsheim**
Gemeindestellung: Chaver

Reihe 6 - Nr. 12
David Blumenthal

20.12.1801-24.07.1850

Beruf: **Schneidermeister**
Vater: **Moses Bär Blumenthal**

Reihe 6 - Nr. 13
Mannases Löb Fleischhauer

10.04.1807-29.12.1850

Beruf: **Metzgermeister u. Viehhändler**
Vater: **Marx Pfeifer Fleischhauer**
Herkunftsort: **Goldbach**

Reihe 6 - Nr. 14
Rös (Rösl) Wolf

T.N.Z.B.H.   ת נ צ ב ה

....1781–31.12.1850

Gatte: **Eliahu Bär Wolf**
Herkunftsort: **Oettingen**

Reihe 6 - Nr. 15
Israel Hallheimer

22.10.1786–03.10.1851

Hebr. Sterbedatum: Erew Schabbat, 7. Tischri 5612
Vater: **Samuel "Rauli" Hallheimer**
Herkunftsort: **Boxberg**

229

Reihe 6 - Nr. 16
Fratel Hallheimer

28.04.1833-10.08.1872

Vater: **Mändlein Oberndörfer**
Gatte: **Joel Julius Hallheimer**
Herkunftsort: **Ingersheim**

Reihe 6 - Nr. 17
Betty *Babette Bela* Ball

Betty Ball
geb. 1. Aug. 1826
gest. 18.Sept. 1872

01.08.1826-18.09.1872

Gatte: **Max Menachem Ball**
Herkunftsort: **Crailsheim**

Reihe 6 - Nr. 18
Jette Lippmann

immer ruhig, gut... בשלה טוב כל..........
gottesfürchtig... ....אל
gestorben am heiligen Schabbat, am 8... נפטר׳ יום ש׳ק בח..........

T.N.Z.B.H. ת נ צ ב ה

                                        Hier ruht
                            unsere geliebte
                          Gattin und Mutter
                              Jette Lippman
                           geb. 8. Februar 1813
                         gest. 29. November 1872.

08.02.1813-29.11.1872

Hebr. Sterbedatum: Schabbat, 8. Cheschvan 5633
Vater: **Jandel Levite**
Herkunftsort: **Mönchsroth**

Reihe 6 - Nr. 19
Jeannette Kohn

                                        Hier ruht
                                    Jeannette Kohn

01.08.1846-24.12.1872

Vater: **Moriz Gerstlein**
Gatte: **Isaak Kohn**
Herkunftsort: **Fellheim**

Reihe 6 - Nr. 20
Abraham Gutmann

Abraham
Gutmann
aus Gerabronn
geb. 4. Sept. 1801.
gest. 10. März 1873.
Sein Andenken
bleibe in Segen.

04.09.1801-10.03.1873

Hebr. Sterbedatum: Montag, 11. Adar 5633
Hebr. Begräbnisdatum: Dienstag, 12. Adar 5633
Vater: **Moses Gutmann**
Herkunftsort: **Gerabronn**

Reihe 6 - Nr. 21
Clara Klara Neuburger, geb. Erlanger

Hier ruht in Gott
Frau Clara
Neuburger

Rückseite

Hier ruht
unsere gute unvergeßliche Mutter
Klara Neuburger
geb. Erlanger aus Buchau.
Sie schied von uns am 6. Juni 1873
in einem Alter von 77 Jahren
Ruhe ihrer Asche!
Friede ihrer Seele!

....1797-06.06.1873

Gatte: **Wieland Salman Neuburger**
Herkunftsort: **Buchau**

Reihe 6 - Nr. 22
Therese Heinsfurter

30.06.1822-20.11.1873

Vater: **Wolf Löser Goldstein**
Gatte: **Naftali Hirsch Heinsfurter**
Herkunftsort: **Goldbach**

233

Reihe 6 - Nr. 23
Emanuel Menachem *"Mendle"* Einhorn

Hier liegt	פ' ט'
ein Mann, edel und aufrecht, der verehrte	איש נדע וישר כ'
Menachem Einhorn.	מנחם איינהארן
Gestorben mit gutem Namen am 5. Tag,	נפטר בשם טוב יום ה
d. 27. Ijjar 634 n.d.k.Z.	כז אייר תרלד לפק
Er sättigte die Hungrigen.	משביע לרעבים
Ruhe in Frieden	תנוח בשלום
und stehe auf am Ende der Tage.	ותעמוד לקץ הימין
T.N.Z.B.H.	ת'נ'צ'ב'ה'

Emanuel Einhorn
geb. d. 3. Juli 1803, gest. d. 14. Mai 1874.

03.07.1803-14.05.1874

Hebr. Sterbedatum: Donnerstag, 27. Ijjar 5634
Vater: **Meir Einhorn**
Herkunftsort: **Diespeck b. Neustadt/Aisch**

Reihe 6 - Nr. 24
Bernhard Jissachar Rosenthal

"Der Ewige ist mein Panier"	ה נסי
Hier liegt	פ ט
ein Mann, lauter und aufrecht,	איש ישר ותמים
der Chawer R. (Herr) Jissachar	החבר ר' יששכר
Rosenthal.	ראזענטהאל
Vorbeter und Lehrer.	ש"ץ ומלמד
Dem Ruf der Lehre und des Gebets	לקול תורה ותפלה
folgte er früh und abends, gnädig	השכים והעריב חן
und gerecht während all seiner Jahre.	וחסד על לשונו נבט
Gestorben mit gutem Namen	
am 3. Tag, d. 7. Aw 634 n.d.k.Z.	יום ג'ז אב תרלד לפק
T.N.Z.B.H.	ת'נ'צ'ב'ה'

17.08.1809-21.07.1874
Bernhard Rosenthal
geb. d. 17. Aug. 1809, gest. d. 21. Juli 1874.

Hebr. Sterbedatum: Dienstag, 7. Aw 5634
Vater: **Meir Samuel Rosenthal**
Herkunftsort: **Oberdorf**
Gemeindestellung: Gemeindevorsteher, Lehrer; Schulmeister und Vorsänger;
Chaver. Lehrer von 1835-1872.

Reihe 6 - Nr. 25
Nathan Hirsch *Zwi* Wolf

Nathan Hirsch Wolf
geb. 25. März 1819
gest. 30. April 1884

25.03.1819-30.04.1884

Hebr. Sterbedatum: Mittwoch, 5. Ijjar 5644
Vater: **Elias Elijahu Wolf**
Herkunftsort: **Crailsheim**

Reihe 6 - Nr. 26
Amalie Essinger

...ihre Seele
ging in ihren Himmel. Gestorben
am 16. Tewet 644 n.d.k.Z.

T.N.Z.B.H.

...
...נשמתה
...ח השמימה נפט
ב' טז טבת תרמד לפ"ק

ת נ צ ב ה

Amalie Essinger
aus Oberdorf
geb. 24. Janr. 1829, gest. 13....

24.01.1829-13.01.1884

Hebr. Sterbedatum: Montag, 16. Tewet 644
Vater: **Salomon ...**
Herkunftsort: **Oberdorf**

Reihe 6 - Nr. 27
Adelheid Edel Mezger, *geb. Grünebaum*

Hier ruht	פ נ
Edel, (Gattin des) Mosche,	עדל...משה
Sohn des A(haron)...	בר א...גארי
gest... am 3. Sivan	נפט...ג סיון
64(5) n.d.k.Z.	תרמ...לפ׳ק
T.N.Z.B.H.	ת נ צ ב ה

Adelheid Mezger
...9. Aug. 1824
(gest. 17. Mai 1885)

09.08.1834-17.05.1885   **(laut Register 1834)**

Hebr. Sterbedatum: Sonntag, 3. Sivan 5645
Vater: **Josef Grünebaum**
Gatte: **Moses Mezger von Berlichingen**

Reihe 6 - Nr. 28
Fanny *Hanna* Hermann

Fanny Hermann
aus Goldbach
geb. d. 1. März 1808, gest. 15. Sept. 1886.

01.03.1808-15.09.1886
Herkunftsort: **Goldbach**

Reihe 6 - Nr. 29
Gules Goldstein

Segne Gott, o meine Seele, alles in mir   ברכי נפשי את ה' כל קרביאת
seinen heiligen Namen und vergiß nicht   שם קדשו ואל תשכחי כל גמוליו
alle seine Taten.

Hier ruht   פ' נ'

die Frau Gules, Gattin des   האשה גולעס אשת
Jehuda Goldstein, gestorben   יהודה גאלדשטיין נפטר'
Erew Schabbat, den 9. Tammus 647   יום עש'ק ט תמוז תרמז
n.d.k.Z. Eine tüchtige Frau, Krone   לפ'ק אשת חיל עטרת בעלה
ihres Gatten,
gottesfürchtig. Ihre Hand war offen für   יראת אלהים כפה פרשה
die Armen und Bedürftigen. Ruhe in Frieden!   לעני ולאביון תנוח בשלום

T.N.Z.B.H.   ת נ צ ב ה

22.09.1814-30.06.1887

Gules Goldstein
Hebr. Sterbedatum: Erew Schabbat, 9.Tammus 5647   geb. d. 22. Sept. 1814.
Gatte: **Jehuda Goldstein**   gest. d. 30. Juni 1887.

Reihe 6 - Nr. 30
Salomo Löb Arie Levi

Hier ruht   פ' נ'

Schlomo Arie, Sohn von   שלמה אריה בר
Baruch dem Leviten, gestorben   ברוך הלוי נפט
am 1. Tag, d. 11. Kislev des Jahres   יום א' יא כסלו שנת
648 n.d.k.Z. Ein Mann,   תרמח לפ'ק: איש
lauter und aufrecht. Ruhe in   תם וישר תנוח
Frieden in deiner Erde.   בשלום בארצך

T.N.Z.B.H.   ת נ צ ב ה

Salomo Löb Levi,
geb. den 26. Dezember 1808.
gest. den 27. November 1887.

26.12.1808-27.11.1887

Hebr. Sterbedatum: Sonntag, 11. Kislev 5648
Vater: **Baruch Levi**

Reihe 6 - Nr. 31
Fanni Fejele Nußbaum

....1793-21.03.1889

Hebr. Sterbedatum: Donnerstag, 18. Adar II 5649
Gatte: **Jizchak bar Meir Nußbaum**

Reihe 6 - Nr. 32
Haenlein Chanoch Goldstein

Hier ruht	פ נ
ein vertrauenswürdiger Mann, untadelig wandelnd.	איש אמונים הולך תמים
Chanoch, Sohn des Binjamin Goldstein, gestorben mit gutem Ruf am 2. Tag, d. 20. Schwat 650 n.d.k.Z. Seine Werke waren gut und gewissenhaft.	חנוך בר בנימין גאלדשטיין נפטר בשם טוב יום ב כ שבט תרן לפ'ק : מעשיו היו טובים ושלמים
Morgens und abends eilte er zur Lehre und zum Gebet um sie zu hören. Dafür war er bekannt.	השכים וערוב לתורה ולתפלה שמו היא נודע
Lob und Preis einem Gerechten im Glauben und seine Seele hing am lebendigen Gott und alle seine Werke werden kommen vor den himmlischen Herrn.	לשבח ולתהלה צדיק באמונת והיה דבק נפשו באלהים חיים וכל מעשיו תי׳ לשם שמים:
T.N.Z.B.H	ת נ צ ב ה

11.04.1825-10.02.1890

Haenlein Goldstein
geb. 11. April 1825, gest. 10. Februar 1890.

Hebr. Sterbedatum: Montag, 20. Schwat 5650
Vater: **Binjamin Goldstein**
Herkunftsort: **Goldbach**

Reihe 6 - Nr. 33
Mina *Mirjam Wolf*

Mina

14.11.1820–27.06.1890

Hebr. Sterbedatum: Erew Schabbat, 9. Tammus 5650
Vater: **Abraham Maier**
Gatte: **Nathan Zwi Wolf**
Herkunftsort: **Crailsheim**

Reihe 6 - Nr. 34
Mina Michle Grünsfelder

Hier liegt   פ' ט'

die teure Frau, gottesfürchtig,   האשה היקרה יראת
Frau Michle,   אלהים מרת מיכלה
Gattin des verehrten Ascher   אשת כמר אשר
Grünsfelder.   גרינספעלדער
Gestorben mit gutem Namen   נפטרה בשם טוב
am heiligen Schabbat, d. 25.   יום שבת קודש כ"ה
Adar II 651 n.d.k.Z.   אדר שני תרנ"א לפ"ק
Züchtig auf all ihren Wegen,   צנועה בכל דרכיה
in allen ihren Werken gerade und   ישרה ותמימה בכל
aufrecht. Ruhe in Frieden!   מעשיה תנוח בשלום

T.N.Z.B.H.   ת נ צ ב ה

09.01.1809–03.04.1891

Hebr. Sterbedatum: Schabbat, 25. Adar II 5651
Gatte: **Ascher Grünsfelder**
Herkunftsort: **Michelbach a.d.L.**

Mina Grünsfelder
geb. d. 9. Jan. 1809.
gest. d. 3. April 1891.

Reihe 6 - Nr. 35
Salomon Schneur "Salman" Grünsfelder

Schneur, Sohn des Mosche, gen. Salman
Grünsfelder,
gestorben mit gutem Ruf am 4. Tag,
d. 15. Aw 651 n.d.k.Z.

Hier liegt
rechtschaffend wandelnd und gerecht dienend,
nie eitel während seiner Jahre
oder schlecht und Gutes tuend, diente er
mit ganzem Herzen, friedliebend.
Er liebte die Geschöpfe und Mitmenschen,
eine Erscheinung, wie sonst
keiner. Um ihn trauern
alle Söhne seines Hauses, weil er
in seine Welt ging.

T.N.Z.B.H.

18.01.1808-19.08.1891

Hebr. Sterbedatum: Mittwoch, 15. Aw 5651
Vater: Moses Grünsfelder
Herkunftsort: Michelbach a.d.L.

שניאור בר משה ה זלמן

גרינספעלדער

נפטר בשם טוב יום ד טו אב תרנא ל.

פ' ט'

הולך תמים ופועל צדק
אין שקר בלשונו סר
מרע ועושה טוב עובד
בלב שלם את קונו
אוהב הבריות וצואם
מעייקים מחזיק איש
עניני הונו עליו ספדו
כל בני ביתו כי הלך לעולמו

ת נ צ ב ה

Salomon
Grünsfelder
geb. d. 18. Jan. 1808
gest. d. 19. Aug. 1891.

Reihe 6 - Nr. 36
Bernhardine Breindel Grünsfelder, geb. Gundelfinger

Breindel, Gattin des Salman
Grünsfelder,
gest. mit gutem Ruf am 2. Tag,
d. 1. Tag Rosch Haschana 654 n.d.k.Z.

Hier liegt
die Frau des Hauses, eine tüchtige Frau,
bewahrte die Lehre freudig. Tag
und Nacht war sie geschäftig
und ihr Weg führte vom Frieden in den
Frieden, die Zierde ihres Gatten,
denn du warst auch wie das blühende
Leben, gingst ins Gebetshaus.
Deine Seele stieg nun hinauf in den
Himmel.

T.N.Z.B.H.

22.09.1812-11.09.1893

Hebr. Sterbedatum: Montag, 1. Tag Neujahr (= 1. Tischri) 5654
Vater: Jakob Gundelfinger
Gatte: Salman Grünsfelder
Herkunftsort: Michelbach a.d.L.

בריינדעל אשת זלמן גרינזפעלדער

נפטר' ב'ט יום ב' א דראש ה תרנד לפ'ק

פ' ט'

עקרת הבית אשת חיל
שמוע תורה התענגה יום
וליל דרכיה דרכי נועם
וכל נתיבותיה שלום באי
לשלום עטרת בעלה
כי גם את חיית בכלל עם
סגלה הלכת בית תפלה
עתה נשמתך עולה שמימה

ת נ צ ב ה

Bernhardine
Grünsfelder
geb. Gundelfinger
geb. 22. Sept. 1812
gest. 11. Sept. 1893

Reihe 6 - Nr. 37
Hajum Hermann

....1814-27.10.1892

Vater: **Joesef Hermann**
Herkunftsort: **Goldbach**

Reihe 6 - Nr. 38
Rosine Rosenfeld

Rosine
Rosenfeld
geb. d. 2. Juli 1814,
gest. d. 8. März 1894.

02.07.1814-08.03.1894

Vater: **Mayer Weismann**
Gatte: **Marx Rosenfeld**
Herkunftsort: **Harburg**

Reihe 6 - Nr. 39
Babette Bunle Baer, geb. Strauss

Hier ruht

die teure Frau, bekannt als
sehr gottesfürchtig und Wohltäterin
der Armen, Frau Bunle,
Gattin des verehrten Löb Baer.
Gestorben am heiligen Schabbat,
d. 8. Adar 656 n.d.k.Z.

T.N.Z.B.H.

פ' נ'

האשה היקרה עקרת
הבית יראת ה' וחוננת
דלים מרת בונלה
אשת כמר ליב בער
נבט ביום שבת קדש
ח אדר תרנו לפ"ק
זכות היעלה לה לימין

ת נ צ ב ה

Babette Baer
geb. Strauss
geb. 27. Febr. 1831,
gest. 22. Febr. 1896.

Rückseite

Als Gefährtin und als Mutter
that sie treulich ihre Pflicht.
Immer fleissig, immer sorgsam.
O wie oft that sie Verzicht
Auf so manche Freud des Lebens,
bloss den Ihrigen zulieb -
Jetzo wird's ihr der...
dem sie gleichfalls treu verblieb.

27.02.1831-22.02.1896
Hebr. Sterbedatum: Schabbat, 8. Adar 5656
Vater: **Benedikt Strauß**
Gatte: **Löb Baer**
Herkunftsort: **Wiesenbach**

Reihe 6 - Nr. 40
Heinrich Rosenfeld

Heinrich Rosenfeld
geb. 4. Dez. (1816)
gest. 3. (Nov. 1896)

04.12.1816-03.11.1896

Hebr. Sterbedatum: Dienstag, 27. Cheschvan 5657
Vater: **Moses Rosenfeld**
Beruf: Metzgermeister

Reihe 6 - Nr. 41
Adelheid Edel Kohn

Hier ruht

eine Jungfer, die Wohlgefallen in den
Augen eines jeden fand, der sie sah,
denn ihr Wesen war erfrischend wie
ihre ganze Art. Das war
die Jungfer Edel, Tochter von
Ascher Schraga dem Kohen.
Gestorben am 2. Tag, d. 4. Tammus
und begraben am 3. Tag, d. 5. Tammus
des Jahres 659 n.d.k.Z.

T.N.Z.B.H.

21.07.1816-12.06.1899

Hebr. Sterbedatum: Montag, 4. Tammus 5659
Hebr. Begräbnisdatum: Dienstag, 5. Tammus 5659
Vater: **Veis Ascher Schraga Kohn**

פ נ

בתולה מצאה חן
בעיני כל רואיה
כי דרכי נרעם היו
כל דרכיה ה ה
הבתולה עדל בת
אשר שרגא הכהן
נפטר ביום ב ד תמוז
ונקבר ביום ג ה תמוז
בשנת תרנט לפק

ת נ צ ב ה

Adelheid Kohn
geb. 21 Juli 1816
gest. 12. Juni 1899

Reihe 6 - Nr. 42
Regine Rechel Rosenfeld

Hier ruht	פ"נ
eine gepriesene und teure Frau,	אשה מהוללה ויקרה
gekrönt mit hohem Maß an Ehrlichkeit.	מוכתרת בכל מדה ישרה
Frau Rechel, Gattin des Chaim Rosenfeld.	מרת רעכל אשת חיים ראזענפעלד
Gestorben am 3. Tag, d. 6. Ijjar und begraben	נפטרה ביום ג' ו אייר ונקבר'
am 5. Tag, d. 8. Ijjar 662 n.d.k.Z.	ביום ה' ח אייר תרסב לפק
T.N.Z.B.H.	ת נ צ ב ה

06.12.1818-13.05.1902

Regine Rosenfeld
geb. 6. Dez. 1818,
gest. 13. Mai 1902.

Hebr. Sterbedatum: Dienstag, 6. Ijjar 5662
Hebr. Begräbnisdatum: Donnerstag, 8. Ijjar 5662
Vater: **Salomon Erdinger**
Gatte: **Chaim Rosenfeld**

Reihe 6 - Nr. 43
Jeitel Jehuda Goldstein

Hier ruht	פ נ
R. Jehuda, Sohn des Binjamin Goldstein	ר יהודה בר בנימין גולדזטיין
Ein vertrauenswürdiger Mann, rechtschaffend wandelnd,	איש אמונים הולך תמים
seine Werke waren gut und vollkommen.	מעשיו היו טובים ושלמים
Früh und spät eilte er zur Lehre und zum Gebet.	השכים והעריב לתורה ולתפלה
Sein bekannter Name sei zu loben und zu preisen.	שמו הוא נודע לשבח ולתהלה
Gestorben am heiligen Schabbat, d. 20. Tischri und begraben	נפטר ביום ש"ק כ תשרי ונקבר
am 1. Tag, Hoschana Raba 661 n.d.k.Z.: T.N.Z.B.H.:	ביום א הושענא רבא תרסא לפק: ת'נ'צ'ב'ה:

15.07.1823-12.10.1900

Jeitel Goldstein
geb. 15. Juli 1823
gest. 12. Okt. 1900

Hebr. Sterbedatum: Schabbat, 20. Tischri 5661
Hebr. Begräbnisdatum: Sonntag, Hoschana Rabba (= 21. Tischri) 5661
Vater: **Binjamin Goldstein**

Reihe 6 - Nr. 44
Isaak *Eisig Baer* Badmann

Hier ruht	פ״נ
Jizchak, Sohn des Jakob,	יצחק בר יעקב
gen. Koppel, Badmann.	המכו קאפל באדמאנן
Er war bescheiden, gütig und gerade,	צנועי חסידו ויקרו
demütig beim Dienst. Er schickte	ירו לעבדו שלחו
nach Zion. Gott trug ihn in Liebe	לציו אל סבלו באהבה
nach hier, nach satten Jahren verschied er.	לכן בשבה ימיו נאספי
Sein Andenken sei immerwährend und	עוד הוא לזכרון ולברכה
ihm zum Segen.	
Gestorben am 3. Tag, d. 9. Cheschvan	נפטר ביום ג ט חשון ונקבר
und begraben	
am 4. Tag, d. 10. Cheschvan 662 n.d.k.Z.	ביום ד י חשון תרסב לפק
T.N.Z.B.H.	ת נ צ ב ה

09.10.1819-21.10.1901

Hebr. Sterbedatum: Dienstag, 9. Cheschvan 5662
Hebr. Begräbnisdatum: Mittwoch, 10. Cheschvan 5662
Vater: **Jakob "Koppel" Badmann**
Herkunftsort: **Crailsheim**
Beruf: **Metzgermeister u. Schächter**

Isaak Badmann
geb. 9. Okt. 1819,
gest. 21. Okt. 1901.

Reihe 6 - Nr. 45
Abraham Mandelbaum

Hier ruht	פ״נ
Abraham, Sohn des Menachem	אברהם בר מנחם
Mandelbaum,	מאנדעלבוים
ein gottesfürchtiger Mann.	איש ירא שמים
In holte der Herr hinweg ins Land des	לקחו יה לארץ החיים
ewigen Lebens	
am 5. Tag, d. 27. Cheschvan	ביום ה כז חשון
und er wurde begraben am 1. Tag, d.	ונקבר ביום א א
1. Tag Neumond Kislev	דראש חדש כסלו
663 n.d.k.Z.	תרסג לפק
T.N.Z.B.H.	ת נ צ ב ה

05.12.1816-27.11.1902

Hebr. Sterbedatum: Donnerstag, 27. Cheschvan 5663
Hebr. Begräbnisdatum: Sonntag, 1. Tag Neumond Kislev (= 30. Cheschvan) 5663
Vater: **Menachem Mandelbaum**
Beruf: **Bauer u. Viehhändler**

Abraham Mandelbaum
geb. 5. Dez. 1816,
gest. 27. Nov. 1902.

Reihe 6 - Nr. 46
Klara Strauss

Klara Strauss
geb. 9. Mai 1836
gest. 1. Juni 1903

Hier ruht   פ"נ

eine tüchtige Frau ihrem Mann alle Jahre,   אשת חיל לבעלה משענת
ihren Söhnen eine verständige Mutter   אל בניה אם משכלת
und half dem von ganzer Seele, der sie fragte.   ועזרה לכל נפש שואלת
Das ist Frau Klara, Gattin des Abraham   ה"ה' מרת קלארא אשת אברהם
Strauss,   זטרויזז
gestorben am 2. Tag, 1. Tag Schawuot   נפטרה ביום ב' א' דשבעות, ונקב'
und begraben
am 4. Tag, d. 8. Sivan 663 n.d.k.Z.   בי' ד' ח' סיון תרסג לפק: ת נ צ ב ה
T.N.Z.B.H.

09.05.1836 - 01.06.1903

Hebr. Sterbedatum: Montag, 1. Tag Schawuot (= 6. Sivan) 5663
Hebr. Begräbnisdatum: Mittwoch, 8. Sivan 5663
Gatte: **Abraham Strauss**

Reihe 6 - Nr. 47
David Samuel Mezger

David
Mezger
geb. 10. Febr. 1872,
gest. 14. Juli 1904.

Hier ruht   פ"נ

ein Mann, bescheiden in allen seinen   איש עניו בכל עניניו
Angelegenheiten,
lauter und aufrecht in allem was er tat   תם וישר בכל מעשיו
und friedliebend alle Tage seines Lebens.   ורודף שלום כל ימי חייו
David Schmuel Me(t)zger   דוד שמואל מעטצגער
gestorben am 5. Tag, d. 2. Aw und   נפתר ביום ה' ב' אב ונקבר ביום א'
und begraben am 1. Tag,
d. 5. Aw 664 n.d.k.Z.: T.N.Z.B.H.   ה' אב תרסד לפק: ת'נ'צ'ב'ה

Rückseite
ישעיה כב׳ד
שעו מני אנינו בבכי אל תאיצי לנחמנו
Jesaias 22,4. Schauet weg von mir,
ich will bitter weinen. dringet nicht,
mich zu trösten.

10.02.1872-14.07.1904

Hebr. Sterbedatum: Donnerstag, 2. Aw 5664
Hebr. Begräbnisdatum: Sonntag, 5. Aw 5664
Vater: **Samuel Mezger**
Herkunftsort: **Goldbach**
Beruf: **Weinhändler**

Reihe 6 - Nr. 48
Auguste Gitel Goldstein
Hier ruht
Gitel, Gattin des Elieser
Goldstein.
Vergißt mein Herz dich? Reine
Mutter des Hauses
und von vollkommener Schönheit.
Nein! Auf immer und ewig
werde ich dich nie vergessen.
Gestorben am 5. Tag, d. 21.
und begraben am 1. Tag, d. 24.
Elul 664 n.d.k.Z.

T.N.Z.B.H.

03.07.1865-01.09.1904

Hebr. Sterbedatum: Donnerstag, 21. Elul 5664
Hebr. Begräbnisdatum: Sonntag, 24. Elul 5664
Gatte: **Elieser Goldstein**
Akrostichon des Vornamens

פ״נ
גיטל אשת אליעזר
גאלדזטיין
השכח לבי אותך? אמי
טהרתי הבתי
וכלולת יופי
לא! נצח ועד
לא תשכח ממני
נפטרה ביום ה' כא
ונקברה ביום א' כד
אלול תרסב לפק

ת נ צ ב ה

Auguste Goldstein
geb. 3. Juli 1865, gest. 1. Sept. 1904.

247

Reihe 6 - Nr. 49
Johanna Rosenfeld und Dr. Adolf Rosenfeld

Hier ruhen   פ נ

Johanna Rosenfeld
geb. den 23. Jan. 1864
gest. den 19. Nov. 1904.

Dr. Adolf Rosenfeld
Sanitätsrat
geb. den 19. Nov. 1858
gest. den 10. Okt. 1918.

T.N.Z.B.H.   ת נ צ ב ה

1. 23.01.1864-19.11.1904   *2. 19.11.1858-10.10.1918*

Vater: **Moriz Stern**   *Vater:* **Hirsch Rosenfeld**
Herkunftsort: **Feuchtwangen**   *Herkunftsort:* **Crailsheim**
                                     Beruf: **Sanitätsrat**

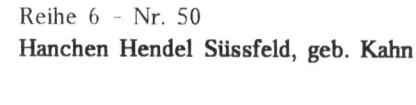

Reihe 6 - Nr. 50
Hanchen Hendel Süssfeld, geb. Kahn

Hier liegt   פ ט

die Frau, genannt Hendel, Tochter des   האשה מרת העندל בת
Abraham, Gattin des Reuven   אברהם אשת ראובן
Süssfeld, Einwohnerin von Crailsheim.   זיזזפעלד מחשובי קריילזהיים
Gestorben am heiligen Schabbat, d. 22.   נפטרת ביום ש״ק כב אייר
Ijjar
und begraben am 2. Tag, d. 24. Ijjar   ונקברת ביום ב כד אייר
665 n.d.k.Z.   תרסה לפ״ק

248

Die innige Frau starb im 70. Lebensjahr.	הָאשה קרבה למות בשבעים שנותיה
Sie stieg hinauf in die Höhe, die teure Frau,	עָלתה למרום האשה היקרה
gerühmt von allen wegen ihres aufrechten Wesens,	נִכברה מכל כי דרכה ישרה
eine gute Ratgeberin ihres Gatten all ihre Tage.	דָרשה טוב לבעלה כל ימיה
Sie ging in ihre Welt und verließ ihren Gatten und ihre Kinder	לָעלמה הלכה עזבה בעלה ובניה
T.N.Z.B.H.	ת נ צ ב ה

12.11.1835 - 27.05.1905

Hebr. Sterbedatum: Schabbat, 22. Ijjar 5665
Hebr. Begräbnisdatum: Montag, 24. Ijjar 5665
Vater: **Abraham Kahn**
Gatte: **Reuven Süssfeld**
Herkunftsort: **Crailsheim**
Akrostichon des Vornamens

Hanchen Süssfeld
geb. Kahn
geb. 12. Nov. 1835
gest. 27. Mai 1905

Reihe 6 - Nr. 51
Rufen Süssfeld

Hier ruhst	פ נ
Du, R. Reuven,	אתי ר ראובן
Sohn des Mosche Süssfeld,	בן ר משה זיזזפעלעד
Einwohner von Crailsheim.	מתושבי קריילזהיים
Gestorben am Schemini Azeret	נפטר יום שמיני עצרת
und mit großer Ehre begraben zu Issru Chag	ונקבר בכבוד גודל בשסרו חג
nach Sukkot 674 n.d.k.Z.	דסכות תרעד לפק

249

Er strebte nach Frieden alle Tage seines Lebens,	רודף שלום כל ימי חייו
liebte die Gerechtigkeit und war rein in allen Dingen durch seinen Glauben.	אוהב הצדק וכשר בכל מדתיו
In den Tagen seines Alters spielte er auf seinem Horn	בימי זקנותו נגן לקרנו
die süßesten Lieder.	במתק זמרתו

Rufen Süssfeld
geb. 22. April 1836
gest. 23. Okt. 1913.

22.04.1836-23.10.1913

Hebr. Sterbedatum: Donnerstag, Schemini Azeret (= 24. Tischri) 5674
Hebr. Begräbnisdatum: Issru Chag (= 24. Tischri) 5674
Vater: **Moses Süssfeld**
Herkunftsort: **Crailsheim**
Gemeindestellung: **Vorsänger**
Akrostichon des Vornamens

Reihe 6 - Nr. 52
Moses Aharon Alexander

Hier ruht	פ"נ
ein gottesfürchtiger Mann. Von Jugend an	איש ירא ה' מנעוריו
lauter und aufrecht in all seinen Taten	תם וישר בכל מעשיו
und er strebte nach Frieden sein Leben lang.	ורודף שלום כל ימי חייו
Das ist Mosche Aharon, Sohn des Nathan Alexander.	ה"ה משה אהרן בר נתן אלעקזנדער
Gestorben im Krankenhaus in Stuttgart,	נפטר בבית החולים זטוטטגארט
am 6. Tag, d. 12. Cheschvan	ביום ו יב חשון
und begraben am 1. Tag, d. 14. Cheschvan	ונקבר ביום א יד חשון
666 n.d.k.Z.	תרסו לפק:
T.N.Z.B.H.	ת נ צ ב ה:

11.12.1859-10.11.1905

Hebr. Sterbedatum: Freitag, 12. Cheschvan 5666
Hebr. Begräbnisdatum: Sonntag, 14. Cheschvan 5666
Vater: Nathan Alexander

Moses Alexander
geb. 11. Dez. 1859
gest. 10. Nov. 1905.

Reihe 6 - Nr. 53
Seligmann Pinchas Heinsfurter und Mirjam Heinsfurter, geb. Adler

ז צ ל
Der Gerechte bleibt
im Segen

Hier ruht

פ נ

Pinchas, Sohn des Naftali Heinsfurter, פנחס בר נפטלי היינספערתער
dieser war zum zweiten Mal אשר היה שנית היבר פרנס
Vorsteher von unserer Gemeinde. Er בקהלתנו, אהוב לבריות, חנן דלים
liebte die Geschöpfe, war gnädig den Armen,
übte Mildtätigkeit bei den Lebenden גומל חסד עם החיים והמתים
und den Toten.
Gestorben mit gutem Ruf am heiligen נפטר בשם טוב ביום ש׳ק כב שבט
Schabbat, d. 22. Schwat
und begraben mit großen Ehren am ונקבר בכבוד גדול ביום ב כד
2. Tag, d. 24.
Schwat 666 n.d.k.Z. שבט תרסו לפק:

T.N.Z.B.H. ת נ צ ב ה

Seligmann Heinsfurter
Geb. 23. April 1849
Gest. 17. Febr. 1906

Mirjam Heinsfurter
Geb. Adler
Geb. 16. Juli 1856
Gest. 15. Dez. 1916

1. 23.04.1849-17.02.1906

Hebr. Sterbedatum: Schabbat, 22. Schwat 5666
Hebr. Begräbnisdatum: Montag, 24. Schwat 5666
Vater: **Naftali Heinsfurter**
Gemeindestellung: **Gemeindevorsteher**

2. 16.07.1856-15.12.1916

Vater: **Amsonin Adler**
Herkunftsort: **Markelsheim**

Reihe 6 - Nr. 54
Samuel Friedmann
Hier ruht
Schmuel, Sohn des Mosche
Friedmann.
Gestorben im guten Ruf am 1. Tag,
dem 26. und begraben am 4. Tag, d.
28. Tischri
667 n.d.k.Z.
T.N.Z.B.H.

פ"נ
שמואל בר משה
פריעדמאנן
נפטר בשם טוב ביום א
כו, ונקבר ביום ד כח תשרי

תרס"ז לפ"ק
ת נ צ ב ה

Sam. Friedmann
GEB. 2. JUNI 1876
Gest. 15. OKT. 1906.

02.06.1876-15.10.1906

GAR WENIGE SIND WIE ER GEWESEN,
SO HERZENSGUT, SO SEELENREIN,
SO REICHBEGABT, GANZ AUSERLESEN,
WIR TRAUERNDEN GEDENKEN EWIG SEIN!

Hebr. Sterbedatum: Sonntag, 26. Tischri 5667
Hebr. Begräbnisdatum: Mittwoch, 28. Tischri 5667
Vater: Moses Friedmann

Reihe 6 - Nr. 55
Hanne Chana Badmann

Hier ruht

ein Frau, aufrecht und angenehm.
Sie wandelte den Weg der Lauterkeit
und erteilte Wohltaten alle ihre Tage.
Das ist Frau Chana, Gattin des Jizchak
Dov.
Gestorben am 4. Tag, d. 17. Ijjar
667 n.d.k.Z.

T.N.Z.B.H.

פ נ

אשה ישרה ונעימה
הלכה בדרך תמימה
ועשתה צדקת כל ימיה
ה"ה מרת חנה אשת יצחק דוב

נפטרה ביום ד יז אייר
תרס"ז לפ"פ

ת"נ"צ"ב"ה

24.12.1823-20.04.1907

Hier ruht
Frau
Hanne Badmann
geb. 24. Dezbr. 1823
gest. 20. April 1907.

Hebr. Sterbedatum: Schabbat, 6. Ijjar 5667
Vater: Veiß Abraham Gutmann
Gatte: Jizchak Dov (Issak Bär) Badmann
Herkunftsort: Hengstfeld

Reihe 6 - Nr. 56
Jette Jettle Mayer

Hier ruht	פ״נ
eine Jungfer, die in den Augen eines	בתולה מצאה חן בעיני כל רואיה
jeden, der sie sah, Gefallen fand,	
denn ihr ganzes Wesen war angenehmer	כי דרכי נועם היו כל דרכיה
Art.	
Das ist Jettle, Tochter des Binjamin	ה״ה יטלה בת בנימין מאיער
Mayer	
aus Heinsheim.	מהיינזהיים
Gestorben am 1. Tag, d. 23. Schwat	נפטרת ביום א׳ כג שבט
und begraben am 3. Tag, d. 25. Schwat	ונקברת ביום ג׳ כה שבט תרסח
668	
n.d.k.Z.: T.N.Z.B.H.	לפק: ת נ צ ב ה

      Jette Mayer
  geb. d. 16. Aug. 1863   Ihr Leben ging auf in der Liebe zu ihrer Familie
  gest. d. 26. Jan. 1908.   u. in der Sorge für deren Wohlergehen.

16.08.1863-26.01.1908   *Hebr. Sterbedatum:* Sonntag, 23. Schwat 5668
    Hebr. Begräbnisdatum: Dienstag, 25. Schwat 5668
    Vater: **Binjamin Mayer**
    Herkunftsort: **Heinsheim**

Reihe 6 - Nr. 57
Siegfried Schmaja Kohn

Hier ruht	פ״נ
der Mann Schmaja, Sohn von Jehuda	
dem Kohen,	האיש שמעיה בן יהודה הכהן
genannt Siegfried Kohn aus Heils-	המכונה זיעגפריד קאהן מהיילז
berg, Ostpreussen.	בערג אזטפרייזזען
Gestorben im hiesigen Krankenhaus	
am 6. Tag, d. 28. Ijjar	נפטר בבית החולים פא ביום ו׳ כח אייר
und begraben am 1. Tag, d. 1. Sivan	ונקבר בי׳ א׳ א׳ סיון תרסח לפק
668 n.d.k.Z.	
T.N.Z.B.H.	ת נ צ ב ה

....1840-29.05.1908

Hebr. Sterbedatum: Freitag, 28. Ijjar 5668   Siegfrid
Hebr. Begräbnisdatum: Sonntag, 1. Sivan 5668   Kohn
Vater: **Jehuda Kohn**   aus Heilsberg bei Königsberg
Herkunftsort: **Heilsberg (Ostpreußen)**   gest. 29. Mai 1908.

Reihe 6 - Nr. 58
Jette Gutmann, geb. Rosenfeld

Hier ruht

die gepriesene und teure Frau,
Krone ihres Mannes und ihrer Kinder,
gottefürchtig alle Tage ihres Lebens.
Sie entschwebte den Augen wie eine
Fee.
Das ist die tüchtige Frau
Jette Gutmann,
sie starb unerwartet am 2. Tag, d. 4.
Elul
668 n.d.k.Z.

T.N.Z.B.H.

27.09.1860-31.08.1908

Hebr. Sterbedatum: Montag, 4. Elul 5668
Vater: **Jakob Hirsch Rosenfeld**
Gatte: **Julius Gutmann**
Herkunftsort: **Hengstfeld**

פ'נ

האשה המהוללה והיקרה
עטרת בעלה ובניה
יא, כל ימי חיה
פרשה לענים כפיה

ה"ה אשת חיל
יעטטע גוטמאנן
מתה ביום ב, ד אלול

ת'ר'ס'ח לפ'ק

ת'נ'צ'נ'ה

Jette Gutmann
geb. Rosenfeld
1860 - 1908.
geb. 27. Sept. - gest. 31. Aug.

Reihe 6 - Nr. 59
Mina Mirjam Goldstein

Hier ruht
die Frau, Frau
Mirjam, genannt Mina,
Gattin des Elieser
Goldstein.
Gestorben am Erew Schabbat, d. 27.
Cheschwan
669 n.d.k.Z.

Sie stieg hinauf in die Höhe, die teure
Frau,
zum Frieden.
Zum ewigen Andenken ist dieser
Grabstein.
Heil dem Herrn, der Gutes verteilt.

T.N.Z.B.H.

27.08.1844-20.11.1908

Hebr. Sterbedatum: Erew Schabbat, 26. Cheschvan 5669
Vater: **Isaak Woerni(t)z**
Gatte: **Elieser Goldstein**
Herkunftsort: **Mittelhofen**

פ'נ
האשה מרת
מרים מכונה מינא
אשת אליעזר
גאלדשטיין
נפתרת ביום ע'שק כז חשון

תרסט לפ'ק

עלתה למרום האשה היקרה
לשלום רדפה לביתה הית' חביבה
לזכרון עולם זאת המצבה
אשרי לה' כי טוב חלקה

ת נ צ ב ה

Hier ruht
Mina Goldstein
geb. 27. Aug. 1844,
gest. 20. Nov. 1908.

Reihe 6 - Nr. 60
Lazarus Elieser Goldstein

Hier ruht
der bescheidene Mann
Elieser, Sohn des Josef
Goldstein,
gestorben mit gutem Ruf am 1. Tag, d.
24. Tammus
und begraben mit großen Ehren am 2.
Tag, d. 25. des Monats
670 n.d.k.Z.
Elieser war ein friedliebender Mann bis
an sein Ende.
Er diente friedliebend mit ganzem Herzen.
Dort wird er seinen Lohn wie aus einem
Krug ausschlürfen.

T.N.Z.B.H.

24.12.1836-30.07.1910

Hebr. Sterbedatum: Sonntag, 24. Tammus 5670
Hebr. Begräbnisdatum: Montag, 25. Tammus 5670
Vater: Josef Goldstein
Herkunftsort: **Goldbach**
Beruf: **Händler**

ב'נ
האיש הנכבד
אליעזר בר יוסף
גאלדזטיין
נפטר בשם טוב ביום א כד תמוז
ונקבר בכבוד גדול ביום ב כה בו
תרע לפק
אליעזר היה איש שלום עד
אחריתו
עובד בלב שלם את קונו
שם ימצא שכד פעלו

ת נ צ ב ה

Hier ruht
Lazarus Goldstein
geb. d. 24. Dez. 1836
gest. d. 30. Juli 1910.

Reihe 6 - Nr. 61
Bertha Lippmann, *geb. Liebmann*

Bertha Lippmann
geb. 1. Mai 1833
gest. 17. Jan. 1909

01.05.1833-17.01.1909

Gatte: **Louis Lippmann**
Herkunftsort: **Aufhausen**

Reihe 6 - Nr. 62
Isaak Hanauer

Hier ruht
ein Sohn, teuer, gut und zart, von der
Mutter geliebt
und er bereitete viel Freude. Wie eine
Blume blühend und flüchtig wie ein
Schatten war
er, der Knabe Jizchak, Sohn des
Naftali
Hanauer,
der verstorben ist am 4. Tag, d. 14.
Ijjar und begraben
am 6. Tag, d. 16. Ijjar 669 n.d.k.Z.

T.N.Z.B.H.

פ"נ
בן יקיר טוב ורך ידיד אמו

ושמחה רבותיו כציץ פרח וכצל ברח

הוא הנער יצחק בר נפתלי
האנייער
שנפטר ביום ד יד אייר ונקבר

ביום ו טז אייר תרסט לפק

ת נ צ ב ה

15.08.1897-05.05.1909

Hebr. Sterbedatum: Mittwoch, 14. Ijjar 5669
Hebr. Begräbnisdatum: Freitag, 16. Ijjar 5669
Vater: **Naftali** *Hirsch* **Hanauer**
Herkunftsort: **Crailsheim**

Isaak Hanauer
geb. 15. Aug. 1897
gest. 5. Mai 1909

Reihe 6 - Nr. 63
Benedikt **Beni Bamberger**

Bamberger.
Er stieg hinauf in die Höhe, in seinen
besten Jahren,
am 4. Tag, d. 14. Adar I
und wurde begraben am 6. Tag, d.
16. Adar I
670 n.d.k.Z.

T.N.Z.B.H.

באמבערגער
עלו למרום בטוב שנותיו

ביום ד יד ראשון
ונקבר ביום ו טז א'ר

תרע לפק

ת נ צ ב ה

Beni Bamberger
geb. d. 12. Feb. 1846 gest. d. 23. Feb. 1910

12.02.1846-23.02.1910

Hebr. Sterbedatum: Mittwoch, 14. Adar I 5670
Hebr. Begräbnisdatum: Freitag, 16. Adar I
Vater: **Veitel Bamberger**
Herkunftsort: **Edelfingen**

Reihe 7 - Nr. 1
Lämlein Ascher Hirsch

Hier liegt	פ'נ
(Ascher)Es ist sicher, daß der Himmel dich aufnimmt...	אשר שבתח בשמים לחבוך
Sohn des	בר
David	דוד
....	....
Einweihung...	חנכת
Gestorben mit gutem Namen am 4. Tag, d. 19. Cheschvan	נפטר בשט ביום ד יט חשון
602	ת ר ב
T.N.Z.B.H. Amen Selah	
04.12.1789-03.11.1841	ת נ צ ב ה אס

Hebr. Sterbedatum: Mittwoch, 19. Cheschvan 5602
Vater: David Hirsch
Akrostichon "Ascher bar David" in vollen Wörtern, abgesetzt vom übrigen Text

Reihe 7 - Nr. 2
Magdalene Matel Löser

Hier liegt	פט
die angesehene Frau...	האשה החשו(בה) ...
des Chavers R. (Herr) Elieser...	החב ר' אליעזר...
gest...	נפט...
am heiligen Schabbat, d. 4. Schwat...	ש'ק ד שבט ...
Was sie tat ist bekannt...	מ עשיה בשער ...
ihre Einsicht war gut...	ט עמיה כי טוב ...
Euch Dienern...	ל כם עבדים עו...
Als Frau, als Gefährtin...	כא שת חברה ל ...
Ihr sei gesegnet...	א ותה תברך מ...
	ל ...
	....
T.N.Z.B.H.	ת נ צ ב ה

10.09.1766-15.01.1842   *Hebr. Sterbedatum: Schabbat, 4. Schwat 5602*
Gatte: Elieser Löser
Akrostichon "Matel"

Reihe 7 - Nr. 3
Victor Avigdor Berolzheimer

Hier liegt	פ נ
	....
Gestorben am 5. Tag, d. 23. Cheschevan 5603	נפטר ביום ה׳ כג חשון ה׳ תרג
T.N.Z.B.H. Amen Selah	ת נ צ ב ה א ס

-06.10.1842

Hebr. Sterbedatum: Donnerstag, 23. Cheschevan 5603
Vater: **Naftali Berolzheimer**
Herkunftsort: **Goldbach**

Reihe 7 - Nr. 4
Pesle Levi

Hier liegt	פ ט
die Frau...	האשה...
Pesle...Schlomo	פעסל... שלמה
Ari...	ארי ...
aus Ingersheim	מאינגרזהיים
	....
Gestorben am Erew Schabbat, d. 2. Tag Rosch Chodesch Adar II 5 603	..נפטרה ביום עש׳ק ב דרח אדר שני ה׳ תרג
T.N.Z.B.H.	ת נ צ ב ה

...08.1814-02.03.1843

Hebr. Sterbedatum: Freitag, 2. Tag Neumond Adar II 5603
Gatte: **Salomon Ari Löw Levi, gen. Salman Löb**
Herkunftsort: **Ingersheim**
Im Kindbett gestorben

Reihe 7 - Nr. 5
Therese Telz Marx, geb. Eisen

....1804-05.04.1843

Hebr. Sterbedatum: Mittwoch, 5. Nissan 5603
Vater: **Maier Eisen**
Gatte: **Salomon Hirsch Schneur Zwi Marx**
Herkunftsort: **Fürth**

Reihe 7 - Nr. 6
Koppel Badmann

....1787-25.12.1843

Reihe 7 - Nr. 7
Babette Bela Löwenthal

Hier liegt   פ ט

das Mädchen...   הנערה...שני
Bela (Löw)enthal   בילה (לעב)ענטהאל
                                                      ....
Gestorben am 1. Tag, d. 21. Schwat 5604   נפטרה ביום א כא שבט ה תרד

T.N.Z.B.H.   ת נ צ ב ה

18.12.1829-11.02.1944

Hebr. Sterbedatum: Sonntag, 21. Schwat 5604
Vater: **Baruch ben Jehuda Jakob Löwenthal**

Reihe 7 - Nr. 8
Maier Levi

                                                       ....

T.N.Z.B.H.   ת נ צ ב ה

..07.1780-13.11.1844

Reihe 7 - Nr. 9
Mirjam **Rosenfeld**

....1806-21.11.1844

Reihe 7 - Nr. 10
Karoline **Gella Rosenfeld**

Gella... גּעלה...
(Rosen)feld... ...פעלד
...Marchesch(van)... ...מרחש...
  ....

....1817-26.11.1845

Hebr. Sterbedatum: Donnerstag, 27. Marcheschevan 5606
Gatte: **Gabriel bar Mosche Rosenfeld**

Reihe 7 - Nr. 11
Bertha Löwenthal

....

T.N.Z.B.H.   ת נ צ ב ה

....1802-26.11.1845

Reihe 7 - Nr. 12
Fanni Rindskopf

....

T.N.Z.B.H.   ת נ צ ב ה

....1765-04.12.1845

Reihe 7 - Nr. 13
Sara Kela Levi, geb. Kocherthaler

*06.11.1860 - deportiert - **02.09.1942 Theresienstadt***

Herkunftsort: **Ernsbach**

Reihe 7 - Nr. 14
Alexander Ari Reinemann

Der Geehrte	הנכבר
Alexander Ari, Sohn des Chawers R. Jechiskia Reinemann von hier, verschied mit gutem Namen in die bessere Welt am 6. Tag, d. 21. Elul des Jahres 5625	אלכסנדר ארי בן הח ר' יחזקיה ריינעמאנן מפה נפטר ב"ש"ט לעולם שכלו טוב ביום ו כא אלול שנת התרכה
nach Erschaffung der Welt. Seine Seele wird erwachen im Paradies bei den Gerechten.	ל'ב'ע' נפשו בגן עדן עם צדקים להתטרן
T.N.Z.B.H.	ת נ צ ב ה

14.06.1805 - 11.09.1865

Hebr. Sterbedatum: 21. Elul 5625
Vater: **Jechiskia Reinemann**
Herkunftsort: **Ingersheim**
Wohnort: **Crailsheim**

Reihe 7 - Nr. 15
David Chaim Dow Bär

Gestorben am 16. Adar...   נפטר ביו שבת טז באדר..

T.N.Z.B.H.   ת נ צ ב ה

in Goldbach
gest. 85 Jahre alt
am 3. März 1866

20.06.1780-03.03.1866

Hebr. Sterbedatum: Schabbat, 16. Adar 5626
Vater: **David Bär**
Herkunftsort: **Goldbach**
Gemeindestellung: Chaver, Vorsänger, Lehrer, Schächter und Richter in Goldbach

Reihe 7 - Nr. 16
Veis Uri Schraga Oppenheimer

Hier liegt   פ ט

ein Mann...   איש...
Schraga...   שרגא ...
Oppenheimer   אפפענהיימער
gestorben...   נבטר...
und begraben am...   ונקבר בי....

T.N.Z.B.H.   ת נ צ ב ה

23.10.1809-10.04.1866

Hebr. Sterbedatum: Dienstag, 25. Nissan 5626
Vater: **Josef bar Mosche Oppenheimer**

Reihe 7 - Nr. 17
Sara Hirschmann

.....
Sara
Hirschmann
die tüchtige Gattin, gottesfürchtig.
Sie starb im Alter
von 72 am 5., Erew Neumond Sivan
628.

T.N.Z.B.H.

....
שרה
הירשמאנן
אשת חיל יראת
אלהים מתה בזקנת
עב ה ערח סיון תרנח

ת נ צ ב ה

Der treuen Mutter
gewidmet von ihrem
Sohn Hirschmann.

24.09.1797-21.05.1868

Hebr. Sterbedatum: Donnerstag, Erew Rosch Chodesch Sivan 5628
Hebr. Begräbnisdatum: Sonntag, 3. Sivan 5628
Gatte: **Nathan bar Naftali Hirschmann**
Herkunftsort: **Crailsheim**

Reihe 7 - Nr. 18
Jette Nußbaum

....1784-04.05.1869

Herkunftsort: **Goldbach**

Reihe 7 - Nr. 19
Julius Jizchak Hallheimer

Errichtet von seinem Sohne
Max Hallheimer in Amerika

24.10.1818-18.02.1870

Hebr. Sterbedatum: Erew Schabbat, 17. Adar I 5630
Vater: **Meir Hallheimer**

Reihe 7 - Nr. 20
Aaron Liebmann

Hier ruht   פ נ

der teure und geehrte Mann   האיש היקר והנכבד
                                                            אשר נאפ...אמיו ...ימים
Aaron, Sohn des Elieser, genannt   אהרן בר אליעזר המכונ'
Liebmann   ליעבמאנן
aus Wankheim   מואנקהיים
gestorben mit gutem Namen...   נפתר בשט............
am...   ביום.............
                                                                        ....
                                                                        ....
T.N.Z.B.H.   ת נ צ ב ה

Aaron Liebmann aus Wankheim
geb. den 16. Jan. 1793
04.02.1794-12.10.1870   gest. den 12. Okt. 1870.

Hebr. Sterbedatum: Mittwoch, 1. Tag Chol ha-Moed Sukkot (= 17. Tischri)
5631
Hebr. Begräbnisdatum: Freitag, 3. Tag Chol ha-Moed Sukkot (= 19. Tischri)
5631
Vater: **Elieser Liebmann**
Herkunftsort: **Wankheim**

Reihe 7 - Nr. 21
Löb Aal

03.11.1793-04.11.1870

Herkunftsort: **Goldbach**

Reihe 7 - Nr. 22
Lena (Helene) Friedmann

26.09.1801-23.11.1871

Reihe 7 - Nr. 23
Klara *Gutele* Reinemann, geb. *Bamberger*

Hier liegt	פ ט
die Frau...	... האשה אה
Klara,	קלארא
warmherzige Gattin des Alexander	אשת חמונה אלקסאנדער
Reinemann	רייגעמאנן
	....
	....
T.N.Z.B.H.	ת נ צ ב ה

Klara Reinemann
Gesegnet sei ihr Andenken.

02.01.1807-13.03.1872

Hebr. Sterbedatum: Mittwoch, 3. Adar II 5632
Hebr. Begräbnisdatum: Freitag, 5. Adar II 5632
Gatte: Alexander Reinemann

Reihe 7 - Nr. 24
Geulle *Gela* Kohn

	....
gestorben...	... נפטרת
632 n.d.k.Z.	...(ת)רלב לפ
(T.N.)Z.B.H.	... צ ב ה

Geulla Kohn
geb. 19. Juli 1793
gest. 24. April 1872

19.07.1793-24.04.1872

Hebr. Sterbedatum: Mittwoch, 2. Tag Pessach (= 16. Nissan) 5632
Gatte: Samuel Kohn

Reihe 7 - Nr. 25
Hanna Channa Hallheimer

Hier ruht

Channa, Gattin des Abraham
Hallheimer, möge ruhen
in Frieden. Sie starb mit gutem Namen
zur Hälfte ihrer Tage durch schwere
Geburt am 1. Tag, d. 10. Kislev
644 n.d.k.Z.

T.N.Z.B.H.

פ' נ'

חנה אשת כמר אברהם
האללהיימער תנוח
לשלום מתה בשם טוב
בחצי ימיה בהקשותה
בלדתה יום א' י' כסלו
תרמ"ד לפ'ק

ת נ צ ב ה

Hanna Hallheimer
geb. 25. Juli 1859,
gest. 9. Dezember 1883.

25.07.1859-09.12.1883

Hebr. Sterbedatum: Sonntag, 10. Kislev 5644
Gatte: **Abraham Hallheimer**

Reihe 7 - Nr. 26
Mordechai *Marx Hirsch* Badmann

Hier ruht

ein Mann, lauter und aufrecht,
rechtschaffenen Wandels
und guter Taten,
gottesfürchtig, ein geehrter Herr, Vorbeter.
Das ist der verehrte Mordechai, Sohn
des Jakob Efraim Badmann.
Er starb mit gutem Namen am Erew
Schabbat,
d. 16. Cheschvan 644 n.d.k.Z.

T.N.Z.B.H.

פ' נ'

איש תם וישר הלך

תמים ופעל טוב
ירא אלהים כהש"ץ
ה"ה כמר מרדכי בר
יעקב אפרים באדמאן
נפטר בשם טוב יום עש"ק

טז חשון תרמ"ד לפ'ק

ת נ צ ב ה

06.12.1810-16.11.1883

Hebr. Sterbedatum: Erew Schabbat, 16. Cheschevan 5644
Vater: **Jakob Efraim "Koppel" Badmann**
Herkunftsort: **Crailsheim**
Beruf: **Metzger**

Reihe 7 - Nr. 27
Sara Heinsfurter, geb. Goldstein

Hier ruht
Sie kam zum Frieden, die Krone ihres
Gatten. Sara, Ehefrau des
Elieser Heinsfurter,
gestorben in gutem Ruf
am 5. Tag, d. 16. Kislev 644
n.d.k.Z. Groß wie das Meer
ist unser Verlust, weil man von uns die
die Krone des Hauses genommen hat,
die friedliebend und Mildtätigkeit
übend, als gottesfürchtige Frau
gepriesen wird und es wird ihr
Vergüngen bereitet im Gewölk von oben.

T.N.Z.B.H.

פ' נ'
בואי לשלום עטרת
בעלה שרה אשת
עליעזר היינספורטר
נפטרת בשם טוב
יום ה' טז כסלו תרמ"ד
לפ"ק: גדול כים
אבדנו כי נלקחה
מאתנו עקרת הבית
רודפת שלום וגומלת
חסדים אשה יראת
ה' היא תתהלל והיא
תתענג בשחקים ממעל

ת נ צ ב ה

Sara Heinsfurter
geb. Goldstein
geb. 31. Dezbr. 1856, gest. 3. Dezbr. 1884.
Duldnerin, nun hast du überwunden!
Gingst dahin, wo Leiden nicht mehr drückt.
Sieh, hier stehn wir mit der Thrän im Auge,
Das dir nach zum Sternenhimmel blickt.

31.12.1856-03.12.1884

Hebr. Sterbedatum: Donnerstag, 16. Kislev 5644
Gatte: **Elieser Heinsfurter**

Reihe 7 - Nr. 28
Hirsch Naftali Rosenfeld

Hier liegt

Naftali, Sohn des Mosche Rosenfeld.
Gestorben mit gutem Namen Erew
Schabbat, d. 15.
Sivan 646 n.d.k.Z. Ruhe
in Frieden und stehe auf am Ende der
Tage.

T.N.Z.B.H.

פ' ט'

נפתלי בר מהע ראזענפעלד
נפטר בשם טוב יום עש"ק טו

סיון תרמ"ו לפ"ק תנוח
בשלום ותעמוד לקץ הימין

ת נ צ ב ה

Hirsch Rosenfeld
geb. 5. Feb. 1825, entschlafen in Gott, 18. Juni 1886.

05.02.1825-18.06.1886

Hebr. Sterbedatum: Erew Schabbat, 15. Sivan 5646
Vater: **Moses Rosenfeld**
Herkunftsort: **Crailsheim**
Beruf: **Bäckermeister**

Reihe 7 - Nr. 29
Ricke Rivka Stein

Hier ruht

die gütige Frau, eine tüchtige Gattin,
die gottesfürchtige Frau Rebekka,
Gattin des Jissachar Stein.
Gestorben Erew Schabbat, d. 28.
Cheschvan 647 n.d.k.Z.
Ruhe in Frieden! Amen Selah

T.N.Z.B.H.

פ' נ'

האשה החסודה אשת חיל
יראת אלהים מרת רבקה
אשת יששכר שטיין
נפטרה יום עק"ק כח
חשון תרמז לפ"ק
תנוח בשלום אמן סלה

ת נ צ ב ה

Ricke Stein
geb. d. 1. Mai 1804.
gest. d. 25. Nov. 1886.

01.05.1804-25.11.1886

Hebr. Sterbedatum: Erew Schabbat, 28. Cheschevan 5647
Gatte: **Jissachar Stein**

Reihe 7 - Nr. 30
Sara Grünsfelder

Hier ruht
die angesehene Frau, Frau
Sara, Gattin des Mosche
Grünsfelder. Hier
gestorben am 5. Tag, d. 25. Tischri
648 n.d.k.Z. Eine Zierde
ihres Gatten und ihrer Kinder, sie tat
Gutes und war gütig alle Tage ihres
Lebens.
In Reinheit steht sie an der Schwelle
zum Paradies.

T.N.Z.B.H.

פ נ

האשה חשובה מרת
שרה אשת משה
גרינזפעלדער פה
נפטרה יום ה כה רשרי
תרמח לפ"ק תפארת
בעלה ובניה גמלה
טוב וחסד כל ימי חייה

טהורת לכנא ספה לעמ"ג

ת נ צ ב ה

Sara Grünsfelder,
geb. den 5. Juli 1845
gest. den 13. Oktober 1887.

Schlummere sanft im stillen Grabeslande,
Gattin, Mutter, schlumre sanft u. leicht,
Droben in dem bessern Vaterlande
Werde Dir des Lohnes Kranz gereicht.
Friede Deinen schlummernden Gebeinen,
Deiner...

05.07.1845-13.10.1887

Hebr. Sterbedatum:
Donnerstag, 25. Tischri 5648

Vater: **Veis Oppenheimer**
Gatte: **Moses Grünsfelder**
Herkunftsort: **Crailsheim**

Reihe 7 - Nr. 31
Jette Oppenheimer, *geb. Mandelbaum*

Hier ruht
die angesehene Frau, Frau
Jettle, Gattin des Schraga
Oppenheimer. Hier
gestorben am 1. Tag, d. 13. Nissan
648 n.d.k.Z.: Ihre Art war
angenehm und ihr ganzes Wesen friedfertig.
Ihre Hand reichte sie den Bedürftigen,
ein vornehmes Diadem dem Gatten und eine
Zierde ihren Kindern. Ruhe in Frieden!
T.N.Z.B.H.

פ נ
האשה חשובה מרת
יעטטלע אשת שרג׳
אפפענהיימער פה
נפטרה יום א׳ יג ניסן
תרמח לפ׳ק: דרכיה
דרכי נועם וכל נתיבתיה
שלום פרשה לעניאת
כפה נזר לבעלה ותפארת
לבניה תנוח בשלום
ת נ צ ב ה

Jette Oppenheimer
geb. den 27. Febr. 1815.
gest. den 25. März 1888.
Jahre der Schmerzen, Jahre der Leiden
Entfernten längst mich von irdischen Freuden
Trugen zum Troste mein schmerzvoll Gemüt
Trauernd zu dem ewigen Fried,
Einführend ihre Seele ins Himmels Gebiet.

27.02.1815-25.03.1888
Hebr. Sterbedatum: Sonntag, 13. Nissan 5648
Vater: Mändle Mandelbaum
Gatte: **Veis Uri Schraga Oppenheimer**
Herkunftsort: **Crailsheim**

Reihe 7 - Nr. 32
Wolf I. Binjamin Goldstein

Hier liegt

Binjamin, Sohn des Jehuda Goldstein.
Gestorben am 1. Tag, d. 4. Tischri
607 (=648) n.d.k.Z.
Die Tage deiner Jugendzeit wurden
vom schrecklichen Tod gefällt,
liebenswerter Baum. Die Tage deines Lebens
waren wenige. Es werden dir belohnt werden
deine Werke im Lande des ewigen
Lebens. Den Bedürftigen öffnetest
du deine Hand zur Stütze und zur rechten Zeit.
Trauer ist in unserem Herzen, weil du
abgeschnitten wurdest in deinen besten
Jahren. Du gingst zu deiner Ruhe.
T.N.Z.B.H.

פ׳ ט׳
בנימין בר יהודה גאלדשטיין
נבט יום א׳ ד תשרי תרז לפק
ימי עלומיך נגדעו מיד מות
נורא עץ נחמד! וימי חייך
היו מעטים יש שכר לך
לפעולתך בארצות
החיים לאביון פרשת
כפיך תמכת ולעתות
דוה לבנו כי נגזרת במבחר
שנותיך! הלכת למנוחתך
ת נ צ ב ה

10.11.1852-29.09.1889

Hebr. Sterbedatum: Sonntag, 4. Tischri 5648
Vater: **Jehuda Goldstein**

Wolf I. Goldstein
geb. den 10. Nov. 1852.
gest. den 29. Sept. 1889.

Reihe 7 - Nr. 33
Berta Bila Goldstein, geb. Mezger

Hier liegt

Bila, Tochter des Mosche
Goldstein.
Gestorben mit gutem Namen
und im guten Greisenalter
am 20. Elul
und begraben am 23. Elul
684 n.d.k.Z.

T.N.Z.B.H.

10.12.1854-18.09.1924

Hebr. Sterbedatum: Freitag, 20. Elul 5684
Hebr. Begräbnisdatum: Montag, 23. Elul 5684
Vater: Moses Goldstein

פ ט

בילא בת משה
גאלדשטיין
נפטרה בשם טוב
ובשיבה טובה
ביום כ אלול
ונקברה כג אלול
תרפד לפ״ק

ת נ צ ב ה

Berta Goldstein
geb. Mezger
geb. 10. Dez. 1854
gest. 18. Sept. 1924.

Reihe 7 - Nr. 34
Jeanette Schulamit Königsberger, geb. Einstein
Schulamit, Gattin des Chawers Zwi Seew
Königsberger
aus Rexingen

Hier liegt
eine Frau, gepriesen und teuer,
Tochter unseres Lehrers und Meisters,
Gattin des Rabbinatsbeisitzers,
in aller Größe
gerade. Gestorben am 3. Tag, d. 25.
Schwat, 651 n.d.k.Z.
Eine beobachtende Frau, die Leiterin
ihres Hauses, guten Verstandes bei
all ihren Werken, ein Diadem ihres Gatten
und eine Zierde ihrer Kinder. Ruhe
in Frieden und bewölke und erleuchte
die Tage.
T.N.Z.B.H.
16.09.1806-03.02.1891

Hebr. Sterbedatum: Dienstag, 25. Schwat 5651
Gatte: Zwi Seew Königsberger
Herkunftsort: **Rexingen**

שלמית אשת החבר צבי זאב
קעניגזבערגער
מרעקזינגען
פ ט
אשה מהוללה ויקרה
מובת רת בכל מדה

ישרה נפטרה יום ג כה
שבט תרנא לפ״ק
אשה צופיה הוליכות
ביתה טובת שכל בכל
מעשיה נזר לבעלה
ותפארת לבניה תנוח
בשלום ותעני ודלקץ הימין

ת נ צ ב ה

Jeanette Königsberger
geb. Einstein
geb. d. 16. Sept. 1806
gest. d. 3. Febr. 1891

Reihe 7 - Nr. 35
Nathan Kohn

Hier liegt פ ט

Nathan, Sohn von Ascher dem Kohen, נתן בר אשר הכהן
gestorben mit gutem Namen am 1. Tag, נפטר בשם טוב יום א
d. 6. Tammus 5651 n.d.k.Z. ו תמוז תרנא לפ׳ק
Ein vertrauenswürdiger Mann, der איש אמונים הלך תמים
rechtschaffend wandelte.
Seine Werke waren gut und vollkommen. מעשיו היו טובים ושלימים
Früh und spät eilte er zum Gebet. השכים והעדיב לתפלה
Sein Name ist bekannt zum Ruhm und שמו הוא גודע לשם ולתהלה
Preis.

T.N.Z.B.H. ת נ צ ב ה

19.04.1823-12.07.1891
Nathan Kohn
geb. 19. April 1823 gest. 12. Juli 1891.

Hebr. Sterbedatum: Sonntag, 6. Tammus 5651
Vater: **Ascher Kohn**

Reihe 7 - Nr. 36
Hänlein Elchanan Elkan

Hier פ

Elchanan, Sohn des Nathan, genannt אלקנן בר נתן המכונה הענלייןן
Hänlein,
stieg da hinauf. Gestorben am Erew עלה אן נפט יום עשק כו אדר
Schabbat, d. 26. Adar
652 n.d.k.Z. Seine Seele hing am תרנב לפק דבק נפשי באלרי כחיים
lebendigen Gott.

Hänlein Elkan
geb.14. Dez. 1814
gest. 24. März 1892

14.12.1814-24.03.1892

Hebr. Sterbedatum: Erew Schabbat, 26. Adar 5652
Vater: **Nathan Hänlein**

Reihe 7 - Nr. 37
Judith Jettle Freundlich, geb. Neuburger

Hier liegt	פ ט
eine Frau, gut in allem. Frau Jettle,	אשה טובת שכל מרת ייטלה
Gattin von Ascher Freundlich. Auf sie	אשת אשר פריינדליך בטח בה לב
vertraute das Herz ihres Gatten jeden	בעלה כל ימי חייה עדה המצבת ועד
Tag ihres Lebens. Ein Zeugnis ist dieser Stein auf ewig.	
Die Erwähnte hatte ein aufrechtes Herz	הנל הזה על ישרת לב ותגם דרך
und war von geradem Wesen. Die gepriesene	האשה
Frau, eine tüchtige Hausfrau, Krone	המהוללה אשת חיל עטרת בעלה כפה
ihres Gatten.	
Sie tröstete den Armen und ihre Hände	פרשה לעני וידיה שלחה לאביון
gaben dem Bedürftigen und den Kranken.	ולחולים
Daher war sie bekannt, geehrt und	על כן מכיריה כבדוה ויבך אחריה
ihr Ende wird beweint.	
Sie starb in der Nacht von Simchat	אישה ובנוותיה מתה ליל שמחת
Thora, dem 6. Tag, d. 23. Tischri	תורה יום ו כ'ג תשרי תרנ'ג לפ'ק
653 n.d.k.Z. Ruhe in Frieden und stehe	תנוח בשלום ותעמוד לקץ הימין
auf am Ende der Tage.	
T.N.Z.B.H.	ת נ צ ב ה

Hier ruht unsere unvergessliche treue
Gattin u. Mutter
Judith Freundlich
geb. Neuburger
geb. 5. Dez. 1830   gest. 14. Okt. 1892

Rückseite

Reich an Liebe, reich an Seelenfrieden
Warst Du stets der Deinen Freud und Glück
Doch auch Duldung war Dir schwer beschieden
Und zur Heimat rief Dich Gott zurück.
Friede Dir! Ruhst nun in dem Hafen,
Wo kein Sturm des Lebens Freude trübt-
Ruhe Dir! Du bist in Gott entschlafen
Still beweint und inniglich geliebt.

05.12.1830-14.10.1892

Hebr. Sterbedatum: Freitag, 23. Tischri
Gatte: **Ascher** *Oser* **Freundlich**
Herkunftsort: **Buchau**

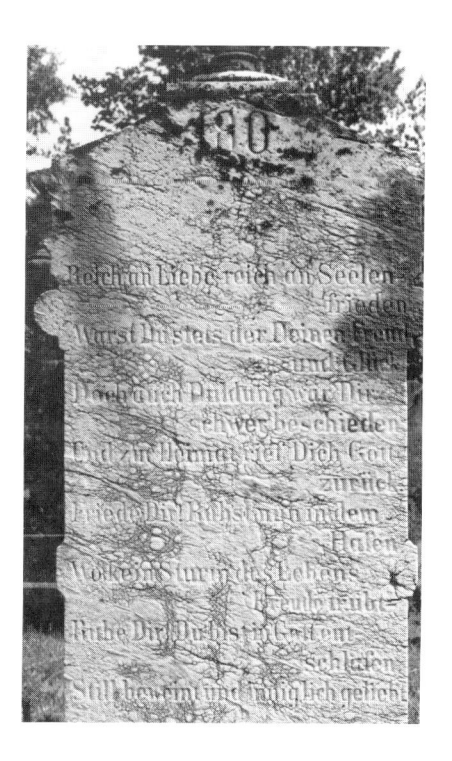

Reihe 7 - Nr. 38
Gelle *Jette* Goldstein

                                                                             Gelle Goldstein
                                                                             geb. 17. April 1811
                                                                             gest. 31. Okt. 1893.

17.04.1811-31.10.1893

Hebr. Sterbedatum: Dienstag, 21. Cheschvan 5654

Reihe 7 - Nr. 39
Hermann Naftali *Hirsch* Levi

Hier liegt   פ׳ט׳

Naftali, Sohn von Schlomo   נפתלי בר שלמה
Arie dem Leviten, gestorben   אריה הלוי נפטר
in hohem Ansehen am   בשם טוב גדול ביום
Erew Schabbat, d. 3. Tewet 656   עש׳ק ג טבת תרנו
n.d.k.Z.: Ein Mann, lauter und aufrecht,   לפ׳ק : איש תם וישר
ein guter Diener und friedliebend,   פועל טוב ורודף שלום
Um ihn klagen alle Söhne seines Hauses.   עליו ספד וכל בני ביתו

T.N.Z.B.H.   ת נ צ ב ה

                                                                              Hemann Levi
                                                                        geb. den 5. Okt. 1851
05.10.1851-19.12.1895   gest. den 19. Dez. 1895.

Hebr. Sterbedatum: Erew Schabbat, 3. Tewet 5656
Vater: Salomon Arie Levi

Reihe 7 - Nr. 40
Götz Eljakum Hermann

Hier liegt

Eljakum, Sohn des Josef
Hermann, gestorben mit gutem Ruf
am 2. Tag, d. 14. Tischri 657
n.d.k.Z. Ein Mann, der in Lauterkeit
wandelte.
Stark in seiner Frömmigkeit und
Gerechtigkeit.

T.N.Z.B.H.

20.11.1820-21.09.1896

Hebr. Sterbedatum: Montag, 14. Tischri 5657
Vater: **Josef Hermann**

פ ט

אליקום בר יוסף
הערמאן נפטר בט
יום ב׳ יד תשרי תרנז
לפ״ק איש הולך תמים

צדיק באמונתו חיה

ת נ צ ב ה

Götz Hemann
geb. d. 20. Nov. 1820
gest. d. 21. Sept, 1896.

Reihe 7 - Nr. 41
Moses Friedmann

Öffne ihm das Tor

Hier ruht

Mosche, Sohn des Schmuel
Friedmann.
Angenehm war das Hören seiner Stimme im
Haus des Herrn bei den Gebeten
und der Klang
des Schofars. Gestorben am
4. Tag, d. 15. Tewet des Jahres
659 n.d.k.Z.

T.N.Z.B.H.

28.02.1840-28.12.1898

Hebr. Sterbedatum: Mittwoch, 15. Tewet 5659
Vater: **Samuel Friedmann**
Herkunftsort: **Goldbach**

פתח לנו שער

פ נ

משה בר שמואל
פריעדמאנן
נעים קולו השמיע בבית
ה בתפלות ובקול

שופר נפטר ביום
ד טו טבת בשנת
תרנט לפ״ק

ת נ צ ב ה

Hier ruht
Moses Friedmann
geb. 28. Febr. 1840
gest. 28. Dez. 1898
gewidmet v. seinen Kindern

Reihe 7 - Nr. 42
Mathilde Merle Friedmann
Hier ruht
die Frau, Frau
Merle, genannt Mathilde,
Witwe des Herrn Mosche Friedmann,
gestorben am heiligen Schabbat,
d. 23. Tewet
und begraben am 2. Tag, d. 25. Tewet
669 n.d.k.Z.
"Ein Name ist besser als gutes Öl
und der Tag des Todes als der Tag,
an dem man geboren wird."
Kohelet 7,1
T.N.Z.B.H.

25.04.1840-15.01.1909

Hebr. Sterbedatum: Schabbat, 23. Tewet 5669
Hebr. Begräbnisdatum: Montag, 25. Tewet 5669
Vater: Nathan Maier
Gatte: **Moses Friedmann**
Herkunftsort: **Crailsheim**

פ'נ
האשה מורת
מערלא מכונה מאטילדע
אלמנת כ' משה פריעדמאנן
נפתרת ביום ש'ק כג טבת

ונקברת ביום ב כה טבת
תרסט לפק
טוב שם משמן טוב
ויום המות מיום הולדו

קהלת ז'א'

ת נ צ ב ה

Mathilde Friedmann
geb. d. 25. April 1840,
gest. d. 15. Jan. 1909.

Reihe 7 - Nr. 43
Wilhelm Meir Rosenfeld

Hier ruht

Meir, Sohn des Mordechai,
genannt Wilhelm
Rosenfeld,
gestorben am 1. Tag, d. 5. Elul
und begraben am 3. Tag, d. 10. Elul
des Jahres 660 n.d.k.Z.

T.N.Z.B.H.

02.05.1844-02.09.1900

Hebr. Sterbedatum: Sonntag, 8. Elul 5660
Hebr. Begräbnisdatum: Dienstag, 10. Elul 5660
Vater: Mordechai Rosenfeld

פ נ

מאיר בר מרדכי
המכונה וילהעלם
ראזענפעלד
נפטר ביום א ח אלול
ונקבר ביום ג י אלול
בשנת תרס לפק:

ת נ צ ב ה

Wilhelm Rosenfeld
geb . 2. Mai 1844
gest. 2. Sept. 1900

Reihe 7 - Nr. 44
Berta Breidel Stein

Hier ruht

eine junge Frau, guten Verstandes
und angenehm in ihrem lieblichen Wesen.
Sie war mädchenhaft und eine Zierde
für den, der sie sah.
Breidel, Tochter des Aharon
Stein,
gestorben am 2. Tag, d. 16. Sivan
und begraben
am 18. Sivan 661 n.d.k.Z. T.N.Z.B.H.

12.12.1880-03.06.1901

Hebr. Sterbedatum: Montag, 16. Sivan 5661
Hebr. Begräbnisdatum: Mittwoch, 18. Sivan 5661
Vater: **Aharon Stein**

פ"נ

עלמה טובת שכל
ונעימה בדרכיה מחמד
יולדיה ותפארת ריעותיה
ברײדל בת אהרן
זטײן
נפטרה ביום ב' טז סיון, ונקב'
חי סיון תרסא לפק: תנצבה

Bertha Stein
geb. 12. Dez. 1880
gest. 3. Juni 1901

Reihe 7 - Nr. 45
Adolf Aharon Stein

Hier ruht

ein Mann, teuer und gerade,
Krone seiner Familie.
Aharon, Sohn des Jissachar Stein.
Er starb im Alter von 62 Jahren,
am 3. Tag, d. 25. Cheschvan
des Jahres
670 n.d.k.Z.

T.N.Z.B.H.

02.05.1848-09.11.1909

Hebr. Sterbedatum: Dienstag, 25. Cheschvan 5670
Vater: **Jissachar Stein**

פ"נ

איש יקר וישר
עטרת למשפחתו
אהרן בר יששכר זטײן
מת בן שתים וששים שנה
ביום ג כה חשון שנת

תרע לפק

ת נ צ ב ה

Adolf Stein
geb. 2. Mai 1848
gest. 9. Nov. 1909

Reihe 7 - Nr. 46
Jette Jettle Stein, geb. Falk

Hier ruht   פ נ

Frau Jettle, Gattin des Aharon Stein.   מרת יטלא אשת אהרן שטיין
Auf sie wartet der Lohn für ihre Wohltaten.   מתניה חגרה לגמיל חסדים

Sie war angenehm zu ihrem Gatten und ihren Kindern.   נעימה היתה לבעלה ולבניה

Ihre Seele hing an den Geboten all ihre Tage.   דבקה נפשה במצות כל ימיה

Dem Armen und Bedürftigen öffnete sie ihre Hand.   לעני ואביון פרשה ידיה

Gestorben am 6. Tag, d. 19. Marcheschvan   נפטרה ביום ו יט מרחשון

und begraben am 22. d.M., im Jahre 679 n.d.k.Z.   ונקברה ביום כאבו תרעט לפק

T.N.Z.B.H.   ת נ צ ב ה

11.10.1850-25.10.1918

            Jette Stein
Hebr. Sterbedatum: Freitag, 19. Marcheschvan 5679   geb. Falk
Hebr. Begräbnisdatum: Sonntag, 21. Marcheschvan 5679   geb. 11. Okt. 1850
Gatte: Aharon Stein   gest. 25. Okt. 1918

Reihe 7 - Nr. 47
Karoline Kila Steiner

Hier ruht   פ"נ

eine Frau, gut in allem und gerade   אשה טובת שכל וישרה
in allen ihren Werken. Auf sie vertraute das Herz   בכל מעשיה בטח בה לב

ihres Gatten alle Tage. Das ist   בעלה כל ימי חייה ה"ה
Frau Kila, Gattin des Mosche Steiner,   מרת קילה אשת משה שטיינער
gestorben am heiligen Schabbat,   נפטרה ביום ש ק' טו אייר, ונק'
d. 15. Ijjar und begr.

am 2. Tag, d. 17. Ijjar 664 n.d.k.Z.   ביום ב יז אייר תרסד לפק

T.N.Z.B.H.   ת'נ'צ'ב'ה

15.06.1846-29.04.1904

            Karoline Steiner
Hebr. Sterbedatum: Schabbat, 15. Ijjar 5664   geb. 15. Juni 1846.
Hebr. Begräbnisdatum: Montag, 17. Ijjar 5665   gest. 29. Apr. 1904.
Gatte: Moses Steiner

Reihe 7 - Nr. 48
Salomon Hirsch Karl Kohn und Jeannette Schiffle Kohn, geb. Gutmann

Hier ruht   פ נ

Schlomo Naftali, Sohn von   שלמה נפתלי בר
Mosche Arie dem Kohen,   משה ארי הכהן
80 Jahre alt. Du gründetest die Chewra   שמונים שנה יסדת ח'ק ביגיע כפיך
Kaddischa mit deiner Hände Arbeit.
Angeregt von deiner Güte erneuerten   לעורר טובתך חדשנו מצבתיך
wir deinen Grabstein.
Wie angenehm ist dein Los: Wir danken   מה נעים גורלך: נודה לאל
Gott
der dir gibt die Frucht deiner Erde.   הנותן לך את פרי אדמתך
Gestorben am heiligen Schabbat, d. 23.   נפטר ביום ש'ק כג טבת ונק'
Tewet und begraben
am 1. Tag, d. 24. Tewet 665 n.d.k.Z.   ביום א' כד טבת תרסה לפק:

T.N.Z.B.H.   ת נ צ ב ה

Salomon Hirsch
Karl Kohn
Geb. 18. März 1822
Gest. 30. Dez. 1904

Hier ruhen unsere guten treusorgenden Eltern

Das Andenken der Frommen sei zum   זכר צדיק לברכה
Segen

Das Andenken der
Frommen dauert
fort zum Segen

Hier ruht   פ'נ

Schiffle, Gattin von Schlomo   שיפלא אשת שלמה
Naftali dem Kohen.   נפתלי הכהן
Ihre Wohltätigkeit und ihr Glaube   צדקתה ואמונתה למעלה
stieg hinauf,
von allen dafür gerühmt.   מכל תהלה
Sie verstarb am 4. Tag, d. 13. Elul   היא נפטרה ביום ד יג אלול
und wurde begr. am 6. Tag, d. 15. Elul   ונק' ביום ו טו אלול תרסד לפק
664 n.d.k.Z.

T.N.Z.B.H.   ת נ צ ב ה

Jeanette Kohn
Geb. Gutmann
Geb. 12. Sept. 1832
Gest. 24. Aug. 1904

1. 18.03.1822-30.12.1904

Hebr. Sterbedatum: Schabbat, 23. Tewet 5665
Hebr. Begräbnisdatum: Sonntag, 24. Tewet 5665
Vater: **Moses Arie "Löw" Kohn**
Herkunftsort: **Crailsheim**
Beruf: **Weinhändler**

2. 12.09.1832-24.08.1904

Hebr. Sterbedatum: Mittwoch, 13. Elul 5664
Hebr. Begräbnisdatum: Freitag, 15. Elul 5664
Vater: **Joel Gutmann**
Herkunftsort: **Feuchtwangen**

Reihe 7 - Nr. 49
Mathilde Mottel Friedmann

Hier liegt

פ ט

ein Mädchen, das Gunst in den Augen
Augen von jedem fand, der sie sah,
denn ihre Art war angenehm.
Ach, sie war krank
während der Hälfte ihrer Tage. Das ist
Mottel, Tochter des David Friedmann,
gestorben am 4. Tag, d. 5. Tischri
und begraben am 5. Tag, d. 6. Tischri
665 n.d.k.Z.

בתולה מצאה חן בעיני
כל רואיה כי דרכי נועם
הוי כל דרכיה היא חלה
בחצי ימיה   ה"ה
מאטל בת דוד פריעדמאנן
נפטרת ביום ד ה תשרי
ונק' ה ו תשרי תרסה לפק

T.N.Z.B.H.

ת נ צ ב ה

22.09.1871-14.09.1904

Hebr. Sterbedatum: Mittwoch, 5. Tischri 5665
Hebr. Begräbnisdatum: Donnerstag, 6. Tischri 5665
Vater: David Friedmann

Mathilde Friedmann
geb. 22. Sept. 1871.
gest. 14. Sept. 1904.

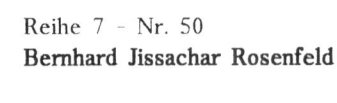

Reihe 7 - Nr. 50
Bernhard Jissachar Rosenfeld

Hier ruht

פ נ

Jissachar, Sohn des Abraham
Rosenfeld,
gestorben am 4. Tag, d. 29. Kislev
und begraben am 5. Tag, d. 1. Tag
Neumond Tewet
665 n.d.k.Z. T.N.Z.B.H.

ישׁשׂכר בר אברהם
ראזענפעלד
נפטר ביום ד כט כסלו
ונקבר ביום ה א ד'ר'ח טבת

תרסה לפק ת'נ'צ'ב'ה

Bernhard
Rosenfeld
geb. d. 8. Nov. 1836.
gest. d. 7. Dez. 1904.

08.11.1836-07.12.1904

224.

Hebr. Sterbedatum: Mittwoch, 29. Kislev 5665
Hebr. Begräbnisdatum: Donnerstag, 1. Tag Neumond Tewet (= 30. Kislev)
Vater: Abraham Rosenfeld
Beruf: Kappenmacher

Reihe 7 - Nr. 51
Karoline Gitel Hallheimer, geb. Kohn

Hier ruht
die Frau, Frau Gitel, genannt Karoline,
Witwe des Schmuel, Sohn des Israel
Hallheimer, Einwohnerin von Crailsheim,
gestorben am 4. Tag, d. 3. Adar I
und begraben am 6. Tag, d. 5. Adar I
665 n.d.k.Z.
Sie stieg hinauf in die Höhe, die
teure Frau,
die gerechte Hüterin des Hauses. Sie
war beliebt.
Zum ewigen Andenken der Welt: Dieser
Grabstein
ist zum Heil des Herrn! Denn sie
verteilte Güte.
T.N.Z.B.H.

01.04.1826-08.02.1905

Hebr. Sterbedatum: Mittwoch, 3. Adar I 5665
Hebr. Begräbnisdatum: Freitag, 5. Adar I 5665
Vater: Isak Veis Kohn
Gatte: Samuel Hallheimer
Herkunftsort: **Crailsheim**

פ"נ
האישה מ' גיטל מכו' קארלינע
אלמנת כ' שמואל בר ישראל
האללהיימער מתושבי קריילזהיים
נפטרה ביום ד ג אדר ראשון
ונק' בי' ו ה אדר ראש' תרסה' לפק

עלתה למרום האשה היקרה

לצדקה רדפה לביתה הית חביבה

לזכרון עולם זאת המצבה

אשרי לה'! וכי טוב חלקה :

ת נ צ ב ה

Frau
Karoline Hallheimer
geb. Kohn
geb. 1. April 1826
gest. 8. Febr. 1905

Die Nachwelt soll es noch lesen,
Dass du die beste Mutter und
Grossmutter gewesen.

Reihe 7 - Nr. 52
Babette Bila Friedmann, geb. Neuburger

Hier ruht Bila, gen. Babette, Gattin des
Ascher
Friedmann,
gestorben in Crailsheim am 5. Tag,
d. 16. Aw
665 n.d.k.Z

Mit gutem Ruf ging sie den geraden Weg
ihr Leben lang. Ein Kranz der Zierde
ihren Töchtern,
dem Sohn ebenfalls. An ihren Kindern
tat sie Gutes.
Der Herr wird sie entschädigen mit
alles überragendem Lohn.

T.N.Z.B.H.

15.12.1874-17.08.1905

Hebr. Sterbedatum: Donnerstag, 16. Aw 5665
Gatte: Ascher Friedmann
Herkunftsort: **Crailsheim**
Akrostichon des Vornamens **Bila**

פ"נ בילה המ' באבעטטע אשת אשר
פריעדמאנן
נפטרה בקריילזהיים ביום ה טז אב

תרסה לפק

בשם טוב הלכה בדרך ישרה
ימי חייה זר תפארת לבנותה

לבן תלכנה לבניה צדקותיה

ה ישלם לה שכרה כפי בעולתיה

ת נ צ ב ה

Babette Friedmann
geb. Neuburger
geb. 15. Dez. 1874
gest. 17. Aug. 1905

Reihe 7 - Nr. 53
Babette Breindel Fuchs

Hier ruht	פ"נ
die Frau, Frau Breindel,	האשה מרת בריינדל
Gattin des Schraga Fuchs,	אשת שרגא פוקז
gestorben am 5. Tag, d. 27. Tischri, und begraben	נפטרת ביום ה' כז, ונקברת
am 6. Tag, d. 28. Tischri 666 n.d.k.Z.	ביו' ו כח תשרי תרסו לפק
T.N.Z.B.H.	ת נ צ ב ה

Babette Fuchs
geb. 3. Sept. 1833,
gest. 26. Okt. 1905.

03.09.1833-26.10.1905

Hebr. Sterbedatum: Donnerstag, 27. Tischri 5666
Hebr. Begräbnisdatum: Freitag, 28. Tischri 5666
Gatte: **Schraga Fuchs**

Reihe 7 - Nr. 54
Hannah Kohn, geb. Heinsfurter

Hier ruht	פ"נ
Hannah, Gattin von Nathan dem Kohen,	הנה אשת נתן הכהן
geboren in Goldbach,	הנולדה בגאלדבאך
gestorben am 3. Tag, d. 23. Cheschwan 666 n.d.k.Z.	נפטרת ביום ג כג חשון תרסו לפק
Sie ging ihren Weg rechtschaffend,	הלכה בדרך תמימה
wahrgenommen von allen wegen ihres aufrechten Wesens.	נכברה מכל כי דרכה ישרה
Sie ging in ihre Welt, um ihren Lohn zu empfangen.	הלכה לעולמה לקבל שכרה
Ihre Person wird sehr beweint und beklagt von den Teuren wird ihre	נבחה ונספד מאוד מיקרי
Seele. T.N.Z.B.H.	נפשה: ת נ צ ב ה

21.07.1828-21.11.1905

Hebr. Sterbedatum: Dienstag, 23. Cheschvan 5666
Vater: ***David Heinsfurter***
Gatte: **Nathan Kohn**
Herkunftsort: **Goldbach**
Akrostichon des Vornamens "Hannah"

Hannah Kohn
geb. Heinsfurter
geb. 21. Juli 1828,
gest. 21. Nov. 1905.

Reihe 7 - Nr. 55
Viktor Avigdor Friedmann

Hier ruht   פ'נ

der Mann, lauter und aufrecht,   האיש תם וישר
Avigdor, Sohn des Schmuel   אביגדר בר שמואל
Friedmann,   פריעדמאנן
friedliebend bis zu seinem Ende.   רודף שלום עד אחריתו
Um ihn klagen alle Kinder seines Hauses   עליו ספדו כל בני ביתו
und seine Familie, daß er ging   וכל משפחתו כאשר הלך
in seine Welt am Erew Schabbat,   לעולמו ביום ע'ש'ק כ תמוז
d. 20. Tammus
und begraben wurde am 1. Tag, d. 22. Tammus   ונקבר ביום א' כב תמוז
666 n.d.k.Z.   תרסו לפק

16.04.1838-13.07.1906   Viktor Friedmann
Hebr. Sterbedatum: Erew Schabbat, 20. Tammus 5666   geb. 16. April 1838
Hebr. Begräbnisdatum: Sonntag, 22. Tammus 5666   gest. 13. Juli 1906
Vater: **Samuel Friedmann**
Herkunftsort: **Offenbach**
Beruf: **Handelsmann**

Reihe 7 - Nr. 56
Mina Meile Friedmann, geb. Leininger

Hier ruht   פ'נ

eine gepriesene und teure Frau,   אשת מהוללה ויקרה
gekrönt mit hohem Maße an Ehrlichkeit.   מוכתרת בכל מדה ישרה
Frau Meile, Gattin des Avigdor   מרת מיילא אשת אביגדור
Friedmann,   פריעדמאנן
gestorben am 6. Tag, d. 25. Nissan   נפטרה ביום ו' כה ניסן
und begraben am 1. Tag, d. 27. Nissan   ונקברה ביום א' כז ניסן
672 n.d.k.Z.   תרעב לפק

T.N.Z.B.H.   ת נ צ ב ה

25.04.1842-11.04.1912   Mina Friedmann
Hebr. Sterbedatum: Freitag, 25. Nissan 5672   geb. Leininger
Hebr. Begräbnisdatum: Sonntag, 27. Nissan 5672   geb. d. 25. April 1842
Vater: **Samuel Leininger**   gest. d. 11. April 1912
Gatte: **Avigdor Friedmann**
Herkunftsort: **Michelbach a.d.L.**

Reihe 7 - Nr. 57
Sara Rosenfeld und Bertha Schlüsselblum

Hier ruht
Frau Sarah, Gattin des Meir
Rosenfeld von hier.
Sie war der Mittelpunkt der Familie.
Sie hütete eifrig die Gebote ihr
Leben lang,
gerechtigkeitsliebend all ihre Tage.
Sie stieg freudig hinauf ins Paradies
am 18. Nissan, d. 2. Halbfeiertag
von Pessach 667 n.d.k.Z.

T.N.Z.B.H.

1. 02.01.1832-02.04.1907
Hebr. Sterbedatum:
Dienstag, 2. Tag Chol ha-Moed Pessach (= 18. Nissan)
5667
Vater: **Baruch Löwenthal**
Gatte: **Meir Rosenfeld**
Herkunftsort: **Crailsheim**

2. 27.03.1862-deportiert 1944 und gest. in Theresienstadt (**lt. Gedenkbuch verschollen in Minsk**)
Vater: **Meir Rosenfeld**
Herkunftsort: **Crailsheim**

פ'נ
מרת שרה תשא מאיר
ראזענפעלד מפה
היתה עמדה בעלה ובניה
שמרה מצות קונה בחייה

רדפה צדק כל ימיה
עלתה לגן עדן בשמחה
ביום יח ניסן ב ח'ה' פסח
תרסז לפק

ת נ צ ב ה

Zum Gedenken an
Bertha Schlüsselblum
geb. Rosenfeld
geb. 27. 3. 1862 gest. 1944
in Theresienstadt

Sarah Rosenfeld
geb. 2. Jan. 1832
gest. 2. April 1907

Reihe 7 - Nr. 58
Maier Meir Rosenfeld

Hier ruht
Meir, Sohn des Mosche
Rosenfeld,
gestorben am 5. Tag, d. 18. Elul
und begraben am 1. Tag, d. 21. Elul
670 n.d.k.Z.

Wie schwer hast du jeden Tag deines
Lebens gearbeitet,
einzig und allein zum Wohle der
Geliebten und Teuren deiner Seele.
Möge dein Andenken gesegnet sein
und nicht von uns vergessen werden.
Du bist nur im Dunkel verborgen und
und das ist uns zum Trost.
T.N.Z.B.H.

22.03.1827-22.09.1910

Hebr. Sterbedatum: Donnerstag, 18. Elul 5679
Hebr. Begräbnisdatum: Sonntag, 21. Elul 5670
Vater: **Moses Rosenfeld**
Herkunftsort: **Crailsheim**
Beruf: **Fruchthändler**
Akrostichon des Vornamens

פ'נ
מאיר בר משה
ראזענפעלד
נפטר ביום ה יח אלול
ונקבר ביום א כא אלול
תרע לפק

מֹ'ה מאוד עמלת כל ימי חייך

אַ'ך להיטיב לאהובי ויקרי נפשך

יְ'הי זכרך מבורך ולא תשכח מלבנו

רְ'ק עוב צפון לך והיא לנחמתנו

ת נ צ ב ה

Dein Leben war Arbeit,
Dein Streben galt dem Wohl
der Deinigen, unvergessen
bleibst Du uns.

Maier Rosenfeld
geb. 22. März 1827
gest. 22. Sept. 1910.

Reihe 7 - Nr. 59
Fradel Stein

Hier ruht	פ'נ
die Jungfer	הבתולה
Fradel, Tochter des Jissachar	פראטל בת יששכר
Stein,	שטיין
gestorben am 3. Tag, d. 7. Adar II	נפטרת ביום ג ז ואדר
und begraben 4. Tag, d. 8. Adar II	ונקברת ביום ד ח ואדר
668 n.d.k.Z.	תרסח לפק:
T.N.Z.B.H.	ת נ צ ב ה

Fradel Stein
geb. 18. März 1826
gest. 9. März 1908.

18.03.1826-09.03.1908

Hebr. Sterbedatum: Dienstag, 7. Weadar (Adar II) 5668
Hebr. Begräbnisdatum: Mittwoch, 8. Weadar (Adar II) 5668
Vater: **Jissachar Stein**

Reihe 7 - Nr. 60
Alexander Mandelbaum

Alexander Mandelbaum
geb. d. 1. November 1847 - gest. d. 11. Aug. 1908.

01.11.1847 - 11.08.1908

Vater: **Abraham Mandelbaum**
Herkunftsort: **Crailsheim**

Reihe 7 - Nr. 61
Lina Lea Mandelbaum

Hier ruht
פ'נ

eine gepriesene Frau,
Frau Lea, Gattin des Alexander
Mandelbaum,
gestorben mit gutem Namen am 2. Tag,
d. 12. Schwat
und begraben am 4. Tag, d. 14.
Schwat 679 n.d.k.Z.

אשה מהוללה
מרת לעה אשת אלכזאנדר
מאנדלבוים
נבטרה בשם טוב ב יב שבט
ונקברה ביום ד יד שבט תרעט לפק

T.N.Z.B.H.
ת נ צ ב ה

27.07.1850-13.01.1919

Lina Mandelbaum
geb. 27. Juli 1850 - gest. 13. Jan. 1919.

Hebr. Sterbedatum: Montag, 12. Schwat 5679
Hebr. Begräbnisdatum: Mittwoch, 14. Schwat 5679
Vater: **Abraham Oppenheimer**
Gatte: **Alexander Mandelbaum**
Herkunftsort: **Aufseß (Bayern)**

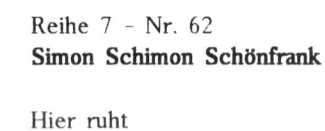

Reihe 7 - Nr. 62
Simon Schimon Schönfrank

Hier ruht
פ'נ

ein Mann, lauter und aufrecht,
Schimon, Sohn des Machul
Dov Schönfrank,
gestorben mit gutem Namen am
am 5. Tag, d. 21. Elul und begraben
am 6. Tag, d. 22. Elul 668 n.d.k.Z.

איש תם וישר
שמעון בר מכול
דוב שאנפראנק
נפטר בשם טוב ב"
ה כא אלול ונקב'
בי" ו כב בו תרסח לפק

T.N.Z.B.H.
ת נ צ ב ה:

14.06.1868-17.09.1908

Simon
Schönfrank
geb. 14. Juni 1868 - gest. 17. Sept. 1908.

Hebr. Sterbedatum: Donnerstag, 21. Elul 5668
Hebr. Begräbnisdatum: Freitag, 22. Elul 5668
Vater: **Machul Dov Schönfrank**

Reihe 7 - Nr. 63
Bertha Perl Hess, geb. Hiller

Hier ruht	פ'נ
die Frau, Frau	האשת מורת
Perl, genannt Bertha,	פערל מכונה בערטה
Witwe des verehrten Jizchak Hess,	אלמנת כ' יצחק העזז
stammend aus Aufhausen,	מתושבי אויפהויזען
gestorben am 5. Tag, d. 16. Kislev	נפטרת ביום ה' טז כסלו
und begraben am 1. Tag, d. 19. Kiselv	ונקברת ביום א' יט כסלו
669 n.d.k.Z.	תרסט לפק
Mit gutem Namen ging sie den geraden	בשם טוב הלכה בדרך ישרה
Weg, gottesfürchtig,	
unversehrt. Der Herr wird sie dafür	ה' ישלם לה שכרה כפי
mit alles überragendem Lohn belohnen.	בעולתיה
T.N.Z.B.H.	ת נ צ ב ה

01.11.1824-10.12.1908

Hebr. Sterbedatum: Donnerstag, 16. Kislev 5669
Hebr. Begräbnisdatum: Sonntag, 19. Kislev 5669
Vater: **Salomon Hiller (Beruf: Hutmacher)**
Gatte: **Jizchak Hess**
Herkunftsort: **Harburg**

Bertha Hess
geb. Hiller,
geb. 1. Nov. 1824
gest. 10. Dez. 1908.

Reihe 7 - Nr. 64
Max Menachem *Mendel* Ball

Hier ruht	פ'נ
ein teurer und aufrechter Mann,	איש יקר וישר עטרת למשפחתו
eine Krone seiner Familie,	
Menachem, Sohn des Reuven Ball.	מנחם בר ראובן באלל
Er starb im Alter von 84 Jahren	מת בן ארבעה ושמונים שנה
am heiligen Schabbat, d. 9. Tewet	ביום ש'ק ט טבת תרסט לפק
669 n.d.k.Z.	
T.N.Z.B.H.	ת נ צ ב ה

20.03.1826-01.01.1909

Max Ball
geb. d. 20. März 1826,
gest. d. 1. Januar 1909.

Hebr. Sterbedatum: Schabbat, 9. Tewet 5669
Vater: **Reuven *Seligmann Isac*, seit ca. 1813 "Ball", Sackträger und Hausierer**
Herkunftsort: **Harburg**
Beruf: **Schneidermeister**

Reihe 7 - Nr. 65
Adolf Reinemann, Nannette Reinemann und Frida Königsberger

Hier ruhen   פ נ

Adolf Reinemann
geb. d. 14. Sept. 1843
gest. d. 1. April 1909.

Nannette Reinemann
Geb. Elkan
geb. 29. Jan. 1852
gest. 5. Märtz. 1920

Frida Königsberger
Geb. Reinemann
geb. 28. Nov. 1882 gest. 17. Aug. 1933

T.N.Z.B.H.   ת נ צ ב ה :

1. 14.09.1843 - 01.04.1909   *3. 28.11.1882 - 17.08.1933*

2. 29.01.1852 - 05.03.1920

Reihe 8 - Nr. 1
Lazarus Löser Bär

Lazarus Löser Bär
geb. 21. Aug. 1823
gest. 30. März 1910

21.08.1823-30.03.1910

Vater: **David Bär**
Herkunftsort: **Goldbach**

Reihe 8 - Nr. 2
Zilli Wolf, geb. Neuburger

Hier ruht

פ'נ

Frau Zilli, Gattin des Binjamin Wolf,
gestorben am 3. Tag, d. 13. Nissan
und begraben am 4. Tag, d. 14. Nissan
671 n.d.k.Z.   T.N.Z.B.H.

מרת צילילי אשת בנימין
וואלף
נפטרה ביום ג יג ניסן
ונקברה ביום ד יד ניסן
תרעא לפק ת נ צ ב ה

19.11.1850-11.04.1911

Hebr. Sterbedatum: Dienstag, 13. Nissan 5671
Hebr. Begräbnisdatum: Mittwoch, 14. Nissan 5671
Gatte: **Binjamin Wolf**
Herkunftsort: **Kleinnördlingen**

Z....WOLF
...850 gest. .PRIL 1...

Reihe 8 - Nr. 3
Sara Ball, *geb. Stiefel*

Hier liegt
Frau Sara, Gattin des Menachem Ball,
gestorben mit gutem Namen am 2. Tag,
d. 26. Nissan
und begraben am 4. Tag, d. 28. Nissan
n.d.k.Z.
Mit gutem Namen ging sie den
geraden Weg.
Ihrer Tage war sie eine würdige
Zierde ihrer Töchter.
T.N.Z.B.H.

פ ט
מרת שרה אשת מנחם בהלל
נפטרה בשם טוב יום ב כו ניסן
ונקברה ד כח ניסן תרעא לפק
בשם טוב הלכה בדרך ישרה
ימי הייתי זד תפארת לבנתה:
ת נ צ ב ה

06.07.1836-24.04.1911

Sara Ball
geb. 6. Juli 1836, gest. 24. April 1911.

Hebr. Sterbedatum: Montag, 26. Nissan 5671
Hebr. Begräbnisdatum: Mittwoch, 28. Nissan 5671
Vater: **Baruch Stiefel**
Gatte: **Max Menachem Ball**
Herkunftsort: **Mönchsdeggingen**

Reihe 8 - Nr. 4
Babette Friedmann, *geb. Stein*

Babette Friedmann
Geb. 14. Mai 1830
Gest. 22. Sept. 1911.

14.05.1830-22.09.1911

Vater: **Löw Aaron Stein**
Gatte: **Ludwig Friedmann**
Herkunftsort: **Ingersheim**

Reihe 8 - Nr. 5
Leopold Levigard

Hier ruht

פ נ

Ruhestätte
unseres unvergesslichen
Gatten u. Vaters
Leopold Levigard
geb. 2. Okt. 1859
gest. 1. Nov. 1911

T.N.Z.B.H.

ת נ צ ב ה

02.10.1859-01.11.1911

Vater: **Jesaias Levigard**
Herkunftsort: **Laupheim**
Beruf: **Kaufmann**

Reihe 8 - Nr. 6
Rosa Rösle Braunschweiger, geb Mezger

Hier ruht

פ'נ

Frau Rösle, Gattin des Meir
Braunschweiger,
Tochter des Mosche Mezger von hier,
gestorben am 3. Tag, d. 25. und
begraben
am 5. Tag, d. 27. Schwat 672 n.d.k.Z.

מרת רשזלה אשת מאיר
ברוינשוויגער
בת משה מעצגער מפו
נפטרה ביום ג כד ונקברה
ביום ה כז שבט תרעב לפק

T.N.Z.B.H.

ת נ צ ב ה

Rosa Braunschweiger
geb. Mezger
geb. 20. Feb. 1860, gest. 12. Feb. 1912.

20.02.1860-12.02.1912

Hebr. Sterbedatum: Dienstag, 25. Schwat 5672
Hebr. Begräbnisdatum: Donnerstag, 27. Schwat 5672
Vater: **Moses Mezger**
Gatte: **Meir Braunschweiger**
Herkunftsort: **Crailsheim**

Reihe 8 - Nr. 7
Mina Mirjam Mezger

Hier ruht

das Mädchen Mirjam, Tochter des
Meir Mezger,
gestorben am 3. Tag, d. 20. Ijjar
672 n.d.k.Z.

Köstliches haben wir verloren.
Wehe, wir wurden beraubt
unseres Schmuckes. Sie wurde,
jung an Tagen
zur ewigen Ruhe genommen.

T.N.Z.B.H.

17.05.1901-07.05.1912

Hebr. Sterbedatum: 20. Ijjar 5672
Vater: **Max Meir Mezger**
Herkunftsort: **Crailsheim**

פ׳נ

ילדה מרים בת מאיר מעצגער

נפטרה ביום ג כ אייר תרע״ב לפק

משיבת נפש אבדנו
אהה שודדנו
על משכים לוקחה רכה בימים
למנוחת עולמים

ת נ צ ב ה

Mina Mezger
Geb. 17. Mai 1901
Gest. 7. Mai 1912.

Reihe 8 - Nr. 8
Ida Jael Friedmann, *geb. Maier*

Hier ruht

die Frau Jael, Gattin
des David Friedmann,
gestorben am 6. Tag, d. 25. Nissan
und begraben
am 1. Tag, d. 27. Nissan 673 n.d.k.Z.

T.N.Z.B.H.

31.07.1845-02.05.1913

Hebr. Sterbedatum: 25. Nissan 5673
Hebr. Begräbnisdatum: 27. Nissan 5673
Vater: **Nathan Maier**
Gatte: **David Friedmann**
Herkunftsort: **Crailsheim**

פ׳נ

האשת יעל אשה
דוד פריעדמאנן
נפטרת ביום ו כה ונקברה
ביום א כז ניסן תרע״ג לפק

ת נ צ ב ה

Ida Friedmann
geb. 31. Juli 1845
gest. 2. Mai 1913.

Reihe 8 - Nr. 9
Jesaias Jeschaja Levi
Hier ruht
Herr Jeschaja, Sohn von Schlomo
dem Leviten,
gestorben in Öhringen am 4. Tag,
d. 17. Aw
und begraben in Crailsheim,
am 5. Tag, d. 18. Aw
des Jahres 673 n.d.k.Z.
T.N.Z.B.H.
Es wird deine Seele aufgenommen,
um im Schatten Gottes Wohnung zu
finden.
Seine Seele wird ihre Belohnung oben
im Paradies empfangen.

פ'נ
כ' ישעיה בר שלמה ארי הלוי

נפטר באהרינגען יום ד יז אב

ונקבר בקריילזהיים יום ה יח אב

שנת תרעג לפק
ת נ צ ב ה
בשלו תשכון נפשך בצל שוכן
מעונים

נשמתו בגן עדן שכרך תקבל
בעליונים

17.05.1855-20.08.1913
Hebr. Sterbedatum: Mittwoch, 17. Aw 5673
Hebr. Begräbnisdatum: Donnerstag, 18. Aw 5673
Vater: Salomon Levi
Herkunftsort: **Crailsheim**

Jesaias Levi
Geb. 17. Mai 1855
Gest. 20. Aug. 1913.

Reihe 8 - Nr. 10
Salomon Gundelfinger
Zum ewigen Gedenken an einen
Gerechten und seine Wohltaten, das
immerwährend sein wird
Hier ruht
der Mann, der Chawer Schlomo, Sohn
des Schlomo
Gundelfinger,
gestorben mit gutem Ruf am heiligen
Schabbat, d. 12. Sivan
und begraben mit großer Ehre am
14. Sivan 674 n.d.k.Z.
Er heißt Schlomo. So sei denn Friede
auch an seinem Ende.
Dem Herrn diente er als Knecht eifrig
von ganzem Herzen.
Er eilte, nach den Geboten
Liebesdienste zu erweisen und ehrte
Gott nach vermögen.
Er wandelte in Würde einher. Dort
oben wird er den vollen Lohn finden.
T.N.Z.B.H.

לזכר עולם יהיה צדיק וצדקתו לעד
עומדת

פ נ
האיש הנכבר, שלמה בר שלמה

גונדעלפינגער
נפחר בשם טוב יום ש'ק יב סיון

ונקבר בכבוד גדול יד סיון תרעד
לפק
שלמה שמו, שיש שלום עד אחריתו

לה' בטחונו עובד בלב שלם את קונו

מצות רוץ גמל חסד, וכבד ה' מתונו

הליכתו בכבוד, שם ימצא שכר משו

ת נ צ ב ה

16.12.1860-06.06.1914
Hebr. Sterbedatum: Schabbat, 12. Sivan 5674
Hebr. Begräbnisdatum: Montag, 14. Sivan 5674
Vater: **Salomon Gundelfinger** *Akrostichon des Vornamens "Schlomo"*

Sal. Gundelfinger
geb. 16. Dez. 1860
gest. 6. Juni 1914

Reihe 8 - Nr. 11
Auguste Gitel Gundelfinger, geb. Grünwald

Eine tüchtige Gattin, wer kann sie finden? Ihr Wert geht weit über den von Korallen

Hier ruht
eine tüchtige Gattin und Zierde ihres Mannes
und ihrer Kinder. Lauter, gerade und angenehm
in ihren Werken. Den Armen und Bedürftigen reichte sie die Hand,
gleichwie ihr Mund Wohlwollen und Wahrheit erwies all ihre Tage.
Gitel, Gattin des Schlomo Gundelfinger,
gestorben am 29. Nissan
und begraben am 2. Ijjar
691 n.d.k.Z.

T.N.Z.B.H.

24.11.1867-16.04.1931 (in Regensburg)
Hebr. Sterbedatum: Donnerstag, 29. Nissan 5691
Hebr. Begräbnisdatum: Sonntag, 2. Ijjar 5691
Gatte: **Salomon Gundelfinger**
Herkunftsort: **Affaltrach**

אשת חיל מיימצא ורחק מפנים מכרה

פ נ
אשת חיל תפארת בעלה

ובניה תמימה וישרה ונעימר

במעשיה לעני ולאביון

פרשה כפיה לגמול חסד
ואמת כל ימיה
גיטעל אשת שלמה
גונדעלפינגער
נפטרה ביום כט ניסן
ונקברה ביום ב אייר
תרצא לפק
ת נ צ ב ה

Auguste Gundelfinger
geb. Grünwald
geb. 24. Nov. 1867
gest. 16. April 1931

Reihe 8 - Nr. 12
Samuel Mezger

Samuel
Mezger
geb. 12. Jan. 1842
gest. 5. Dez. 1914

Hier liegt
ein lauterer Mann, Schmuel, Sohn des Mosche,
der geboren wurde in Goldbach und in gutem Greisenalter starb,
am heiligen Schabbat, d. 17. Kislev 675 n.d.k.Z.
Er war gerade und würdig in jeder seiner Handlungen.
Von ganzem Herzen und mit ganzer Seele diente er dem Ewigen.
Tag und Nacht studierte er die ewige Lehre.
In der Höhe wird er seinen Lohn in Liebe empfangen.

T.N.Z.B.H.

12.01.1842-05.12.1914
Hebr. Sterbedatum: Schabbat, 17. Kislev 5675
Vater: **Moses Mezger**
Herkunftsort: **Goldbach**

פ ט
איש תם שמואל בר משה

הנולד בגאלדבאך ומת בשיבה

טובה ביום שק יז כסלו תרעה לפק

ישר וזך בכל פעלו

עבד ה' בכל לבו ונפשו

קבע עתים לתורה תמימה

במרום יקבל שכרו באהבה

ת נ צ ב ה

Reihe 8 - Nr. 13
Wolf Binjamin Goldstein

Hier ruht
ein Mann, lauter und aufrecht,
gottesfürchtig.
Schnell und flink im Gebetshaus
und beim Lernen, das ist
Binjamin, Sohn des Chanoch, genannt
Wolf Goldstein.
Er starb in gutem Ruf am 18. Schwat
und wurde begraben am 20. Schwat.
675. n.d.k.Z.
T.N.Z.B.H.

04.01.1852-02.02.1915

Hebr. Sterbedatum: Dienstag, 18. Schwat 5675
Hebr. Begräbnisdatum: Donnerstag, 20. Schwat 5675
Vater: **Henoch Goldstein**
Herkunftsort: **Goldbach**
Beruf: **Handelsmann**

פ נ
איש תם וישר ירא אלה'

זריז ומהיר לבית התפלה
והלימוד ה"ה
בנימין בן חנוך המכונה
וואלף גאלדשטיין
מת בשם טוב יח שבט
ונקבר כ שבט
תרע"ה לפ"ק

ת נ צ ב ה

Wolf Goldstein
geb. 4. Januar 1852
gest. 2. Februar 1915.

Reihe 8 - Nr. 14
Berta Perl Heinsfurter

Berta Heinsfurter
geb. 2. Juli 1904
gest. 4. Juni 1915

Hier ruht

das zarte, liebenswerte und angenehme
Mädchen Perl, genannt Berta, Tochter
des werten Herrn David Heinsfurter.
Ihrer Tage waren nicht mehr als 11 Jahre
und sie starb am 6. Tag, d. 22. Sivan
675. n.d.k.Z.:

T.N.Z.B.H.

02.07.1904-04.06.1915

Hebr. Sterbedatum: Freitag, 22. Sivan 5675
Vater: **David Heinsfurter**
Herkunftsort: **Crailsheim**

פ נ

הילדה רכה נחמדה ונעימה
פערל המכונה בערטהא בת
כמר דוד היינזפורטער
לה היו ימיה כי אם יא שנים
ונפטרת ביום ו כב סיון
תרעה לפק:

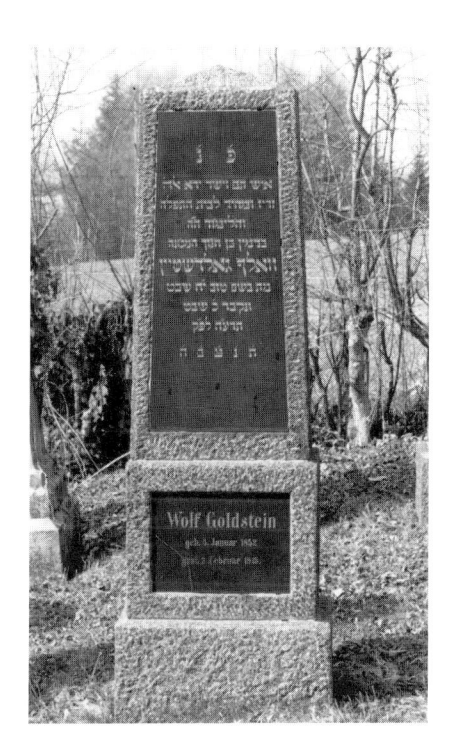

ת נ צ ב ה

Reihe 8 - Nr. 15
Max Meir Rosenfeld

Hier ruht in Gott
Max
Rosenfeld
Geb. zu Hengstfeld
Am 7. März 1857
Gest. 25. Dez. 1915

Hier ruht
ein teurer Mann, Meir, Sohn des Jizchak Rosenfeld,
angenehm in seinem Tun und geliebt von seiner Familie.
Sein Weg war makellos und zuverlässig war er in seinem Werk.
Er gab den Armen gnädig, war mit Freude behilflich.
Verstorben am 1. Tag, d. 19. Tewet 676 n.d.k.Z.
T.N.Z.B.H.

פ'נ
איש יקר מאיר בר יצחק ראזענפעלד
נעים מעשיו ואהוב במשפחתו
תמים דרכיו ונאמן במלאכתו
נתן לדלים בחנינה עשה חסד ברינה
נפטר יום א' יט טבת תרעו לפק
ת נ צ ב ה

07.03.1857-25.12.1915 Hebr. Sterbedatum: Sonntag, 19. Tewet 5676
Vater: **Isaak Rosenfeld**
Herkunftsort: **Hengstfeld**

Reihe 8 - Nr. 16
Martin Meir Falk

Hier ruht

פ נ

Schnell wurde das Dasein von ihm weggenommen.
In kurzer Zeit wäre aus ihm eine Stütze der Gemeinschaft geworden.
Er war glücklich und glücklich seine Jugend,
so daß viel Lohn ihm bereitet wird.
Das der Knabe Meir, Sohn des Schlomo Falk,
der verstarb zur Hälfte seiner Tage,
am 4. Tag, d. 11. Kislev 667 n.d.k.Z.

מהיר היה במלקתו
בזמן קצר פעולתו שת
אשריו ואשרי יולדתו
כי שכר הרבה מוכן לו
ה' הנער מאיר בר שלמה פאלק
אשר נפטר בחצי ימיו
ביום ד יא כסלו תרעז לפק

T.N.Z.B.H.

ת נ צ ב ה

18.07.1904 - 06.12.1916 **(Cannstatt)**
Hebr. Sterbedatum: Mittwoch, 11. Kislev 5677
Vater: **Salomon Falk**
Herkunftsort: **Crailsheim**

Martin
Falk
geb. 18. Juli 1904
gest. 6. Dez. 1916

Reihe 8 - Nr. 17
Moritz Moses Heinsfurter

Hier ruht	פ נ
ein Mann, lauter und aufrecht in seinem ganzen Wesen.	איש תם וישר בכל דרכיו
Lange Zeit war er an sein Lager gebunden.	זמן רב הלך על מטותיו
Er erteilte Wohltaten und liebte die Geschöpfe.	גמל חסד ואהב הבריות
Der verehrte Herr Mosche, Sohn des Jakob Heins-	כמר משה בר יעקב היינס-
furter,	פורתער
ist gestorben am 27. Ijjar	נפטר יום כז אייר
und wurde begraben am 29. Ijjar 677 n.d.k.Z.:	ונקבר ביום כט אייר תרעז לפק:
T.N.Z.B.H.	ת נ צ ב ה

13.01.1864-19.05.1917
Hebr. Sterbedatum: Schabbat, 27. Ijjar 5677
Hebr. Begräbnisdatum: Montag, 29. Ijjar 5677
Vater: **Seligmann** **Jakob Heinsfurter**
Herkunftsort: **Goldbach**

Moritz Heinsfurter
geb. d. 13. Jan. 1864,
gest. d. 19. Mai 1917.

Reihe 8 - Nr. 18
Hermann Naftali Goldstein

Hier ruht	פ נ
ein gerechter und gerader Mann. Mit den Wohltätern	איש צדיק וישר בנדיבים
ging er gemeinsam den Weg der Guten.	הלך תמיד דרך טובים
R. Naftali, Sohn des Elieser Goldstein,	ר' נפתלי בר אליעזר גאלדזטיין
gestorben am heiligen Schabbat, d. 7. Elul 677 n.d.k.Z.:	נפטר ביום ש'ק ז אלול תרעז לפק:
T.N.Z.B.H.	ת נ צ ב ה

22.12.1870-25.08.1917

Hebr. Sterbedatum: Schabbat, 7. Elul 5677
Vater: **Lazarus** **Elieser Goldstein**
Herkunftsort: **Crailsheim**

Hermann Goldstein
geb. den 22. Dez. 1870
gest. den 25. Aug. 1917.

Reihe 8 - Nr. 19
Babette Goldstein, *geb.* *Gutmann* **und** *Hermann* **Salomon Goldstein**

Hier liegen

פ ט

Unsere
unvergesslichen Eltern
Babette Goldstein
geb. 5. 4. 1850:
gest. 2. 12. 1917.

Salomon Goldstein
geb. 4. 9. 1843
gest. 28. 12. 1922

T.N.Z.B.H.

ת נ צ ב ה

"Friede ihrer Asche"

1. 05.04.1850-02.12.1917   2. 04.09.1843-28.12.1922

Vater: **Henle Gutmann**   Vater: **Josef Goldstein**
Herkunftsort: **Oberdorf**   Herkunftsort: **Goldbach**

Reihe 8 - Nr. 20
David Friedmann

Hier ruht
ein lauterer Mann, David, Sohn des
Schmuel
Friedmann.
Er starb in gutem Greisenalter
am 3. Tag, d. 3. Tewet 678 n.d.k.Z.
Gerade und würdig in seinem Werk,
diente er dem Herrn mit ganzem
Herzen und seiner Seele.
Tag und Nacht studierte er die makellose
Lehre.
In der Höhe wird er seinen Lohn in
Liebe empfangen.
T.N.Z.B.H.

פ ׳ נ
איש תם דוד בר שמואל

פריעדמאנן
מת בשיבה טובה
ביום ג ג טבת תרעח לפק
ישר וזר בכל פעלו
עבד ה׳ בכל לבו ונפשו

קבע עתים לתורה תמימה

במרום יקבל שכרו באהבה

20.12.1841-17.12.1917

ת נ צ ב ה

Hebr. Sterbedatum: Dienstag, 3. Tewet 5678
Vater: **Samuel Friedmann**
Herkunftsort: **Goldbach**
Beruf: **Handelsmann**

David Friedmann
geb. den 20. Dez. 1841,
gest. den 17. Dez. 1917.

Reihe 8 - Nr. 21
Julie Hendle Reinemann

Hier ruht	פ נ
das Fräulein	הבתולה
Hendle, Tochter des Alexander	הענדלה בת אלעכסאנדר
Reinemann,	ריינעמאנן
gestorben mit gutem Namen am 5. Tag,	נפטרת בשם טוב יום ה י
d. 10. Tammus	
678 n.d.k.Z. Deine Seele	תמוז תרעח לפק. נשמתח
ist im Paradies. Amen.	בגן עדן אמן
T.N.Z.B.H.	ת נ צ ב ה

*26.03.1846-20.06.1918 (laut Familienregister **1845**)*   Julie
                                                            Reinemann
Hebr. Sterbedatum: Donnerstag, 10. Tammus 5678   Geb. 26. März 1846
Vater: **Alexander Reinemann**   Gest. 20. Juni 1918

Reihe 8 - Nr. 22
Jakob Stern

Hier liegt	פ ט
ein Mann, lauter und aufrecht, Jakob,	
Sohn des Nathan Ari	
Stern. Aufrecht und rein in seinem Tun,	איש תם וישר יעקב בר נתן ארי
ein Knecht des Herrn von ganzem	שטערן ישר וזך בכל פעלו **עבד** ה'
Herzen und seine Seele hing an der	בכל
reinen Lehre.	לבו ונפשו **קבע** עתים לתורה תמימה
In der Höhe wird es ihm mit	
Liebe vergolten werden. Gestorben	**במרום** יקבל שכרו באהבה נפטר ביום
am 5. Tag,	
d. 9. des Aw und mit großen Ehren	ה ט באב ונקפר בכבוד גדול
begraben am 1. Tag, d. 12. Aw 678	בי' א יב אב תרעח לפק
n.d.k.Z.	
T.N.Z.B.H.	ת נ צ ב ה

25.09.1862-18.07.1918
Hebr. Sterbedatum: Donnerstag, 9. Aw 5678   Jakob Stern
Hebr. Begräbnisdatum: Sonntag, 12. Aw 5678   geb. 25. Sept. 1862
Vater: **Nathan Ari Stern**   in Michelbach a.L.
Herkunftsort: **Michelbach a.d.L.**   gest. 18. Juli 1918
Akrostichon des Vornamens im Text **"Jakob"**

Reihe 8 - Nr. 23
Julie Rosenfeld

Julie Rosenfeld
1897 - 1918

14.08.1897-26.10.1918

Vater: **Dr. Adolf Rosenfeld**
Herkunftsort: **Crailsheim**

Reihe 8 - Nr. 24
Ludwig *Lämle Ascher* Friedmann

Ludwig Friedmann
Geb. 27. Dez. 1835
Gest. 11. Aug. 1919

27.12.1835-11.08.1919

Vater: **Samuel Friedmann**
Herkunftsort: **Goldbach**
Beruf: **Schuhmacher; Gastgeber zum Straußen**

Reihe 8 - Nr. 25
Jeannette Scheindel Heinsfurter, geb. Goldstein

Hier ruht

Scheindel,
Tochter des Binjamin.
Sie starb am heiligen Schabbat, d. 20. Ijjar
681 n.d.k.Z.

T.N.Z.B.H.

פ נ

שיינדל
בת בנימין
מתה ש״ק כ אייר
תרפ״א לפק

ת נ צ ב ה

Jeannette Heinsfurter
geb. Goldstein
geb. 6. April 1827
gest. 28. Mai 1921.

06.04.1827-28.05.1921

Hebr. Sterbedatum: Schabbat, 20. Ijjar 5681
Vater: **Binjamin Goldstein**
Gatte: **Seligmann Heinsfurter**
Herkunftsort: **Goldbach**

Reihe 8 - Nr. 26
Luise Lea Rosenfeld, geb. Neuburger

Hier liegt
die teure Frau, Krone des Hauses,
Lea, Gattin des Mosche Rosenfeld.
Sie erwies Güte und Liebe jeden
Tag ihres Lebens,
sie formte ihren Charakter an der
Prüfung ihres Lebens.
Sie endete am heiligen Schabbat von
Rosch Chodesch Schwat
682 n.d.k.Z.:
T.N.Z.B.H.

פ׳ ט׳

האשה היקרה עטרת ביתה
לאה אשת משה רזנפעלד
גמלה טוב וחסד כל ימי חייה

לקחה צורה במבחן ימיה

ביום שק יוסב של רח אייר

תרפב לפק:
תנצבה:

Luise Rosenfeld
geb. Neuburger
geb. 8. Dez. 1875,
gest. 29. Apr. 1922.

08.12.1875-29.04.1922

Hebr. Sterbedatum: Schabbat, 2. Tag Neumond Ijjar (= 1. Ijjar)
Vater: **Jakob Neuburger**
Gatte: **Moriz Moses Rosenfeld**

Reihe 8 - Nr. 27
Klothilde Gitel Stein, geb. Mezger

Hier ruht

die tüchtige Gattin, die Zierde
ihres Gatten und ihrer Kinder, Gitel,
Ehefrau des
David, gest. am 27. Cheschvan 683
n.d.k.Z.

T.N.Z.B.H.

פ' נ'

אשת חיל תפארת
בעלה ובניה גיטל אשת

דוד נפ' כז חשון תרפג לפק:

ת נ צ ב ה:

Klothilde Stein
Geb. Mezger.
Geb. 6. Nov. 1877 - Gest. 17. Nov. 1922

06.11.1877-17.11.1922

Hebr. Sterbedatum: Schabbat, 27. Cheschvan 5683
Vater: **Samuel Mezger**
Gatte: **David Stein**
Herkunftsort: **Crailsheim**

Reihe 8 - Nr. 28
Babette Breindel Straus, geb. Sahm und Jakob Dow Strauss

Hier ruht
Breindel, Gattin des Jakob Dow Straus.
Auf sie vertraute das Herz ihres Gatten
alle Tage ihres Lebens,
denn mit Gerechtigkeit und Geradheit
leitete sie ihre Kinder.
Gestorben am 5. Tag, d. 22. Schwat
und begraben am 1. Tag, d. 25.
Schwat 683 n.d.k.Z.
T.N.Z.B.H.

פ נ

ברײנדל אשת יעקב דוב שטרויז
בטח בה לב בעלה כל ימי חייה

כי בצדק ובמישור הנחיגה את בניה

נפטרה ביום ה כב שבט
ונקברה ביום א כה בו תרפג לפק

ת נ צ ב ה

Babette Straus - geb. Sahm
geb. 30. Oktober 1857, gest. 8. Februar 1923.
Sie war edel, hilfreich und gut

Hier ruht
ein Vater, gut und zuverlässig, Jakob
Dow, Sohn des Jizchak Zwi Straus,
ein guter Knecht und aufrecht und
friedliebend und er liebte die Geschöpfe
und das Gesetz.
Ihm fiel die Krone von seinem gepriesenen
Haupte. Bittet um sein Herz.
Gestorben am 1. Tag, d. 15. Tewet
684 n.d.k.Z.
T.N.Z.B.H.

פ נ

אב טוב ונאמן יעקב דוב בר יצחק
צבי שטרויז
פועל טוב וישר ורודף שלום ואוהב
הבריות והמשפט

נפלה עטרת ראשנו שוי נא לבו

נפטר ביום א' טו טבת תרפ"ד לפ"ק

ת נ צ ב ה

Jakob Straus
geb. 16. Februar 1853, gest. 23. Dezember 1923
"Er war ein Lehrer"

1. 30.10.1857-08.02.1923

Hebr. Sterbedatum: Donnerstag, 22. Schwat 5683
Hebr. Begräbnisdatum: Sonntag, 25. Schwat 5683
Vater: **Chaim Sahm**
Herkunftsort: **Braunsbach**

2. 16.02.1853-23.12.1923

Hebr. Sterbedatum: Sonnatg, 15. Tewet 5684
Vater: **Isaak Zwi Straus**
Herkunftsort: **Niederstetten**
Lehrer von 1900-1920

Reihe 8 - Nr. 29
Fanny Vögele Aal

Hier ruht

das züchtige und beliebte Fräulein
Vögele, Tochter des Jehuda,
gestorben am 28. Adar 683

T.N.Z.B.H.

פ' נ'

העלמה הצניעה ואהובה
פעגעלע בת יהודה
נפתרה כח אדר תרפ"ג

ת נ צ ב ה

Fanny Aal
Geb. 28. 3. 1850
Gest. 16. 3. 1923

28.03.1850-16.03.1923

Hebr. Sterbedatum: Freitag, 28. Adar 5683
Vater: **Jehuda Aal**

Reihe 8 - Nr. 30
Lippman Elieser Künzelsauer

Hier ruht   פ נ

Elieser,   אליעזר
Sohn des Gabriel.   בר גבריאל
Er starb am 18. Aw 683 n.d.k.Z.   מת יח אב תרפג לפק

                                                                   Lippman
                                                               Künzelsauer
                                                          geb. 15. April 1864
                                                            gest. 31. Juli 1923.

T.N.Z.B.H.   ת נ צ ב ה

15.04.1864-31.07.1923

Hebr. Sterbedatum: Dienstag, 18. Aw 5683
Vater: **Gabriel Künzelsauer**

Reihe 8 - Nr. 31
Berta Hallheimer, geb. Pappenheimer und Albert Hallheimer

                                                   Hier ruhen in Frieden

                                                  Frau Berta Hallheimer
                                                  geb. Pappenheimer
1. 25.12.1861-27.10.1923   geb. 25. Dez. 1861
                                                  gest. 27. Okt. 1923

Vater: **Simon Pappenheimer**   Herr Albert Hallheimer
Gatte: **Albert Hallheimer**   geb. 3. Apr. 1856
Herkunftsort: **Oberdorf**   gest. 20. März 1935

2. 03.04.1856-20.03.1935

Hebr. Sterbedatum: 15. Adar II 5695
Vater: **Samuel Israel Hallheimer**
Herkunftsort: **Ingersheim**
Beruf: **Metzger und Handelsmann**

Reihe 8 - Nr. 32
Nathan *Seligmann* Strauss und ... (weiblich...)
Hier ruht

Nathan, Sohn des Josef.
Er starb...4. Ijjar
693 n.d.k.Z.

פ נ

נתן בר יוסף
מת ...ד אייר
תרצג לפק:

Nathan Strauss
geb. 3. Sept. 1874
gest. 30. April 1933

T.N.Z.B.H.
...Tochter des Josef
...
n.d.k.Z.

ת נ צ ב ה
...בת יוסף
...
לפק

T.N.Z.B.H.

ת נ צ ב ה

1. 03.09.1874-30.04.1933 2. keine Angaben vorhanden

Hebr. Sterbedatum: 14. Ijjar 5693
Vater: **Josef Strauss**

Reihe 8 - Nr. 33
Hanchen Eisemann, geb. Adler
Hier ruht

פ נ

Hanchen Eiseman
geb. Adler
3. Jan. 1865 - 15. Mai 1926

Sie starb am 2. Sivan, dem heiligen
Schabbat,
und wurde begraben am 4. Sivan 686.

מתה ביום ב סיון ש'ק
ונקברה ד סיון תרפו

T. N. Z. B. H.

ת' נ' צ' ב' ה'

03.01.1865-15.05.1926

Hebr. Sterbedatum: Schabbat, 2. Sivan 5686
Hebr. Begräbnisdatum: Montag, 4. Sivan 5686
Vater: **Anselm Adler**
Gatte: **Bernhard Eisemann**
Herkunftsort: **Markelsheim**

Reihe 8 - Nr. 34
Julius Josef Goldstein

Hier ruht פ'נ

Josef, Sohn des Elieser, יוסף בר אליעזר

gest... Tewet נפ....טבת
68...n.d.k.Z. תרפ...לפ"ק

Julius Goldstein
Geb. 27. Feb. 1867   Gest. 10. Dez. 1926

27.02.1867-10.12.1926 (gestorben in **Stuttgart***)*

Vater: **Lazarus Elieser Josef** *Goldstein*
Herkunftsort: **Crailsheim**
Beruf: **Handelsmann**

Reihe 8 - Nr. 35
David Bär

Hier ruht פ נ

David, Sohn des Jehuda דויד בר יהודה
Bär, gestorben am 17. בער נפטר ביום יז
Adar II n.d.k.Z. 687 אדר שני לפ'ק תרפ'ז

T.N.Z.B.H. ת נ צ ב ה

David Bär
geb. 13. März 1866
gest. 21. März 1927

13.03.1866-21.03.1927 (gestorben in **Weinsberg***)*

Hebr. Sterbedatum: Montag, 17. Adar II 5687
Vater: **Jehuda Bär**

Reihe 8 - Nr. 36
Betty Rosenfeld, geb. Speier

Hier ruht	פ נ
die arbeitsame Frau, gottesfürchtig,	האשה היצרה יראת
eine gute Beraterin ihres	אלהים דרשה טוב
Gatten und ihr Wesen übertrug sich	בעלה והדריכה את
direkt auf ihre Tochter. Sie starb	בתה למישרים מתה
im guten Greisenalter. Betty,	בשיבה טובה בעטי
Gattin des Mosche Rosenfeld,	אשת משה ראזענפעלד
gestorben am 9. Ijjar	נפטרה ביום ט אייר
und begraben am 11. Ijjar	ונקברה ביום יא אייר
692 n.d.k.Z.	תרצב לפק
T.N.Z.B.H.	ת נ צ ב ה

02.09.1854-15.05.1932
Hebr. Sterbedatum: Sonntag, 9. Ijjar 5692
Hebr. Begräbnisdatum: Dienstag, 11. Ijjar 5692
Vater: **David Speier**
Gatte: **Bernhard** Moses **Rosenfeld**

Betty Rosenfeld
Geb. Speier
geb. 2. Sept. 1854
gest. 15. Mai 1932

Reihe 8 - Nr. 37
Ida Jael Levi, geb. Kocherthaler

Hier ruht	פ'נ
Frau Jael, Gattin von Naftali dem Leviten,	מרת יעל אשת נפתלי הלוי
gestorben am 2. Tag, d. 11., und begraben	נפטרה ביום ב יא, ונקברה
am 4. Tag, d. 13. Tewet 672 n.d.k.Z.	בי ד יג טבת תרעב לפק
Eine tüchtige Gattin, Krone ihres Mannes,	אשת חיל עטרת בעלה
lobenswert, denn sie handelte gut an	טעמה כי טוב סחרה לבניה
ihren Kindern.	
Sie stieg hinauf in die Höhe zum Frieden.	למרום עלתה לשלום
T.N.Z.B.H.	ת נ צ ב ה

*12.05.1855-01.01.1912 (laut Familienregister **1857** geboren)*
Hebr. Sterbedatum: Montag, 11. Tewet 5672
Hebr. Begräbnisdatum: Mittwoch, 13. Tewet 5672
Gatte: **Naftali Levi**
Herkunftsort: **Ernsbach**

Ida Levi
geb. Kocherthaler
geb. 12. Mai 1855
gest. 1. Jan. 1912

Reihe 8 - Nr. 38
Isaak Kohn

Hier ruht

der bedeutende und der treue Mann
Jizchak, Sohn von Nathan dem Kohen s.A.,
gestorben am 17. Ijjar
und begraben am 19. Ijjar
689 n.d.k.Z.

פ ' נ

האיש החשוב והנאמן
יצחק בר נתן הכהן ז'ל
נפטר ביום יז אייר
ונקבר ביום יט אייר
תרפט לפ'ק

Isaak Kohn
geb. 2. Febr. 1860,
gest. 27. Mai 1929.

T.N.Z.B.H.

ת נ צ ב ה

02.02.1860-27.05.1929 *(laut Familienregister am **31.01.1860** geboren)*
Hebr. Sterbedatum: Montag, 17. Ijjar 5689
Hebr.: Begräbnisdatum: Mittwoch, 19. Ijjar 5689
Vater: **Nathan Kohn**
Herkunftsort: **Crailsheim**

Reihe 8 - Nr. 39
Bernhard Benjamin Goldstein

T.N.Z.B.H.
ein lauterer und aufrechter Mann und
gottesfürchtiger Diener guter und reiner
Werke. Um ihn stimmen
alle Kinder seines Hauses die
Totenklage an.
Benjamin, Sohn des Chanoch
Goldstein, gestorben
am 11. Aw und begraben am 13.
Aw 691
n.d.k.Z.
Hier ruht
23.10.1853-25.07.1931

Bernhard
Goldstein
geb. 23. Okt. 1853
gest. 25. Juli 1931
ת נ צ ב ה
איש תם וישר וירא
אלהים פועל טוב
וכשר מעללים עליו
ספדו כל בני ביתו

בנימין בר חנוך
גאלדזטיין נפטר ביום
יא אב ונקבר ביום יג
אב תרצא
לפ'ק
פ נ

Hebr. Sterbedatum: Schabbat, 11. Aw 5691
Hebr. Begräbnisdatum: Montag, 13. Aw 5691
Vater: **Henoch Goldstein**
Herkunftsort: **Goldbach**
Beruf: **Handelsmann**

Reihe 8 - Nr. 40
Siegmund Hess

Hier liegt   פ׳ט

                                    Siegmund Hess
                                    geb. 22. Jan. 1858
                                    gest. 29. Feb. 1932

T.N.Z.B.H.   ת נ צ ב ה

22.01.1858-29.02.1932

Vater: **Isak Hess**
Herkunftsort: **Aufhausen**
Beruf: **Schuhhändler**

Reihe 8 - Nr. 41
Emil Ascher Hallheimer

Hier liegt   פ׳ט
ein fleißiger Mann, rechtschaffend wandelnd,   איש הרוץ הולך תמים
friedliebend und vertrauenswürdig,   אהב שלום ודבר אמונים
mit seiner Seele am lebendigen Gott   דבק נפשו באלהים חיים
hängend.
Das ist Ascher, Sohn des Schmuel,   ה ה אשר ב׳שמואל נפטר
gestorben
am 4. Ijjar und begraben am 6. Ijjar   ביום ד׳ אייר ונקב׳ ו בו תרצב לפק:
692 n.d.k.Z.

                        Emil Hallheimer, geb. 8. Mai 1863–gest. 10. Mai 1932

T.N.Z.B.H.   ת נ צ ב ה

08.05.1863-10.05.1932

Hebr. Sterbedatum: Dienstag, 4. Ijjar 5692
Hebr. Begräbnisdatum: Donnerstag, 6. Ijjar 5692
Vater: **Samuel Hallheimer**
Herkunftsort: **Crailsheim**
Beruf: **Viehhändler**

Reihe 8 - Nr. 42
David Naftali Heinsfurter

Hier liegt	פ'ט'
ein Mann, bescheiden und fleißig, David Naftali Heinsfurter.	איש עניו והרוץ דוד נפתאלי היינזפורתער
Gestorben mit gutem Ruf am 4. Tag, d. 19. Tischri 693 n.d.k.Z.	נפטר בשם טוב ד אט תשרי תרצג לפק:
	David Heinsfurter geb. 20. Feb. 1862 gest. 19. Okt. 1932
T.N.Z.B.H.	ת נ צ ב ה

20.02.1862-19.10.1932

Hebr. Sterbedatum: Mittwoch, 19. Tischri 5693
Vater: **Hirsch Naftali Heinsfurter**
Herkunftsort: **Goldbach**
Beruf: **Handelsmann**
Frontsoldat im 1. Weltkrieg, Landsturmmann

Reihe 8 - Nr. 43
Marie Mirjam Rosenfeld, geb. Neumeyer und Berthold Baruch Rosenfeld

Hier liegen	פ' ט'
Mirjam, Gattin des Baruch Rosenfeld, gestorben am 12. Tischri 694 n.d.k.Z.	מרים אשת ברוך ראזנפעלד נפטרה ביום יב תשרי תרצד לפק
	Marie Rosenfeld geb. Neumeyer, geb. 1. August 1873 gest. 2. Oktober 1933
und der Mann Baruch, Sohn des Meir Rosenfeld, gestorben am 1. Tag, d. 10. Adar II 698 n.d.k.Z.	והאיש ברוך בר מאיר ראזענפעלד נפטר ביום א' י אדר שני תרצח לפק:
	Berthold Rosenfeld geb. 7. Oktober 1869 gest. 13. März 1938.
T.N.Z.B.H.	ת נ צ ב ה

1. 01.08.1873-02.10.1933

2. 07.10.1869-13.03.1938

Hebr. Sterbedatum: Montag, 12. Tischri 5694
Vater: **David Neumeyer**
Herkunftsort: **Augsburg**

Hebr. Sterbedatum: Sonntag, 10. Adar II 5698
Vater: **Meir Rosenfeld**
Herkunftsort: **Crailsheim**
Beruf: **Landesproduktenhändler**

Reihe 8 - Nr. 44
Sophie Sprinz Adler, geb. Eppstein

Hier liegt

פ' ט'

die arbeitsame Frau und gottesfürchtige
Sprinz, Gattin des Schlomo, gestorben
mit gutem Ruf am 3. Tag, d. 11. Tischri
und begraben am 13. desselben 696
n.d.k.Z.:

האשה העבוה ויראת אלהים
שפרינץ אשת שלמה נפטרה
בשם טוב ביום ג יא תשרי
ונקברה ביום יג בו תרצו לפ׳ק:

T.N.Z.B.H.

ת נ צ ב ה

Sophie Adler
geb. Eppstein
geb. 4. 7. 1885
gest. 8. 10. 1935

04.07.1885-08.10.1935
Hebr. Sterbedatum: Dienstag, 11. Tischri 5695
Hebr. Begräbnisdatum: Donnerstag, 13. Tischri 5696
Vater: **Moses Eppstein**
Gatte: **Salomon Adler**
Herkunftsort: **Unterdeufstetten**

Reihe 8 - Nr. 45
Nathan Mezger

Hier ruht

פ׳ נ

ein Mann, bescheiden und in allem sachlich,
gerecht in seinem ganzen Wesen
und alle Tage nach Frieden strebend.
Das ist Nathan, Sohn des Schmuel Mezger,
gest. am 26. Schwat 696
und begr. am 28. des Monats n.d.k.Z.

איש עניו בכל ענייניו
צדיק בכל דרכיו
ורודף שלום כל ימיו
הה׳ נתן בר שמואל מעצגער
נפט׳ ביו׳ כו שבט תרצו
ונקב׳ ביום כח בו לפ׳ק:

T.N.Z.B.H.

ת נ צ ב ה:

Nathan Mezger
geb. 14. Okt. 1881
gest. 19. Feb. 1936

14.10.1881-19.02.1936
Hebr. Sterbedatum: Mittwoch, 26. Schwat 5696
Hebr. Begräbnisdatum: Freitag, 28. Schwat 5696
Vater: **Samuel Mezger**
Herkunftsort: **Crailsheim**
Beruf: **Kaufmann**
Frontsoldat im 1. Weltkrieg, Landsturmmann

Reihe 8 - Nr. 46
Max Meir Mezger

Hier liegt   פ'ט

der Mann Meir, Sohn des Schmuel Mezger,   האיש מאיר בר שמואל מעצגער
gest. am 3. Tag, d. 8. Tewet und   נפט' ביום ג ח טבת ונקב' י בו תרצז
begr. am 10. desselben 697 n.d.k.Z.   לפק

T.N.Z.B.H.   ת נ צ ב ה

02.03.1873-22.12.1936

               Max Mezger
            geb. 2. März 1873
           gest. 22. Dez. 1936.

Hebr. Sterbedatum: Dienstag, 8. Tewet 5697
Hebr. Begräbnisdatum: Donnerstag, 10. Tewet 5697
Vater: **Samuel Mezger**
Herkunftsort: **Crailsheim**
Beruf: **Metzger**
Frontsoldat im 1. Weltkrieg, Landsturmmann

Reihe 8 - Nr. 47
Berthold Jissachar Stein

              Berthold Stein
           geb. 26. April 1871
           gest. 28. Juni 1938

Hier liegt   פט

der Mann Jissachar, Sohn des Jischai   היאש יששחר בר ישי
Stein, gestorben am 29. Sivan   שטיין נפטר ביום כט סיון
und begraben am 2. Tag Neumond, d.   ונקבר ביום ב רח א תמוז
1. Tammus 698 n.d.k.Z.   תרצח לפק

T.N.Z.B.H.   ת נ צ ב ה

26.04.1871-28.06.1938

Hebr. Sterbedatum: Dienstag, 29. Sivan 5698
Hebr. Begräbnisdatum: Donnerstag, 2. Tag Neumond Tammus (= 1. Tammus)
Vater: **Josua Jischai Stein**
Herkunftsort: **Crailsheim**
Beruf: **Kaufmann**

Reihe 8 - Nr. 48
Julius Jakob Steiner
Hier ruht

פ נ

der aufrechte und der gute Mann Jakob, Sohn
des Mosche Steiner, gestorben mit gutem Ruf, am 2. Kislev 699 n.d.k.Z.

האיש הישר והטוב יעקב בר
משה שטיינער נפטר בשם
טוב ביום ב כסלו תרצט לפ״ק

T.N.Z.B.H.

ת נ צ ב ה

Julius Steiner
geb. 6. Juni 1882
gest. 11. Dez. 1938.

*06.06.1882-11.12.1938 (gest. in **Prittlbach = KZ Dachau**)*

Hebr. Sterbedatum: 2. Kislev 5699
Vater: **Moses Steiner**
Herkunftsort: **Dünsbach**
Beruf: **Viehhändler**
Frontsoldat im 1. Weltkrieg, Gefreiter; Württemb. silberne Militärverdienst-Medaille

Reihe 8 - Nr. 49
Louis Hess

Louis Hess
1868 - 1939

07.07.1868-26.12.1939

Vater: **Isak Hess**
Herkunftsort: **Aufhausen**
Beruf: **Schuhhändler**

Reihe 8 - Nr. 50
Nathan Friedmann

Nathan
Friedmann
Geb. 16. Juli 1870
Gest. 12. Febr. 1942

16.07.1870-12.02.1942

Vater: **David Friedmann**

Reihe 9 - Nr. 1
Paul Levi
Grab nicht belegt

21.03.1900-?

Vater: **Julius Levi**
Herkunftsort: **Crailsheim**
Beruf: **Kaufmann**
in die USA ausgewandert

Reihe 9 - Nr. 2
Wolf Binjamin Mezger

Hier liegt

Binjamin, Sohn des Mosche
Mezger,
gestorben am 6. Tag, d. 8. Elul
und begraben am 1. Tag, d. 10. Elul
671 n.d.k.Z.
Er war einer der Schüler von Binjamin,
er liebte den Frieden
und wurde in Frieden eingesammelt.

T.N.Z.B.H.

28.01.1844-01.09.1911

Hebr. Sterbedatum: Freitag, 8. Elul 5671
Hebr. Begräbnisdatum: Sonntag, 10. Elul 5617
Vater: **Moses Mezger**
Herkunftsort: **Goldbach**

פ ט

בנימין בר משה
מעצגער
נפטר ביום ו ח אלול
ונקבר ביום א י אלול
תרע״א לפ״ק
היה מתלמידיו של בנימין
אהב שלום
ונאסף בשלום

ת נ צ ב ה

Hier ruht
Wolf Mezger
geb. d. 28. Jan. 1844,
gest. d. 1. Sept. 1911.

Reihe 9 - Nr. 3
Flora Fradel Mezger, geb. Gundelfinger

Hier ruht

Frau Fradel,
Gattin des Binjamin
Mezger,
gestorben am 20. im
Nissan n.d.k.Z. 686

T.N.Z.B.H.

26.05.1855-05.04.1926

Hebr. Sterbedatum: Montag, 20. Nissan 5686
Gatte: **Binjamin Mezger**
Vater: **Hirsch Gundelfinger**
Herkunftsort: **Michelbach a.d.L.**

פ נ

מרת פראדעל
אשת בנימין
מעצגער
נפטרה ביום כ ב
ניסן לפק תרפו

ת נ צ ב ה

Hier ruht
Flora Mezger
geb. Gundelfinger,
geb. 26. Mai 1855
gest. 5. April 1926

Reihe 9 - Nr. 4
Samuel Stern und Rosa Stern, geb. Stern

Hier ruht
ein Mann, teuer und aufrichtig,
eine Krone seiner Familie.
Schmuel, Sohn des Jissachar
Stern.
Er starb im 56. Lebensjahr,
am 26. Cheschvan 672 n.d.kZ.
T.N.Z.B.H.

1. 11.11.1856-17.11.1911

Hebr. Sterbedatum:
Schabbat, 26. Cheschvan 5672
Vater: **Jissachar Stern**
Herkunftsort: **Michelbach a.d.L**

2. 28.02.1868-30.03.1930
Vater: **Salomon Samuel Stern**
Herkunftsort: **Michelbach a.d.L.**

פ׳נ
איש יקר וישר
עטרת למשפחתו
שמואל בר יששכר
זטערן
מת בן ששה וחמשיים שנה
יום כו חשון תרעב לפק

ת נ צ ב ה

Samuel Stern
Geb. 11.Nov.1856 - Gest.17.Nov.1911

Frau Rosa Stern
Geb. Stern
Geb. 28.Feb.1868 - Gest. 30.März1930

Reihe 9 - Nr. 5
Irwin Jizchak Goldstein

Hier ruht	פ'נ
Jizchak, Sohn des Jissachar Goldstein,	יצחק בר יששחר גאלדזטיין
der viel zu früh verstarb, am 3. Tag, d. 23. und begraben wurde am 5. Tag, d. 25. Adar 673	אשר נפטר בחצי ימיו ביום ג כג ונקבר ביום ה כה אדר תרעג
n.d.k.Z.	לפק
T.N.Z.B.H.	ת נ צ ב ה

21.01.1896 - 31.03.1913

Hebr. Sterbedatum: Dienstag, 23. Adar 5673
Hebr. Begräbnisdatum: Donnerstag, 25. Adar 5673
Vater: **Bernhard** Jissachar Goldstein
Mutter: **Fanny Fradel** Goldstein, geb. Elkan
Herkunftsort: **Crailsheim**

Irwin Goldstein
geb. 21. Jan. 1896
gest. 31. März 1913

Reihe 9 - Nr. 6
Bella Bila Hanauer, geb. Süssfeld

Hier ruht	פ'נ
Bila, Gattin des Naftali Hanauer,	בילא אשת נפתלי האנויער
gestorben am 2. Tag, d. 5. Ijjar 673	נפטרת ביום ב ה אייר תרעג
n.d.k.Z.	לפק
Viele Werke tatest du, eine tüchtige Gattin warst du.	רבות עשית אשת חיל היית
Warum bist du hinabgegangen und hast die verlassen, die dich lieben?	למה ירדת ונטשת את אשר אהב
Die Früchte deiner Werke preisen deine Verwandten.	ברי מעשיך יהללו קרוביך
Den Söhnen warst du eine verständige Mutter.	אם הבנים נגלית
T.N.Z.B.H.	ת נ צ ב ה

12.09.1861 - 11.05.1913

Hebr. Sterbedatum: Montag, 5. Ijjar 5673
Vater: **Rufen Süssfeld**
Gatte: **Naftali Hanauer**
Herkunftsort: **Hengstfeld**

Bella Hanauer
Geb. Süssfeld
Geb. 12. Sept. 1861
Gest. 11. Mai 1913

Reihe 9 - Nr. 7
David Wolf Mezger

Hier ruht

Herr David, Sohn des Binjamin Mezger,
gestorben in der Nacht zum 5. Tag,
d. 16. Elul
und begraben am 6. Tag, d. 17. desselben
673 n.d.k.Z.
T.N.Z.B.H.
David starb in seinen besten Jahren.
Angesehen bei den Menschen und sein
Name gehörte zu den besten.
Und er ging in seine Welt zum Bedauern
aller, die ihn kannten.
Um ihn müssen seine Frau, seine
Mutter und seine Söhne und seine
Verwandten trauern.

16.02.1877-17.09.1913

Hebr. Sterbedatum: Nacht zum Donnerstag, 16. Elul 5673
Hebr. Begräbnisdatum: Freitag, 17. Elul 5673
Vater: **Wolf** Binjamin Mezger
Herkunftsort: **Crailsheim**

פ'נ

ר' דוד בר בנימין מעצגער
נפטר אור ליום ה טז אלול

ונקבר יום ו יז בו תרעג לפק

ת נ צ ב ה
דוד מת בטוב שנותיו
מכובד בבריות ושמו בטובים

והלך לעולמו לדאבון כל יודעיו

אבלי עליו אשתו אמו ובנו
וקרובים

David Wolf Mezger
geb. 16. Feb. 1877
gest. 17. Sept. 1913.

Reihe 9 - Nr. 8
Fanny Fradel Goldstein, geb. Block und Wolf Binjamin Goldstein

Trage den Abschied mit Liebe, so wie
die Tage und Jahre
T.N.Z.B.H.

Fanny Goldstein
Geb. Block
10. VII. 1840 - 18. IX. 1913
Die teure Gattin, Frau Fradel, genannt
Fanny, Goldstein.
Sie starb am 5. Tag, d. 16. Elul
673 n.d.k.Z.
Sie öffnete ihre Hand den Bedürftigen!
Geliebt von den Geschöpfen und
ihren Verwandten, sie opferte von ihrem
Vermögen, war gerade in ihren Werken.

יסבלך סורים באהבה כמר
ימים ושנים
ת נ צ ב ה

האשה היקרה מ. פרדיל הכו פאני
גאלדזטיין
מתה ביום ה טז אלול תרעג לפק:

פתח ידה לאביון!
אוהביה הבריות וקרוביה נדבה

מהונה ישרה מעשיה

Wolf Goldstein
8. 5. 1831 - 20. 3. 1914

R. Binjamin, gen. Wolf Goldstein, starb am 7. Tag, d. 23. Adar 673 n.d.k.Z. Aus seinem Innersten heraus hielt er jedes Gebot.
Er liebte die Lebenden und war den Toten ein Wohltäter. Morgens und abends ging er ins Bethaus.
T.N.Z.B.H.

ר' בנימין המ וואלף גאלדזטיין מת
ביום ז כג אדר
תרעד ל. אל הבטחונו כל מצוה לו

חביבה לחיים
ולמתים גמל חסדים שחרית וערבית
הלך לבית התפלה
ת נ צ ב ה

1. 10.07.1840-18.09.1913

Hebr. Sterbedatum: Donnerstag, 16. Elul 5673
Vater: **Wolf Block**
Herkunftsort: **Schopfloch**

2. 08.05.1831-20.03.1914

Hebr. Sterbedatum: Schabbat, 23. Adar 5674
Vater: **Moses Goldstein**
Herkunftsort: **Goldbach**

Reihe 9 - Nr. 9
Abraham Kaufmann

Hier ruht   פ'נ

R. Abraham, Sohn des Baruch Kaufmann, gestorben am 2. Tag, d. 12. Tammus und begraben am 4. Tag, d. 14. Tammus 674 n.d.k.Z.
Abraham stieg hinauf zu Gott und ging in die Ewigkeit.
Er bereitete den Schwachen und Bedürftigen Freude.
Er ging den untadeligen Weg und was er tat wurde geschätzt.

T.N.Z.B.H.

ר' אברהם בר ברוך קויפמאנן
נפטר ביום ב יב תמוז, ונקבר
ביום ד יד תמוז תרעד לפק

אברהם עלה אל ה והלך לעולמים
שמח להוטוב לשיים ונדכאים
הלך דרך תמימים ומעשיו נעימים

ת נ צ ב ה

29.03.1851-06.07.1914
Hebr. Sterbedatum: Mittwoch, 14. Tammus 5674
Vater: **Baruch Kaufmann**
Herkunftsort: **Ödheim**

Abraham Kaufmann
geb. 29. März 1851
gest. 6. Juli 1914

Reihe 9 - Nr. 10
Emma Esther Kaufmann, geb. Adler

Hier liegt

פ נ

Esther, Gattin des Abraham Kaufmann,   אסתר אשת אברהם קויפמאנן
gestorben am 20. Adar I   נפטרה ביום כ אדר רישון
und begraben am 22. Adar I   ונקברה ביום כב אדר"
687 n.d.k.Z.   תרפז לפ'ק
Sie fuhr hinauf mit Wagen und Pferden   אלה ברכב ואלה בסוסים
und wir werden im Namen unseres Herrn   ואנכנו בשם־ה' אלהינו נזכיר:
daran erinnert werden.

T.N.Z.B.H.   ת נ צ ב ה

Emma Kaufmann
geb. Adler,
04.11.1862-21.02.1927   geb. 4. Nov. 1862
Hebr. Sterbedatum: Dienstag, 20. Adar I 5687   gest. 21. Feb. 1927
Hebr. Begräbnisdatum: Donnerstag, 22. Adar I 5687
Vater: **Julius** Adler
Gatte: **Abraham Kaufmann**
Herkunftsort: **Edelfingen**

Reihe 9 - Nr. 11
Fanny Fradel Goldstein, geb. Elkan

Fanny
Goldstein
Geb. Elkan
Geb. 17. Feb. 1860
Gest. 26. März 1915

Hier ruht   פ נ
eine bescheidene Frau, geschmückt   אשה (צ)ענועה הדר פעלה
durch ihr Werk,
geleitet von Gottesfurcht.   נתי(ב)כ היראה הלכה רגלה
Eine Krone der Pracht ihrem Gatten   עטרת (צ)עבי ל(ב)כעלה ול(ב)כניה
und ihren Kindern.
Das ist Frau Fradel, genannt   הה (מ)ערת פראדל הטבו'
Fanny, Gattin von Bernh. Goldstein.   פאנני אשת בערנה. גאלדזטיין
Sie starb am 11. Nissan und wurde   מתה יא ניסן ונקברה יג ניסן
am 13. Nissan begraben.
675 n.d.k.Z. T.N.Z.B.H.   תרעה לפק תנצבה

17.02.1860-26.03.1915

Hebr. Sterbedatum: Freitag, 11. Nissan 5675
Hebr. Bergräbnisdatum: Sonntag, 13. Nissan 5675
Vater: **Benjamin** Elkan
Gatte: **Bernhard Goldstein**
Herkunftsort: **Mönchsroth**
Viele Steinmetzfehler. Buchstaben in Klammern einsetzen.

Reihe 9 - Nr. 12
David Josef Krämer

Hier ruht   פ נ

als aufrichtiger Mann bekannt unter
den Aufrichtigen, der Hawer R.   איש ישר נודע ישרים הח״ ר דוד יוסף
David Josef
der Levite, Vorbeter und Schächter
und Lehrer, Gemeindevorsteher.   הלוי ש״ץ ושו״ב ומלמד דפק
Gestorben mit gutem Namen
am 26. Elul 675 n.d.k.Z.   נפטר בשט
                                    כו אלול תרעה לפק

T.N.Z.B.H.   ת נ צ ב ה

25.09.1852-05.09.1915

Hebr. Sterbedatum: Sonntag, 26. Elul 5675   David Jos. Krämer
Vater: **Moses Kalmann Krämer**   Lehrer und Kantor
Herkunftsort: **Srednik/Rußland**   Geb. 25. Sept. 1852
Gemeindestellung: **Kultusbeamter**   Gest. 5. Sept. 1915.

Reihe 9 - Nr. 13
Sophie Essinger, geb. Stern und Jakob Essinger

Hier ruht   פ נ
die teure Frau, Frau   האשת היקרה מרת
Sophie, Gattin des Jakob Essinger von   זאפיע אשת יעקב עזזינגער מפה
hier.
Ihr Mund sagte die Wahrheit.   אמת אמרי פיה
Offen war ihre Hand für die Armen.   פכשה ידה לאביונים
Ihre Seele ging hinauf nach oben   הלכה נשמתה למעלה
am 2. Tag, d. 10. Marcheschvan 677   ביום ב׳ י מרחשון תרעז לפק
n.d.k.Z.

T.N.Z.B.H.   ת נ צ ב ה

1. 30.08.1851-05.11.1916   Sophie Essinger
Hebr. Sterbedatum: Montag, 10. Marcheschvan 5677   Crailsheim
Vater: **Bernhard Stern**   Geb. Stern aus Michelbach
Gatte: **Jakob Essinger**   Geb. den 30. Aug. 1851
Herkunftsort: **Michelbach a.d.L.**   Gest. am 5. Nov. 1916.
2. 13.12.1850-25.11.1942
(deportiert und gestorben im KZ Theresienstadt) Jakob Essinger
Vater: **Dr. med. David Essinger**   Geb. den 13. Dez. 1850
Herkunftsort: **Oberdorf/Ipf**   Gest. am 25. Nov. 1942
                                                     Theresienstadt

Reihe 9 - Nr. 14
Selma Essinger, *geb. Löwenberger*, Max und Alice Essinger

1. *18.02.1883 - 31.01.1943*

Vater: **Simon Löwenberger**
Gatte: **Max Essinger**
Herkunftsort: **Michelbach a.d.L.**

2. *31.10.1880 - 31.03.1942*

Vater: **Jakob Essinger**
Herkunftsort: **Crailsheim**

3. *07.10.1908 - 31.03.1942*

Vater: **Max Essinger**
Herkunftsort: **Crailsheim**

Selma Essinger
Geb.18.2.1883 Gest.31.1.1942
Riga
Max Essinger
Geb.31.10.1880 Gest. 31.3.1942
Riga
Alice Essinger
Geb. 7.10.1908 Gest. 31.3.1942
Riga

Reihe 9 - Nr. 15
Moses Ascher Grünsfelder

Hier ruht
ein teurer Mann, Mosche Ascher
Grünsfelder.
Angenehm in seinem Tun und
geliebt von seiner Familie.
Rechtschaffen sein Weg und zuverlässig
in seinen Werken.
Er gab den Armen gnädig,
tat Frommes mit Jubel.
Er verstarb am 3. Tag, d. 14. Schwat
und wurde begraben am 5. Tag, d. 16.
desselben 677 n.d.k.Z.

T.N.Z.B.H.

פ'נ
איש יקר משה אשר
גרינזפעלדער
נעים מעשיו ואהוב במשפחתו

תמים דרכיו ונאמן במלאכתו

נתן לדלים בחנינה
עשה חסד ברינה
נפטר ביום ג' יד שבט
ונקבר בי' ה' טז בו תרעז לפק

ת נ צ ב ה

18.10.1842-05.02.1917

Hebr. Sterbedatum: Dienstag, 14. Schwat 5677
Hebr. Begräbnisdatum: Donnerstag, 16. Schwat 5677
Vater: **Ascher Grünsfelder**
Herkunftsort: **Michelbach a. d. L.**
Beruf: **Handelsmann**

Hier ruht in Frieden
unser geliebter, treube=
sorgter Vater
Moses Grünsfelder
geb.18.Okt.1842
gest.5.Feb.1917
Sein Leben war Liebe, Arbeit
und Pflichterfüllung.

Reihe 9 - Nr. 16
Lene Lea Schulmann

Zeuge ist dieser Steinhaufen und Zeuge sei dieses Denkmal.	עד הגל הזה ועדה המצבה
Weil der Herr unser Herz erleuchtete, stieg sie hinauf in die Höhe aus unseren Augen und entfernte sich von ihrem Bruder,	כי אל זהרוח לבנו על אלה השכו עינינו על פטירת אחתו
die geliebte und die teure, die bescheidene und die fromme	האהובה והיקרה הצנועה והחסודה
Lea,	לאה
Tochter des Jizchak Dow	בת יצחק דוב
ging ein in ihre Welt am 6. Elul	הלכה לעולמה ביום ו' אלול
und wurde begraben mit großer Ehre am 8. Elul	ונקבתה בכבוד גדול ביום ח' אלול
697 n.d.k.Z.	תרצ"ז לפ"ק
T.N.Z.B.H.	ת'נ'צ'ב'ה'

11.06.1848 - 24.08.1917
Hebr. Sterbedatum: Freitag, 6. Elul 5677
Vater: **Isaak Dow Schulmann**
Herkunftsort: **Cronheim**

Fräulein
Lene Schulmann
geb. 11. Juni 1848
gest. 24. Aug. 1917

Reihe 9 - Nr. 17
Fanny Fradel Grünsfelder, geb. Mayer und Hermann Naftali Grünsfelder

Hier ruht	פ נ
eine tüchtige Hausfrau, Krone ihres Gatten.	אשת חיל עטרת בעלה
Gottesfurcht erleuchtete ihr Herz	יראת השם בואר' בלבה
und weil sie ihr Haus gut bestellte, wird sie die Frucht ihres Wirkens im Himmel ernten.	וכטוב טעם צפחה הליכות ביתה לקצוד במרום פרי יגיעתה
Das ist Frau Fradel, Gattin des Naftali Grünsfelder,	ה"ה"מ' פראדל אשת נפתלי גרינזפעלדער
verstorben am heiligen Schabbat, d. 9. Kislev 678 n.d.k.Z.	נפטרת ביום ש'ק'ט כסלו תרע"ח לפ"ק:

Hier ruht
unsere innigstgeliebte Mutter
Frau Fanny Grünsfelder, geb. Mayer
geb. 22. Juli 1856, gest. 23. Nov. 1917.

Hier ruht
Naftali, Sohn des Ascher Grünsfelder.
Geliebt von allen deinen Bekannten.
Lauter warst du in deinen Geschäften,
dein Haus hast du gut bestellt.
Deine Söhne trauern um deinen Tod.
Gestorben am 3. Tag, d. 14. Aw
und begraben am 5. Tag, d. 16. Aw
678 n.d.k.Z.
T.N.Z.B.H.

פ נ
נפתלי בר אשר גרינזפעלדער
נאהב מכל מכיריך
תמים היית בעסקיך
למצא טרף לביתיך
בניך מקוננים את מתך
נפטר ביום ג יד אב
ונקפר ביום ה טז אב תרעח לפק

ת נ צ ב ה

Hier ruht
unser herzensguter Vater
Herr Hermann Grünsfelder,
geb.10.Sept. 1845, gest.23.Juli 1918.
Sie gingen auf in der Liebe zu ihren Kindern.

1. 22.07.1856-23.11.1917
Hebr. Sterbedatum:
Schabbat, 9. Kislev 5678
Vater: **Gerson Mayer/Maier**
Herkunftsort: **Heinsheim**

2. 10.09.1845-23.07.1918
Hebr. Sterbedatum: Dienstag, 14. Aw 5678
Hebr. Begräbnisdatum: Donnerstag, 16. Aw 5678
Vater: **Ascher Grünsfelder**
Herkunftsort: **Michelbach a.d.L.**

Reihe 9 - Nr. 18
Salomon Falk
No. 317.
Hier ruht
Herr Schlomo, Sohn des Joel Falk.
Dieser war viele Jahr der Schofarbläser
der hiesigen heiligen Gemeinde.
Er starb am Abend des 6. Tages,
kurz vor Beginn des neuen Tages,
d. 29. Kislev
678 n.d.k.Z.
Ein Mann, lauter und aufrecht.
Er ging auf dem Weg der
Rechtschaffenen,
er starb in seinen besten Jahren
und ist gestorben mit gutem Namen.
T.N.Z.B.H.

פ נ
ר' שלמה בר יואל פאלק
אשר היה שנים רבים בעל תקיעה
בק"ק פה
נפטר יום ו אור ליום כ"ט כסלו

תרע"ח לפ"ק
איש ישר ותם
הלך בדרך תמים
מת במבחר שנותיו
ונפטר בשם טוב
ת נ צ ב ה

14.12.1854-14.12.1917
Hebr. Sterbedatum: Freitag, Nacht zum 29. Kislev 5678
Vater: **Joel Falk**
Herkunftsort: **Crailsheim**
Gemeindestellung: **Schofarbläser**

Reihe 9 - Nr. 19
Berta Breindel Falk, geb. Rosenfeld

Hier ruht

Breindel, Gattin des
Schlomo Falk,
gestorben am 1. Tammus
686 n.d.k.Z.

פ נ

ברײנדל אשת
שלמה פאלק
נפטר ביום א תמוז
תרפו לפק

Berta Falk
geb. Rosenfeld
geb. 3. Juli 1859
gest. 13. Juni 1926

T.N.Z.B.H.

ת נ צ ב ה

03.07.1859-13.06.1926

Hebr. Sterbedatum: Sonntag, 1. Tammus 5686
Vater: **Isak Rosenfeld**
Gatte: **Salomon Falk**
Herkunftsort: **Hengstfeld**

Reihe 9 - Nr. 20
Hermann Naftali Heinsfurter

Hier ruht
der Jüngling, zart, liebenswert und
angenehm,
Naftali, Sohn des David
Heinsfurter.
18 Jahre wurden ihm nur seiner Tage,
zur Trauer aller Verwandten und
derer, die ihn liebten.
Gestorben am 3. Tag, d. 14. Adar
und begraben am 5. Tag, d. 16. Adar
678 n.d.k.Z.
T.N.Z.B.H.

פ'נ
הנער רך נחמד ונעים

נפתלי בר דוד
הײנספורטער
אהא יח שנים היו יומיו
לדאבון כל קרובין ואוהבין
ניפטר ביום ג יד אדר
ונקבר בי' ה טז אדר תרעח לפק

ת נ צ ב ה

23.12.1899-26.02.1918

Hebr. Sterbedatum: Dienstag, 14. Adar 5678
Hebr. Begräbnisdatum: Donnerstag, 16. Adar 5678
Vater: **David Heinsfurter**
Herkunftsort: **Crailsheim**

Hermann Heinsfurter
geb. 23. Dez. 1899
gest. 26. Febr. 1918

Reihe 9 - Nr. 21
Moses Steiner

Hier ruht   פ ט

Moses, Sohn des Jehoschua Steiner.   משה בר יהושע שטיינער
Ein Mann, lauter und aufrecht   איש תם וישר
und gottesfürchtig,   וירא אלקים
verstarb mit gutem Ruf   נפטר בשם טוב
am 3. Tag, d. 22. Tammus 678   ביום ג כב תמוז תרעח לפק
n.d.k.Z.

T.N.Z.B.H.   ת נ צ ב ה

Moses Steiner
Geb. in Dünsbach 13. März 1841
13.03.1841-02.07.1918   Gest. 2. Juli 1918

Hebr. Sterbedatum: Dienstag, 22. Tammus 5678
Vater: **Josua Steiner**
Herkunftsort: **Dünsbach**

Reihe 9 - Nr. 22
Moritz Moses Rosenfeld

Hier ruht   פ נ

R. Mosche, Sohn des Jissachar   ר משה בר יששכר
Rosenfeld,   ראזענפלד
gest. am 6. Tag, d. 12. Cheschvan   נפטר ביום ו יב חשון ונקבר
und begraben am 1. Tag, d. 14.   ביום א יד חשון תרעט לפק
Cheschvan 679 n.d.k.Z.

T.N.Z.B.H.   ת נ צ ב ה

Moritz Rosenfeld
geb. 8. Febr. 1866
08.02.1866-18.10.1918   gest. 18. Okt. 1918.

Hebr. Sterbedatum: Freitag, 12. Cheschvan 5679
Hebr. Begräbnisdatum: Sonntag, 14. Cheschvan 5679
Vater: **Bernhard** Jissachar **Rosenfeld**
Herkunftsort: **Crailsheim**

Reihe 9 - Nr. 23
Regine Rachel Rosenfeld, geb. Cohn

Das ist der Grabstein von
Rachel, Gattin des Jissachar
Rosenfeld.
Sie starb am 21. Tammus 684
n.d.k.Z.

זאת מצבת קברת
רחל אשת יששכר
ראזענפעלד
הא מתה כא תמוז תרפד לפק

Regine
Rosenfeld
Geb. Cohn
Geb. 29. Okt. 1840
Gest. 23. Juli 1924

T.N.Z.B.H.

ת נ צ ב ה

29.10.1840-23.07.1924

Hebr. Sterbedatum: Mittwoch, 21. Tammus 5684
Mutter: **Babette Cohn**
Gatte: **Bernhard** Jissachar Rosenfeld
Herkunftsort: **Fürth**

Reihe 9 - Nr. 24
Abraham Bär

Abraham Bär
geb. 14. März 1824
gest. 12. Mai 1919

14.03.1824-12.05.1919

Vater: **David Bär**
Herkunftsort: **Goldbach**

Reihe 9 - Nr. 25
Gertrud Gitel Königsberger, geb. Rubin

Hier ruht פ'נ

eine teure Frau, deren Wesen milde האשת היקרה שהלכה בדרכי
und friedfertig war. Das ist נועם ובנתיבות שלום הה'
Gitel, Gattin von Mosche Zwi גיטל אשת משה צבי קאניגזבערגר
Königsberger,
gestorben zur Hälfte ihrer Tage und נפטרת בחצי ימיה ובשם טוב
mit gutem Ruf,
am 4. Tag, d. 4. Kislev ביום ד ד כסלו
und begraben am 6. Tag, d. 6. Kislev ונקברת ביום ו ו כסלו תרפ לפק
680 n.d.k.Z.

T.N.Z.B.H. ת נ צ ב ה

17.03.1888-26.11.1919

Gertrud Königsberger
Geb. Rubin
Geb. 17. März 1888
Gest. 26. Nov. 1919.

Hebr. Sterbedatum: Mittwoch, 4. Kislev 5680
Hebr. Begräbnisdatum: Freitag, 6. Kislev 5680
Vater: **Salomon Rubin**
Gatte: **Moses Zwi Königsberger**
Herkunftsort: **Karlsruhe**

Reihe 9 - Nr. 26
Heinrich Elchanan Eichberg

Hier ruht פ נ

Elchanan, Sohn des Menachem, אלחנן בר מנחם
starb am 4. Tag, d. 2. Sivan מת ביום ד ב סיון
681 n.d.k.Z. תרפא לפ'ק

T.N.Z.B.H. ת נ צ ב ה

Heinr. Eichberg
geb. 29. Jan. 1853
in Hengstfeld
gest. 8. Juni 1921.

29.01.1853-08.06.1921

Hebr. Sterbedatum: Mittwoch, 2. Sivan 5681
Vater: **Menachem Eichberg**
Herkunftsort: **Hengstfeld**
Beruf: **Kreisarzt?**

Reihe 9 - Nr. 27
Jakob Grünsfelder und Sidonie Zär Grünsfelder, geb. Stern

Hier ruhen	פ נ
der Mann, der bescheiden war und beliebt,	האיש הנכבד ואהוב
Jakob, Sohn des Schlomo,	יעקב בר שלמה
gestorben am 7. Ijjar 682 n.d.k.Z.	נפטר ז אייר תרפ'ב לפ'ק

Jakob Grünsfelder
geb. 29. Juli 1847, gest. 5. Mai 1922.

die tüchtige Gattin, die bescheiden war und beliebt,	אשת חיל הישא הנכבדה ואהובה
Zär, Gattin des Jakob,	צער אשת יעקב
gestorben am 10. Adar II 687 n.d.k.Z.	נפטרה ביום ' י אדר שני תרפ"ז לפ'ק

Sidonie Grünsfelder
geb. Stern
geb. 6. Nov. 1850, gest. 14. März 1927

T.N.Z.B.H.   ת נ צ ב ה

1. 29.07.1847-05.05.1922

Hebr. Sterbedatum: Freitag, 7. Adar 5682
Vater: **Salomon Grünsfelder**
Herkunftsort: **Michelbach a.d.L.**

2. 06.11.1850-14.03.1927

Hebr. Sterbedatum: Montag, 10. Adar II 5687
Vater: **David Stern**
Gatte: **Jakob Grünsfelder**
Herkunftsort: **Michelbach a.d.L.**

Reihe 9 - Nr. 28
Manuel Menachem Cohn und Jeanette Schiffle Cohn, geb. Wassermann

Hier ruhen	פ נ
ein vertrauenswürdiger Mann, rechtschaffenen Wandels.	איש אמונים הולך תמים
Seine Werke waren gut und gewissenhaft.	מעשיו היו טובים ושלמים
Der Chawer Menachem, Sohn von Schalom Dow dem Kohen.	החבר מנחם בר שלום דוב הכהן
Gestorben am 16. Adar 683 n.d.k.Z.	נפטר ביום טז אדר תרפ״ג לפ״ק

Manuel Cohn.geb.3.Okt.1850,gest.4.März 1923.

Eine Frau, züchtig und angenehm in ihren Werken,	אשה צנועה ונעימה במעשיה
eine Krone ihres Gatten und Zierde ihrer Kinder,	עטרת בעלה ותפארת בניה
Schiffle, Tochter des Zwi,	שיפלא בת צבי
gestorben am 20. Adar 688 n.d.k.Z.	נפטרה ביום כ אדר תרפ״ח לפ״ק

Jeanette Cohn, geb. Wassermann
geb.27.Aug.1854,gest.12.März 1928.

T.N.Z.B.H.   ת נ צ ב ה

1. 03.10.1850-04.03.1923

Hebr. Sterbedatum: Sonntag, 16. Adar 5683
Vater: **Schalom Dow Cohn**
Herkunftsort: **Wadislawow/Russisch-Polen**

2. 27.08.1854-12.03.1928

Hebr. Sterbedatum: Montag, 20. Adar 5688
Vater: **Hirsch Zwi Wassermann**
Gatte: **Manuel Menachem Cohn**
Herkunftsort: **Hengstfeld**

Reihe 9 - Nr. 29
Karoline Gitel *Jkra* Stein, geb. Mezger und Josua Jischai Stein

Hier ruhen   פ'נ'

die tüchtige Gattin, Zierde ihres Hauses   אשת חיל תפארת ביתה
Gitel, gest. am 12. Ijjar 683 n.d.k.Z.   גיטל נפ" יב אייר תרפג ל"ק:

                                                 Karoline Stein
                                                    geb. Mezger
                        geb.4.Feb.1849-gest.28.April 1923
        Wer Gutes tat im Leben, lebt noch im Tode fort.

ein gottesfürchtiger Mann, der Gerechte   איש ירא שמים הצדיק ישי
Jischai,
Sohn des Jissachar, gest. am 28. Elul.   בר יששכר נפ כח אלול:

                                                      Josua Stein
                             geb.29.Mai 1844-gest.28.Sept.1932
         Ernst war sein Streben, wahrhaft sein Tun,
           sein Leben in Demut vielen zum Segen.

T.N.Z.B.H.   ת נ צ ב ה:

*1. 04.02.1849-28.04.1923 (laut Familienregister am **3.2.1849** geboren)*

Hebr. Sterbedatum: Schabbat, 12. Ijjar 5683
Vater: **Moses Mezger**
Gatte: **Josua Jischai Stein**
Herkunftsort: **Goldbach**

2. 29.05.1844-28.09.1932

Hebr. Sterbedatum: Donnerstag, 28. Elul 5692
Vater: **Jissachar Moses Bär Stein**
Herkunftsort: **Goldbach**
Beruf: **Kaufmann**

Reihe 9 - Nr. 30
Samuel Bär

Hier ruht   פ נ

Schmuel, Sohn des Jehuda,   שמואל בר יהודה
starb am 5. Tag, d. 3. Tammus 685   מת ביום ה ג תמוז תרפה לפק
n.d.k.Z.

                                                             Samuel Bär
                                 geb. 19. Mai 1862, gest. 25. Juni 1925.

T.N.Z.B.H.   ת נ צ ב ה

19.05.1862-25.06.1925

Hebr. Sterbedatum: Donnerstag, 3. Tammus 5685
Vater: **Jehuda Bär**
Herkunftsort: **Wiesenbach**

Reihe 9 - Nr. 31
Julie Goldstein, geb. Kohn
(Stein zerbrochen)

13.02.1863-17.04.1926

Vater: **Karl Salomon Hirsch Kohn**
Gatte: **Lazarus Goldstein**
Herkunftsort: **Crailsheim**

Reihe 9 - Nr. 32
Pauline Künzelsauer

Hier ruht

P. Künzelsauer
starb am
13. Tag im Tischri n.d.k.Z.
687.

T.N.Z.B.H.

31.10.1861-21.09.1926

Hebr. Sterbedatum: Dienstag, 13. Tischri 5687
Vater: **Gabriel Künzelsauer**

פ׳נ

פ. קינצעלזויער
מתה ביום
יג תשרי לפק
תרפז

Pauline
Künzelsauer
geb. 31. Okt. 1861
gest. 21. Sept. 1926

ת נ צ ב ה

Reihe 9 - Nr. 33
Lina Zerle Rohrheimer, geb. Abraham

Hier ruht
unsere teure überragende Mutter.
Uns entfloh eine Gerechte, keine war
wie sie
so gnädig und gut, ihr ganzes Leben
rechtschaffen
und gerade und angenehm in ihren
Taten.
Frau Zerle, Gattin von Jizchak
Rohrheimer dem Leviten aus Biblis,
gestorben am 1. Tag, d. 4. Adar I
697 n.d.k.Z.

T.N.Z.B.H.

03.04.1848-05.02.1927

Hebr. Sterbedatum: Sonntag, 4. Adar I 5687
Vater: **Salomon Abraham**
Gatte: **Isaak Rohrheimer**
Herkunftsort: **Kleinhausen/Hessen**

פ נ
אמנו היקרה הרריכה
אתנו בארח צדקה גמלה

חסד וטוב כל ימיה תמימה

וישרה ונעימה במשעיה

מרת צרלא אשת מיצחק
ראהרהיימער הלוי מביבליז
נפטרה ביום א׳ ד׳ אדר ראשון
תרפז לפק

ת נ צ ב ה

Lina Rohrheimer
geb. Abraham
Lehrerswitwe,
geb. 3. April 1848,
gest. 5. Febr. 1927.

Reihe 9 - Nr. 34
Hermann Chaim Levy

Hier ruht   פ נ

ein Mann, lauter und gerade,   איש תמ וישר הלך תמים
rechtschaffenen Wandels
und ein Wohltäter, gottesfürchtig alle   ופעל צדק ירא אלהיו כל
seine Tage, ein Gerechter durch seine   ימיו צדיק באמנותו ה ה
Treue. Das ist
Chaim, Sohn von Jizchak dem Leviten,   חיים בר יצחק הלוי
gestorben am 1. Tag, d. 11. Adar I   נפטר ביום א יא אדר ראשון
687 n.d.k.Z.   תרפז לפ׳ק

T.N.Z.B.H.   ת נ צ ב ה

28.05.1876 - 13.02.1927

Hebr. Sterbedatum: Sonntag, 11. Adar I 5687   Hermann Levy
Vater: **Seligmann** Isaak Levy   Lehrer & Cantor
Herkunftsort: **Kinten (?)/Preußen**   geb. 28. 5. 1876
Gemeindestellung: **Lehrer u. Kantor**   gest. 13. 2. 1927

Reihe 9 - Nr. 35
Sofie **Sara Wolf**, *geb.* **Grünsfelder**

Hier ruht   פ נ

Sara Wolf,   שרא ואלף
eine tüchtige Gattin, unter den Frauen,   אשת חיל בנשים גברת
eine Starke,
eine Pracht inmitten der Frauen,   עמה מתח מנשים הדרת ז׳ל
seligen Angedenkens.
Sie ist gestorben am 11. Nissan   נפטרה ביום יא ניסן
und wurde begraben am 13. Nissan   ונקברא ביום יג ניסן תרפח לפ׳ק
688 n.d.k.Z.

14.09.1845 - 01.04.1928

Hebr. Sterbedatum: 11. Nissan 5688
Hebr. Begräbnisdatum: 13. Nissan 5688
Vater: **Salomon Grünsfelder**
Gatte: **Abraham Wolf**
Herkunftsort: **Michelbach a.d.L.**

Reihe 9 - Nr. 36
Berta Kraecker, geb. Elkan

Hier ruht

פ׳נ

Berta Kraecker
Geb. Elkan
Geb. 7.3.1861
Gest. 17.12.1928

T.N.Z.B.H.

ת נ צ ב ה

07.03.1861-17.12.1928

Vater: **Henlein Elkan**
Herkunftsort: **Mönchsroth**

Reihe 9 - Nr. 37
Bernhard Elkan

Hier ruht

פ״נ

Bernhard Elkan
Geb. 4.8.1858
Gest. 10.1.1935

T.N.Z.B.H.

ת נ צ ב ה

04.08.1858-10.01.1935

Vater: **Henlein Elkan**
Herkunftsort: **Mönchsroth**

Reihe 9 - Nr. 38
Willy Goldstein

Willy
Goldstein
geb. 15.12.1886
gest. 4.3.1930

15.12.1886-04.03.1930

Vater: **Lazarus H. Goldstein**
Herkunftsort: **Crailsheim**
Anmerkung:
Aufgesetzte Buchstaben fehlen,
Text nachträglich eingehauen,
Steinmetzfehler: Sternchen für „geb.",
Kreuz für „gest".

Reihe 9 - Nr. 39
Louis Ascher Friedmann

Hier ruht	פ נ
ein Mann, gottesfürchtig seit seinem Knabenalter,	איש ירא ה' מנעוריו
lauter und aufrecht in allen seinen Taten und seiner Lebtage lang friedliebend.	תם וישר בכל מעשיו
	ורדף שלום כל ימי חייו
Ascher, Sohn des Avigdor Friedmann,	אשר בר אביגדר
	פריעדמאנן
gestorben am 2. Nissan	נפטר ביום ב' ניסן
und begraben am 4. Nissan	ונקפר ביום ד' ניסן
691 n.d.k.Z.	תרצא לפק
T.N.Z.B.H.	ת נ צ ב ה

18.07.1869-19.03.1931

Hebr. Sterbedatum: Freitag, 2. Nissan 5691
Hebr. Begräbnisdatum: Sonntag, 4. Nissan 5691
Vater: **Avigdor Friedmann**
Herkunftsort: **Crailsheim**

Louis Friedmann
geb. 18. Juli 1869
gest. 19. März 1931

Reihe 9 - Nr. 40
Samuel Stein

Hier ruht   פ׳ ט׳

Schmuel, Sohn des Jischai Stein,   שמואל בר ישי שטיין נפט׳
gest. am 1. Tag Pessach 692 n.d.k.Z.   ביום א׳ של פסח תרצב לפק:

Samuel Stein
geb. 21. Feb. 1878, gest. 21. April 1932.

21.02.1878-21.04.1932

Hebr. Sterbedatum: Donnerstag, 1. Tag Pessach (15. Nissan) 5692
Vater: **Josua** Jischai Stein
Herkunftsort: **Crailsheim**

Reihe 9 - Nr. 41
Julius Jehuda Schlesinger

Hier ruht   פ״נ

Jehuda, Sohn des Jochanan,   יהודה בר יוחנן
gest. am 7. Tischri 693.   נפ׳ ז תשרי תרצג״

Julius Schlesinger
Geb. 13.3.1869   Gest. 6.10.1932

T.N.Z.B.H.   ת׳ נ׳ צ׳ ב׳ ה׳

13.03.1869-06.10.1932

Hebr. Sterbedatum: Freitag, 7. Tischri 5633
Vater: **Seligmann** Jochanan **Schlesinger**
Herkunftsort: **Heilbronn**

Reihe 9 - Nr. 42
Moritz Moses Elkan

Hier ruht

פ'ט

Mosche, Sohn des Benjamin Elkan,
gest. am 1. Tag Neumond des
Tammus 693 n.d.k.Z.
"Der Mensch-wie Gras sind seine
Tage, wie des Feldes Blume, so blühet
er. Denn ein Wind fährt über sie hin,
und sie sind nicht da" (Ps. 103,15ff.)

משה ב' בנימין עלקאן
נפט' א דרח תמוז תרצג לפק:
אנוש כחציו ימיו
כציץ השדה כן יציץ
רוח עברה בו ואיננו

T.N.Z.B.H.

תנצבה

Moritz Elkan
geb. 15. Januar 1861
zu Mönchsroth
gest. 23. Juni 1933

15.01.1861-23.06.1933

Hebr. Sterbedatum: Sonntag, 1. Tag Neumond Tammus (30. Sivan) 5693
Vater: **Binjamin Elkan**
Herkunftsort: **Mönchsroth**

Reihe 9 - Nr. 43
Lazarus Elieser Heinsfurter

Hier ruht

פ' נ'

Elieser, Sohn des Naftali,
ein Mann, lauter und aufrecht,
der stets den Weg der Wahrheit ging,
starb angesehen und geachtet
am 27. Nissan 694 n.d.k.Z.

אליעזר בן נפתלי
איש תם וישר
אשר הולך דרך האמת
חל כז ניסן תרצד לפק

T.N.Z.B.H.

ת'נ'צ'ב'ה'

Lazarus Heinsfurter
geb. 10.12.1851
gest. 11.4.1934.

10.12.1851-11.04.1934

Hebr. Sterbedatum: Donnerstag, 27. Nissan 5694
Vater: **Hirsch Naftali Heinsfurter**
Herkunftsort: **Goldbach**

Reihe 9 - Nr. 44
Josef Goldstein

Hier liegt	פ ט
ein Mann, gerade und gerecht, das ist Josef, Sohn des Jizchak Goldstein,	איש ישר וצדיק הה יוסף בן יצחק גאלדשטיין
gestorben am 8. Tag des Adar I 695 n.d.k.Z.	נפטר ביום ח אדר ואשון תרצה לפק:

Josef Goldstein
geb. 24. Aug. 1865 gest. 11. Feb. 1935

T.N.Z.B.H.   ת נ צ ב ה

24.08.1865-11.02.1935

Hebr. Sterbedatum: Montag, 8. Adar I 5695
Vater: **Isaak Goldstein**
Herkunftsort: **Crailsheim**

Reihe 9 - Nr. 45
Mina Matle Friedmann

Hier ruht	פ נ
das Fraulein Matle, Tochter des Mosche, gen. Mole Friedmann, gestorben mit gutem Namen,	העלמה מטלה בת מושה ב'מ' מולה פריעדמאנן נפט' בש' טוב
am 4. Halbfeiertag von Pessach, d. 20. Nissan,	ביום ד דחול המ' פסח כ ניסן
und begraben am letzten Tag von Pessach 696 n.d.k.Z.	ונקב' אחרון של פסח תרצו לפק:

T.N.Z.B.H.   תנצבה

Mina Friedmann
geb. 25. April 1866
gest. 12. April 1936

25.04.1866-12.04.1936

Hebr. Sterbedatum: Sonntag, 4. Halbfeiertag Pessach (20. Nissan) 5696
Hebr. Begräbnisdatum: Dienstag, letzter Pessachtag (22. Nissan) 5696
Vater: **Moses "Mole" Friedmann**
Herkunftsort: **Crailsheim**

Reihe 9 - Nr. 46
Mina Oppenheim, geb. Stahl

Mina
Oppenheim
geb. Stahl
geb. 28. Juni 1884
gest. 5. Febr. 1938

T.N.Z.B.H.

ת נ צ ב ה

28.06.1884-05.02.1938
Vater: **Elias Stahl**
Gatte: **Jakob Oppenheim**
Herkunftsort: **Sommerhausen (Ufr.)**

Reihe 9 - Nr. 47
Albert Adolf Heinsfurter

Albert
genannt
Adolf
Heinsfurter
21.8.1886
17.8.1938

21.08.1886-17.08.1938

Vater: **Seligmann Heinsfurter**
Herkunftsort: **Crailsheim**
Beruf: **Vieh- u. Pferdehändler**

Reihe 9 - Nr. 48
Emma Esther Strauss, geb. Heidelberger

Hier ruht

die tüchtige Gattin, Esther, Tochter
des Schimon, Gattin von Nuchem
Strauss. Sie starb am 6. und wurde mit
gutem Ruf begraben am 8. Aw 699.

T.N.Z.B.H.

15.02.1865-20.07.1939

Hebr. Sterbedatum: Donnerstag, 4. Aw 5699
Hebr. Begräbnisdatum: Freitag, 5. Aw 5699
Vater: **Raphael** Simon **Heidelberger**
Gatte: **Nuchem Strauss**
Herkunftsort: **Hechingen**

פ נ

את חיל אסתר בת
שמעון אשת נוחם זטרויזם
מתה ו ונקברה בש" ט
ח אב תרצ"ט

ת נ צ ב ה

Emma Strauss
geb. Heidelberger
geb. 15. Febr. 1865
gest. 20. Juli 1939

Reihe 9 - Nr. 49
Samuel Salomon Kalenscher

Hier ruht

ein Mann, gerade und aufrecht, Schlomo,
Sohn des Aharon. Er starb am 22.
Adar II und wurde begraben
mit gutem Ruf am 24. Adar II 700.

T.N.Z.B.H.

06.01.1859-01.04.1940

Hebr. Sterbedatum: Montag, 22. Adar II 5700
Hebr. Begräbnisdatum: Mittwoch, 24. Adar II 5700
Vater: **Aharon Kalenscher**

פ נ

איש תם וישר שלמה
בן אהרן מת כב
אדר שני ונקבר
בש"ט כד בי ת"ש

ת נ צ ב ה

Samuel Kalenscher
geb. 6. Jan. 1859
gest. 1. Apr. 1940

Reihe 9 - Nr. 50
Julius, Jenny Levi, geb. Kleemann und Fritz Levi

Julius Levi
geb. 17. 3. 1866
gest. 18. 2. 1942

Jenny Levi
und Sohn
Fritz Levi
gest. 1943

1. 17.03.1866 - 18.02.1942
Vater: **Baruch Levi**
Herkunftsort: **Crailsheim**

2. 15.05.1871 - in Minsk für tot erklärt **(deportiert)**
Vater: **Emmanuel Kleemann**
Gatte: **Julius Levi**
Herkunftsort: **Werneck (Ufr.)**

3. 16.12.1901 - in Auschwitz für tot erklärt **(deportiert)**
Vater: **Julius Levi**
Herkunftsort: **Crailsheim**

Reihe 9 - Nr. 51
Bernhard Stein

Bernhard Stein
geb. 14. Sept. 1907
gest. 8. Mai 1961

14.09.1907 - 08.05.1961

Vater: **Samuel Stein**
Herkunftsort: **Crailsheim**

Reihe 9 - Nr. 52
Moritz Eichberg

> Moritz
> Eichberg
> Geb. 4. 11. 1894
> Gest. 2. 6. 1968

04.11.1894-02.06.1968
Herkunftsort: **Hengstfeld**

Ortsregister

-A-
Aalen   61; 62; 69

-B-
Backnang   61
Berlin   53
Braunsbach   16; 32

-C-
Cannstatt   46; 85
Crailsheim 13; 14; 15; 16; 17; 31; 32; 36; 44; 45; 46; 47; 48; 49; 50; 51; 52; 53; 54; 55; 56; 57; 58; 59; 60; 61

-D-
Dachau   17; 57; 60; 62; 70;
Dünsbach   32

-E-
Ellwangen   60; 62
Ernsbach   31

-F-
Feuchtwangen   32

-G-
Gerabronn   60
Goldbach   16; 17
Gunzenhausen   32; 46

-H-
Haarburg   32

-I-
Illertissen   61
Ingersheim   16; 57

-K-
Künzelsau   61
Krautheim   31

-L-
Leipzig   60

-M-
Metzingen   61
Michelbach an der Lücke   17; 32; 60; 62; 71

-N-
Niederstetten   32; 60; 61

-O-
Oberdorf   31
Obersiggingen   61
Oedheim   46
Oettingen   32

-R-
Riga   17; 44
Rothenburg   13

-S-
Schopfloch   16; 17; 32; 78; 84
Schwäbisch Hall   16; 17; 31; 52
Stuttgart   44; 46; 52; 55; 56; 57; 60; 61; 65; 85

-T-
Thannhausen   61
Theresienstadt   17

-W-
Waldtann   84
Weikersheim   32

Bildnachweis

Sammlung Illich   80, 116
Sammlung Liesel Beck   47
Sammlung Technau 42; 45; 49; 50; 51; 54; 59; 63; 65; 75
(auch Sammlung Lindenmeyer)   102
Sammlung Albert-Schweitzer-Gymnasium   66; 67
Sammlung Lindenmeyer   75 (auch Sammlung Technau)
Stadtarchiv Crailsheim   15; 32
„So war es", Bruno Stern, Thorbecke Verlag
Sigmaringen, 1985, ISBN 3-7995-7622-3   68
Knut Siewert (Archiv Hohenloher Tagblatt) 73; 87; Titel
Kutay Kayali (Archiv Hohenloher Tagblatt)
                                  69; 71; 72; 105; 117
Sammlung Huonker   70; 104
Sammlung Wilhelm Schneider (Montage aus zwei
Aquarellen für eine Grußkarte des Hohenloher
Druck- und Verlagshauses Crailsheim)   Titel

Namensregister

-B-
Bamberg, Veis Moses Löw — 84
Berger, Joel, Landesrabbiner — 36
Blezinger, Dr. Hofrat — 57; 58
Braunsbacher, Abraham — 14

-D-
David, Gela — 32
Dreyfuß, Ludwig — 55; 56; 57

-E-
Eichberg, Moritz — 17; 117
Elias, Jude — 14
Essinger, Bella Betty — 71; 117

-F-
Fach, Emil — 58
Friedrich der Ältere, Markgraf — 13
Fröhlich, Friedrich (Stadtschultheiß bzw. Bürgermeister 1911-1945) — 45; 62; 63

-G-
Gabriel, Jude — 13; 14
Gebhardt, Wilhelm (erster Nachkriegsbürgermeister 1945/46 und 1948-1962) — 62
Grünsfelder, heute Eisen Seegerer — 52
Grünsfelder, Paula — 57
Grünwald, Seligmann — 16

-H-
Hallheimer, Abraham — 31
Hartleitner, Hannes — 70
Hirsch, Lämle — 16
Hirsch, Lämlein — 84
Hirsch, Salomon Marum (genannt Crailsheimer) — 16

-K-
Königsberger, Dr. Max — 53; 54; 55; 56; 64
Königsberger, Hannelore — 53
Königsberger, Heinrich — 16
Kohn, Israel Veis — 32
Kohn, Lina (verheiratete Figa) — 117
Kohn, Veis — 31
Kohn, Samuel Veis — 32

-L-
Landauer, Friedericke — 62
Landauer, Hans — 62
Landauer, Nathan — 60; 61; 62
Levi, Hirsch Hermann — 31
Levi, Jesaias — 31
Lindenmeyer, Richard — 71

-M-
Marx, siehe Stein — 57
Mohr, Postinspektor a. D. (Mundartdichter „Tobias der Ältere") — 56
Most, Johann Friedrich (Textilmanufaktur) — 55
Murr, Gauleiter — 56

-N-
Nathan, Fratel — 32

-P-
Pappenheimer, Bertha — 31
Pappenheimer, Hanna — 31

-R-
Reinhardt — 52
Reu, Karl, Oberbürgermeister — 70; 71
Rosenfeld, Berthold — 53; 55
Rosenfeld, David Theodor — 56; 57; 58
Rosenfeld, Dr. med. Adolf — 53; 55; 56
Rosenfeld, Fanny Frida — 55
Rosenfeld, Johanna (Villa „Johanna") — 53; 55
Rosenfeld, Meier (Landesproduktenhändler) — 17; 55
Rosenfeld, Moses Abraham — 53

-S-
Sachs, Hugo, Stadtschultheiß (1900-1910) — 53; 62
Sachs, Leonhard, Stadtschultheiß (1867-1899) — 52; 53; 62; 64
Sattler, Pfarrer — 13
Sophie, Markgräfin — 13
Schlossar, Otto — 58
Schubert, Dietrich, Stadtpfarrer — 70
Stein, Adolf — 44
Stein, Albert — 46; 57
Stein, Arthur — 46
Stein, Bernhard — 17; 44
Stein, David — 44; 45; 46

Stein, Hedwig, siehe Albert Stein	46
Stein, Josua B. sen. (genannt J.B.; laut Familienregister nur Josua)	18; 44; 57
Stein, J. Bertold (jun.; laut Familienregister aber nur Berthold)	57; 58; 59; 60
Stein, Mathilde, siehe Samuel	44
Stein, Paul	46
Stein, Samuel	44
Stein, Selma, siehe Adolf	44
Stein, Siegfried	58; 60
Stein, T(h)eodor(o)	46; 71
Stern, Max	60; 61
Stern, Bruno	60
Stock, Bürgermeister	52

-T-

Thurner, Otto	58

Orts- und Personennamen, die bereits in anderen Registern des Buches aufgeführt sind, wurden hier nicht mehr mit aufgenommen.

Spenderliste

Das vorliegende Buch hätte nicht hergestellt werden können ohne Zuwendungen von öffentlicher und privater Seite. Allen Zuschußgebern und Spendern sei herzlich gedankt. Im einzelnen handelt es sich um folgende Institutionen und Personen:

Land Baden-Württemberg - Landesdenkmalamt
Stadt Crailsheim
Kreissparkasse Schwäbisch Hall-Crailsheim
Hohenloher Tagblatt
Crailsheimer Volksbank eG
Crailsheimer Historischer Verein
Heinz Illich, Marbach / Crailsheim
Dr. Gerhard Taddey, Neuenstein
Bruno Vogelmann, Crailsheim
Voith Turbo, Crailsheim
Procter & Gamble, Crailsheim
TC Buckenmeier, Crailsheim
Schön + Hippelein, Crailsheim / Satteldorf
Hotel Post-Faber, Crailsheim
Wilhelm Hofmann
Klaus Sanke, Rot am See
Gerhard Dollmeyer
Dieter Wolfarth
Maria Schmehl
Kath. Kirchengemeinde Zur Allerheiligsten Dreifaltigkeit, Crailsheim

sowie zahlreiche weitere, namentlich nicht bekannte Spender.